개발자를 위한
IT 영어
온보딩 가이드

개발자를 위한 IT 영어 온보딩 가이드

초판 1쇄 발행 2025년 6월 30일

지은이 장진호 / **펴낸이** 전태호
펴낸곳 한빛미디어(주) / **주소** 서울시 서대문구 연희로2길 62 한빛미디어(주) IT 출판1부
전화 02-325-5544 / **팩스** 02-336-7124
등록 1999년 6월 24일 제25100-2017-000058호
ISBN 979-11-6921-352-3 93000

총괄 배윤미 / **책임편집** 박민아 / **기획·편집** 석정아
디자인 표지 최연희 내지 박정우 / **일러스트** 이진숙 / **전산편집** 이소연
영업마케팅 송경석, 김형진, 장경환, 조유미, 한종진, 이행은, 김선아, 고광일, 성화정, 김한솔 / **제작** 박성우, 김정우

이 책에 대한 의견이나 오탈자 및 잘못된 내용은 출판사 홈페이지나 아래 이메일로 알려주십시오.
파본은 구매처에서 교환하실 수 있습니다. 책값은 뒤표지에 표시되어 있습니다.

홈페이지 www.hanbit.co.kr / **이메일** ask@hanbit.co.kr

Published by HANBIT Media, Inc. Printed in Korea
Copyright 2025 장진호 & HANBIT Media, Inc
이 책의 저작권은 장진호와 한빛미디어(주)에 있습니다.
저작권법에 의해 보호를 받는 저작물이므로 무단 복제 및 무단 전재를 금합니다.

지금 하지 않으면 할 수 없는 일이 있습니다.
책으로 펴내고 싶은 아이디어나 원고를 메일 (writer@hanbit.co.kr)로 보내주세요.
한빛미디어(주)는 여러분의 소중한 경험과 지식을 기다리고 있습니다.

ONBOARDING GUIDE #01 　　현직 개발자가 알려 주는 개발자 실무 온보딩 노하우

개발자를 위한
IT 영어
온보딩 가이드

커리어의 가치를 높이는 글로벌 경쟁력의 KICK

장진호 지음

한빛미디어

글로벌 IT 기업 현장에서 듣는 선배의 추천사

개발자로 해외 연구소와 함께 12년간 일하면서, 특히 파견 근무를 통해 기술적으로는 충분히 해결 가능한 문제도 영어로 설명하려면 전달조차 어렵다는 것을 절실히 느꼈습니다. 이 책은 일반적인 영어 학습서가 아닌, 개발자 실무에 특화된 실용 가이드입니다. 기술 문서 작성, 프레젠테이션, 코드 리뷰 등 실제 상황에서 바로 활용할 수 있는 표현들이 풍부합니다. IT 영어 하나만 제대로 갖춰도 여러분의 기술이 훨씬 더 많은 사람들에게 닿을 수 있습니다.

김설희, 삼성 AI 팀 소프트웨어 엔지니어

AWS 기반 글로벌 인프라를 다루며 다양한 개발자들과 협업하다 보니, 영어 소통 능력은 필수임을 실감합니다. 이 책은 기술 용어와 실무 상황에 맞는 표현들을 현실적이고 유용하게 정리해 실제 업무에서 자신 있게 활용할 수 있도록 도와 줍니다. 해외 협업이나 글로벌 커리어를 꿈꾸는 모든 개발자에게 필요한 책이라고 자신 있게 추천합니다.

에디, AWS 코리아 시스템 엔지니어

한국에서 개발자로 커리어를 쌓다가 해외 개발자들과 일하면서 특히 동료들과 코드 리뷰를 하거나 버그 이슈를 설명해야 할 때, 완벽하게 알고 있는 기술도 영어로 유창하게 표현하기는 어려웠던 순간이 많았습니다. 이 책은 실무 상황을 정확히 짚고, 어떤 표현을 써야 하는지 실용적으로 알려줍니다. 영어 때문에 답답함을 느꼈던 분들, 혹은 글로벌 협업을 염두에 두고 성장하고 싶은 개발자라면 꼭 한 번 읽어보길 권합니다.

전가빈, 네이버 클라우드 백엔드 개발자

한국에서 개발자로 커리어를 시작해 미국에서 현지 개발자들과 일하면서, 일반적인 영어 공부만으로는 익힐 수 없었던 표현들을 수도 없이 마주했습니다. 실무에서 직접 부딪히며 하나씩 익혀야 했던 표현들이 이 책에는 잘 정리되어 있습니다. 영어 협업이 필요한 모든 개발자분들께 추천합니다.

양혜숙, AWS 소프트웨어 개발 엔지니어(SDE)

IT 업계에서 일하다 보면 외국인 동료와 협업하는 일이 점점 더 많아집니다. 이 책은 그런 흐름에 맞춰 자주 쓰이는 단어와 표현들을 정리해 놓았고, 개발자뿐만 아니라 PM, 디자이너, 프로젝트 매니저 등 다양한 직군 종사자에게도 매우 유용한 참고서가 될 것입니다.

권순선, Google Global AI Developer Programs

흥미롭고 실용적인 내용으로 가득해서 단숨에 읽었습니다. 해외에서 10년 넘게 근무하며 영어를 사용해 왔지만 정확한 의미를 모른 채 습관처럼 쓰던 표현을 되짚어 볼 수 있었습니다. 특히 '왜 영어를 배워야 하는가'에 대한 설명은 평소 막연히 생각했던 내용을 명쾌하게 정리해 공감되었습니다. 영어 초급자에게는 입문서로, 글로벌 기업의 주니어에게는 탄탄한 복습서로 손색없는 책입니다.

조성진, Atlassian 소프트웨어 엔지니어

LLM의 발전으로 번역기가 똑똑해졌지만, 개발자로서 기술 문서나 변수명, 함수명을 작성하거나 영어 면접에서 자신의 생각을 표현할 때처럼 사소한 문제 상황에서도 영어는 필수 실무 역량입니다. 이 책은 자주 사용하는 IT 표현들을 예문과 함께 정리해 주어, 반복해 보기만 해도 자신감을 키울 수 있습니다. 외국계 기업에 다니던 시절 이 책을 만났더라면 더 빠르게 적응했을 텐데 하는 아쉬움이 큽니다.

강대명, (전) 레몬트리 CTO

소프트웨어 엔지니어로서 외국인 동료들과 협업하며 IT 영어의 중요성을 절실히 체감해왔습니다. 이 책은 단어 나열에 그치지 않고 실제 업무 상황에서 자주 쓰이는 표현을 구체적인 맥락과 함께 제공해 곧바로 실무에 적용할 수 있습니다. 기존의 교과서적인 영어 교재와 달리, 개발자의 눈높이에 꼭 맞는 실전형 콘텐츠로 가득합니다.

김영훈, 쿠팡페이 소프트웨어 엔지니어

이 책은 일상적인 단어가 개발자의 문맥에서는 어떻게 다르게 쓰이는지, 줄임말이나 관용 표현은 어떤 뉘앙스를 지니는지까지 세심하게 다뤄 IT 기획자나 PM에게도 실질적인 도움이 될 것입니다. '콩글리시'를 벗어나 진짜 영어 감각을 익히고 싶은 분들께 강력히 추천합니다.

전성종, CJ올리브영 백엔드 엔지니어

개발자가 가장 먼저 배워야 할 언어는 파이썬도, 자바도 아닌 바로 '영어'라고 해도 과언이 아닙니다. 이 책은 실용적인 표현을 개발자에게 꼭 맞는 방식으로 배울 수 있게 구성되어 있고, 개발 용어에 대한 해설이 있어 디자이너, 기획자 등 IT 실무자 모두에게 유용합니다. 중간중간 삽입된 퀴즈로 학습 내용을 점검할 수 있어 실력 향상에 실질적인 도움이 됩니다.

김영근, 미니창고 다락 CTO, 파이썬 소프트웨어 재단 펠로우

이 책의 구성

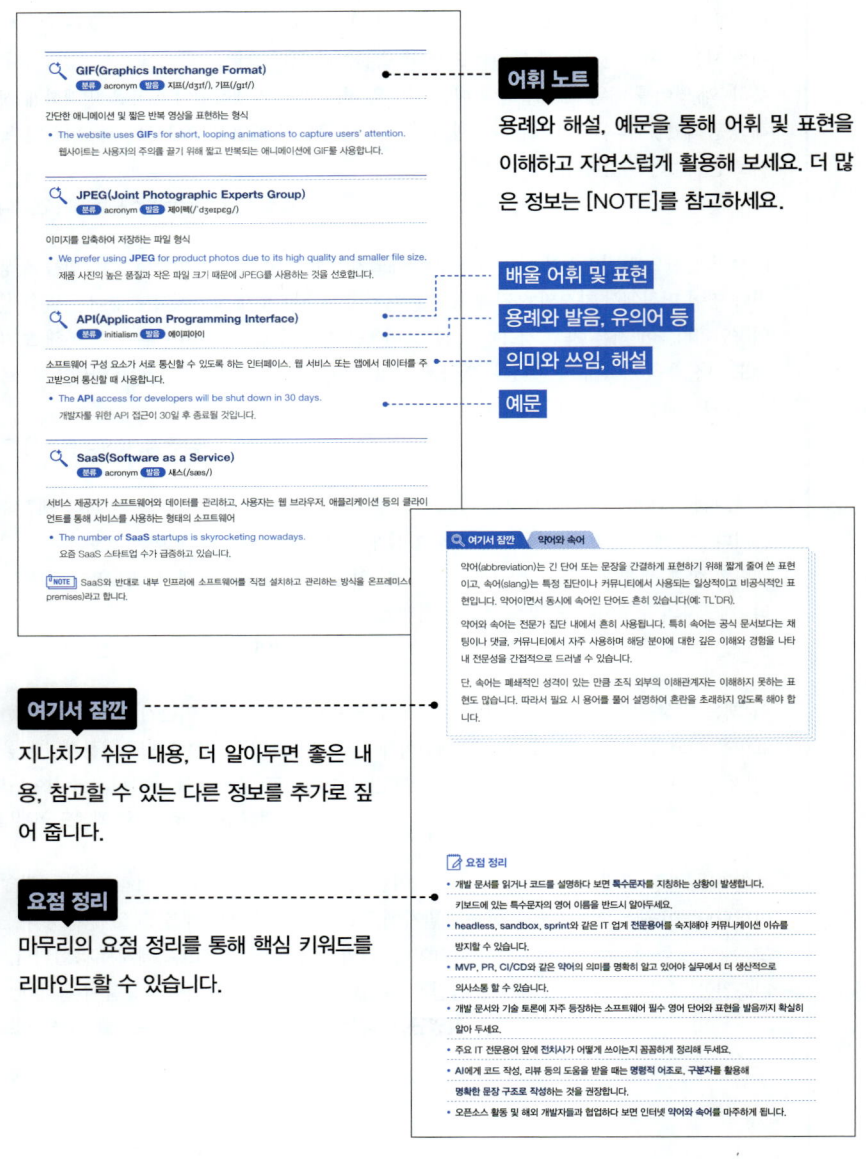

어휘 노트
용례와 해설, 예문을 통해 어휘 및 표현을 이해하고 자연스럽게 활용해 보세요. 더 많은 정보는 [NOTE]를 참고하세요.

- 배울 어휘 및 표현
- 용례와 발음, 유의어 등
- 의미와 쓰임, 해설
- 예문

여기서 잠깐
지나치기 쉬운 내용, 더 알아두면 좋은 내용, 참고할 수 있는 다른 정보를 추가로 짚어 줍니다.

요점 정리
마무리의 요점 정리를 통해 핵심 키워드를 리마인드할 수 있습니다.

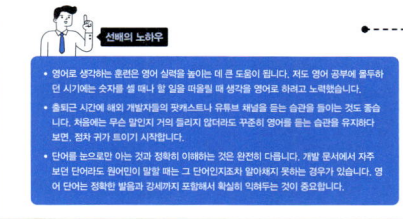

선배의 노하우

배운 내용을 정리하며 선배의 실무 조언을 확인하세요.

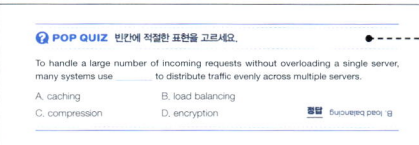

퀴즈

간단한 퀴즈를 풀며 복습해 봅니다.

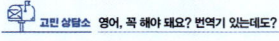

고민 상담소

주니어 개발자의 실무 고민을 해결해 드립니다. 인터넷에도 나오지 않는 현장의 조언을 베테랑 선배 개발자에게 들어 보세요.

추천 로드맵

독자 여러분의 더 나은 학습 경험을 위해 수준별·단계별 학습 커리큘럼을 제안합니다. 스스로 레벨을 평가해 보고, 이 책의 저자가 제안하는 로드맵을 따라 한 단계, 한 단계 나아가 보세요. 하나씩 체크리스트에 표시해 보면 어느새 원어민 개발자와 자유롭게 커뮤니케이션할 수 있게 될 것입니다.

초급
실무에서 자주 활용하는 영어 단어와 표현에 익숙해집니다.

중급
기술 문서, Github 이슈 및 풀 리퀘스트를 직접 영어로 작성하고, 해외 개발자와 소통하는 방법을 연습합니다.

고급
영어 자기소개와 기술 면접을 연습하고, 오픈소스 프로젝트를 통해 해외 개발자와 실제 협업하며 영어에 대한 자신감을 키웁니다.

▶▶ 실무에서 바로 써 먹는 개발자 영어 10주 집중 커리큘럼

주차	실습 과제	관련 챕터
1주	**개발자 필수 어휘 익히기** IT실무에서 자주 쓰는 어휘를 습득합니다. ☑ 나만의 단어장 만들기 ☐ 예문 추가하기	1.1. 개발자라면 반드시 알아야 하는 기초 지식 042쪽
2주	**영어로 기술 문서 읽기** 기술 문서 독해 능력을 향상하고 주요 표현을 익힙니다. ☐ 직무에 필요한 기술 문서 읽기 ☐ Github Repository에 새로운 단어 정리하기	2.2. 개발 문서로 배우는 분야별 필수 표현 184쪽
3주	**해외 개발자 유튜브 영상 시청** 영미권 개발자 유튜버의 프로그래밍 강의, 최신 기술 트렌드 소개 콘텐츠를 시청합니다. 자막을 켜도 괜찮아요! ☐ Github Repository에 새로운 표현 정리하기	1.4. 시스템 환경 필수 표현 가이드 122쪽

주차	실습 과제	관련 챕터
4주	**GitHub 프로필 & README 작성하기** 영어로 자기소개 및 포트폴리오를 작성해 봅시다. ☐ LinkedIn 영문 프로필 만들기 ☐ Github 내 자기소개 페이지 영어로 작성하기	3.1. 서류 전형을 위한 지원서 및 프로필 작성 234쪽
5주	**오픈소스 Issue & PR 쓰기** 원활한 협업과 커뮤니케이션을 위해 GitHub에서 사용하는 표현을 학습합니다. ☐ 오픈소스 프로젝트 내 Issues, Pull Requests 주요 영어 표현 정리 ☐ 개인 프로젝트 commit message 영어로 작성	2.1. 사례로 배우는 개발자 실무 영어 134쪽
6주	**해외 개발자 커뮤니티 참여하기** 스택오버플로, Reddit 등 글로벌 웹 커뮤니티에 영문으로 포스트를 남겨 봅시다. ☐ 글로벌 플랫폼에 영문 포스트 작성 ☐ Reddit 내 개발자 페이지에 포스트 및 댓글 달기	1.2. 업무 중 매일 마주하는 실전 영어 070쪽
7주	**코드를 영어로 설명하기** 실제로 업무에서 작성한 코드를 영어로 설명해 봅시다. ☐ LeetCode 퀴즈 풀기 ☐ 코드 해설 스크립트 작성	1.3. 프로그래밍 필수 표현 가이드 096쪽
8주	**영어 면접 훈련하기** 원격 근무 환경인 구인 공고를 찾아 지원하고, 부담 없이 영어 면접을 연습해 봅시다. ☐ LinkedIn의 100% Remote 구인 공고에 지원하기 ☐ 자기소개, 기술 면접 표현 정리	3.3. 글로벌 기업의 면접 절차와 준비 방법 263쪽
9주	**기술 컨퍼런스 시청 후 주요 표현 정리** 최신 기술 트렌드를 파악할 수 있는 기술 컨퍼런스를 신청하고 해외 온라인 컨퍼런스, 기술 웨비나에 참여합니다. ☐ 컨퍼런스에 참석하고 주요 표현 정리하기 ☐ 온라인 컨퍼런스, 기술 웨비나에서 적극적으로 질문하기	2.2. 개발 문서로 배우는 분야별 필수 표현 184쪽
10주	**오픈소스 프로젝트에 참여하기** 글로벌 IT 업계 진출 및 해외 취업 준비 시, 오픈소스 참여 이력이 큰 가산점 요소로 작용합니다. 관심 있는 오픈소스 프로젝트에 참여해 보세요. ☐ 오픈소스 프로젝트에 참여하기 ☐ Issues, PR 작성하기 ☐ 직접 오픈소스 프로젝트를 시작하고 영문으로 코드 제공하기	2.1. 사례로 배우는 개발자 실무 영어 134쪽

프롤로그

▶▶ 저자 인터뷰

Q1 이 책을 집필하게 된 계기는 무엇인가요?

A1 개발자로서 첫 번째 커리어를 해외 IT 기업에서 시작했습니다. 그곳에서 저는 재직자 중 유일한 한국인이었죠. 해외 유학파도, 두뇌가 비상한 사람도 아니었기에 어려움도 있었으나 국제적인 배경을 가진 실력 있는 개발자들과 함께 일하면서 거인의 어깨 위에 올라타는 듯한 성장감을 느꼈습니다. 실제로 폭발적인 커리어 도약을 이루어냈던 시기이기도 했죠.

가진 역량이 뛰어남에도 불구하고 영어에 대한 부담감 때문에 글로벌 무대의 장벽을 넘지 못하는 개발자가 많습니다. 비단 개인이 아니라 글로벌 IT 생태계에서 한국이 차지하는 역할 비중을 보아도 그렇습니다. 언어의 한계 때문에 더 많은 기회, 더 넓은 시야, 더 높은 연봉을 포기해야 한다니, 얼마나 아까운 일인가요.

국내의 기술 자원이 글로벌 IT 기업 생태계를 선도하고, 유능한 개발자가 대한민국을 넘어 전 세계에서 역량을 펼치려면 개발자를 위한 실무 영어 교육이 필요합니다.

국내를 벗어나 외국계나 해외 기업으로 눈을 돌리면 커리어 가치 상승의 문이 열립니다. 이 책을 통해 습득한 지식이 여러분의 커리어를 가로막던 장벽을 허물고, 생각의 지평을 넓히는 출발점이 되기를 바랍니다. 제가 했다면 여러분은 더 멋지게 해낼 것이라고 확신합니다.

Q2 이 책의 특징을 소개해 주세요.

A2 이 책은 단순히 영어를 배우는 책과는 다릅니다. 일반적인 비즈니스 회화와는 다른, 개발자를 위한 영어를 보여 주는 것이 핵심 목표입니다.

따라서 복잡한 문법이나 어학 시험용 어휘가 아닌 당장 개발 현장에 활용 가능한 실용적인 표현과 사례에 집중합니다. 개발자의 업무, 협업, 채용, 문서 작성 등 실무 현장에 꼭 필요한 표현을 중심으로 구성했습니다. 개발자라면 누구나 공감할 수 있는 맥락에서 원어민처럼 말하고 쓰며, 소통할 수 있도록 가이드합니다.

Q3 AI가 번역을 잘 하는데, 꼭 영어를 배워야 할까요?

A3 요즘은 ChatGPT나 DeepL처럼 번역을 꽤 자연스럽게 해 주는 도구들이 많아서, "굳이 내가 영어를 배워야 하나?" 하는 의문이 드는 것도 당연한 일이라고 생각합니다.

하지만 AI 번역기는 '수단'일 뿐이지, '이해'나 '소통'까지 대신해 주진 못합니다.

예를 들어, 어떤 오픈소스 프로젝트에 참여한다고 가정해 볼게요. 번역기를 활용해 문서를 읽는 데는 큰 무리가 없을 수 있지만, 이슈를 제기하거나 코드 리뷰를 남기고, 해외 개발자와 실시간으로 의견을 주고받는 상황에서는 '내가 직접 표현하고, 상대방의 뉘앙스를 즉각적으로 이해하는 능력'이 정말 중요합니다.

특히 실무 영어는 일반 번역과 달리, 기술적 맥락이나 문화적 배경을 함께 이해해야 자연스럽게 소통할 수 있기 때문에, AI만으로는 한계가 분명히 존재합니다.

또 하나 중요한 점은, AI를 잘 활용하기 위해서도 영어 실력이 필요하다는 것입니다. 프롬프트를 잘 짜는 것도 결국은 '영어로 내가 원하는 바를 정확히 설명하는 능력'에서 비롯되거든요. 영어를 잘하면 AI 도구를 훨씬 더 효과적으로 쓸 수 있게 됩니다.

결국, 영어는 개발자에게 있어 '기술을 더 잘 이해하고 활용하게 하는 언어'이자, '글로벌 커뮤니티에서 내 생각을 말할 수 있게 해주는 도구'라고 생각합니다.

AI가 발전할수록, 오히려 그 AI를 능숙하게 다룰 수 있는 사람의 표현력과 언어 이해력이 더 중요한 시대가 된다고 느낍니다.

Q4 독자에게 전하는 말이 있다면?

A4 영어를 잘해야만 글로벌 커리어를 시작할 수 있는 건 아닙니다. 중요한 것은 도전 정신과 자신감입니다.

이 책은 독자 여러분의 용기 있는 첫 걸음에 부스터를 달아 줄 아이템입니다. 마지막 페이지를 넘긴 뒤에 영어로 GitHub 이슈를 작성하거나 해외 개발자들과 생각을 주고받을 수 있게 된다면, 이 책의 목적은 충분히 달성된 것입니다.

세상은 넓고, 할 일은 많습니다. 영어가 여러분의 커리어에 걸림돌이 아닌 디딤돌이 될 수 있기를 바랍니다.

인터랙티브 학습 가이드

본문에 미처 싣지 못한 다양한 학습 지원 자료를 꾹꾹 눌러 담아 드립니다. 이 책의 저자가 독자 여러분을 위해 직접 제작한 멀티미디어 콘텐츠로 인터랙티브한 학습 프로그램을 체험해 보세요.

≫ AI 실습 지원 사이트 URL https://www.codefriends.net/ko

AI 튜터가 실시간 피드백해 주는 무제한 스피킹 연습 프로그램을 제공합니다. 진로와 커리어에 특화된 상황별 영어 면접 스크립트부터 MP3 녹음본, 24시간 문장 교정 및 첨삭까지! AI 튜터의 가이드에 따라 나만의 면접 스킬을 기르고, 실전 경험을 쌓아 보세요.

실습하며 배우는 디지털 학습 플랫폼

AI 튜터에게 실시간 피드백 및 첨삭 받기

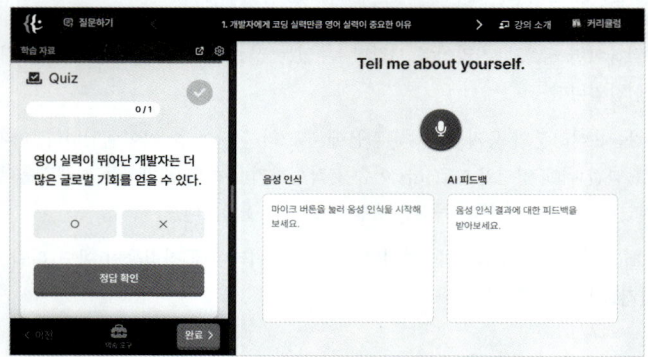

▶▶ 저자가 직접 제작한 학습 지원 콘텐츠

저자의 강연 영상과 책에 등장하는 주요 표현의 발음 영상을 보며 더 많은 인사이트를 얻고, 어휘와 표현을 확실하게 익혀 보세요.

▶ 우아한테크 세미나

「글로벌 개발자로 성장하는 소프트웨어 실무 영어」

저자가 직접 진행하는 IT 영어 세미나를 통해 책의 내용을 더 생동감 있게 들어 보세요.

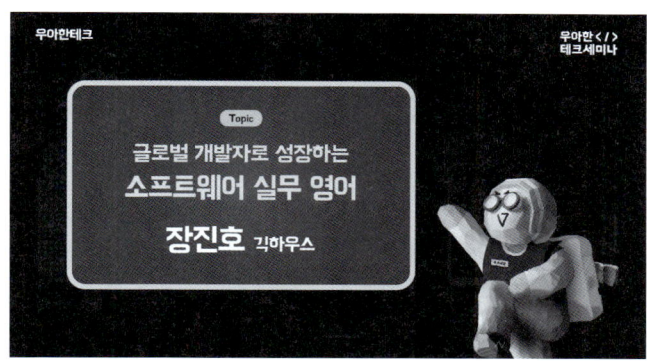

▶ 주요 표현 발음 유튜브 영상

「How to Pronounce?」

책에 소개된 IT 영어 핵심 표현의 원어민 발음을 유튜브 영상으로 듣고 따라 해 보세요.

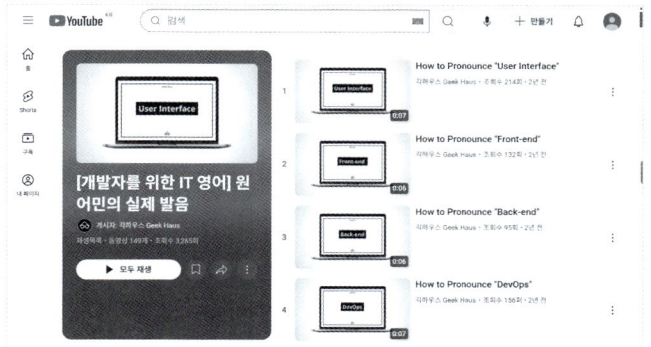

목차

글로벌 IT 기업 현장에서 듣는 선배의 추천사   004
이 책의 구성   006
추천 로드맵   008
프롤로그   010
인터랙티브 학습 가이드   012

Chapter 0   Orientation
개발자가 영어를 왜 배워야 할까?

0.1 개발자가 영어도 잘해야 할까?   024

하는 일도 바쁜데, 영어까지 배워야 할까?   024
- 첫째, 기술 문서는 대부분 영어로 작성된다   024
- 둘째, 개발자 영어는 생각보다 어렵다   025
- 셋째, 비즈니스에서 영어는 강력한 경쟁력이다   025

비즈니스·시험 영어와 달라도 너무 다른 IT 영어   026

영어 하나로 커리어 점프   028
- 커리어 가치 제고   028
- 해외 취업만이 답은 아니다   029

0.2 영어가 어려운 진짜 이유   030

영어와 한국어의 차이   031
- 정관사와 부정관사   031
- 셀 수 있는 명사   032
- 문장의 형식   033
- 문장 성분   034
- 전치사   035

노트북이 영어가 아니라고?	036
• 일상 속의 콩글리시	037
• IT 업계의 콩글리시	038
고민상담소 개발자가 해외 취업을 준비할 때 고려해야 할 두 가지	040

Chapter 1
개발 현장에서 통하는 영어
Communication

1.1 개발자라면 반드시 알아야 하는 기초 지식 — 042

확실하게 알아 두는 문장 부호	042
• 괄호	043
• 특수문자	044
• 일반 문장부호	047
• 수 연산자	050
❓ 퀴즈 다음 표의 특수문자를 소리 내어 읽고, 빈칸에 써보세요.	051
헷갈리는 전치사	051
• On	052
• In	053
• At	054
• To	054
❓ 퀴즈 빈칸에 적절한 전치사를 채우세요.	055
실무를 위해 반드시 알아야 하는 전문 용어 모음	055
• 소프트웨어 개발 프로세스 필수 용어 모음	056
• 서비스 환경 및 배포 관련 표현 모음	058
• 역할 및 아키텍처 구성 관련 표현 모음	059
• 접근 방식 및 기타 표현 모음	061

| ❓ 퀴즈 빈칸에 적절한 표현을 고르세요. | 061 |

간편한 의사소통을 위한 개발 실무 약어 — 062
❓ 퀴즈 다음 문장이 참인지 거짓인지 판단하세요. — 069

1.2 업무 중 매일 마주하는 실전 영어 — 070

개발 문서에 반드시 등장하는 소프트웨어 표현 — 070
- Frontend/UI — 071
- Backend/System — 072
- Data Processing — 074
- Programming Concept — 076
- System/Configuration — 080

❓ 퀴즈 빈칸에 가장 적절한 단어를 고르세요. — 081

AI도 감탄할 영문 프롬프트 작성법 — 082
- 질문에 자주 사용하는 동사 활용하기 — 082
- 원하는 결과를 도출하는 프롬프트 작성법 — 084
- 구분자 활용하기 — 086
- 퓨샷 프롬프팅 — 087

❓ 퀴즈 빈칸에 적절한 단어를 한국어로 채우세요. — 090

개발자 커뮤니티 인싸로 도약하는 인터넷 속어 — 090
❓ 퀴즈 빈칸에 가장 적절한 인터넷 용어를 고르세요. — 094

1.3 프로그래밍 필수 표현 가이드 — 096

개발자라면 반드시 알아야 하는 프로그래밍 필수 표현 — 096
- 자료형 관련 표현 — 096
- 프로그래밍 관련 표현 — 097
- 객체지향 프로그래밍 관련 표현 — 098

선언 및 네이밍 관련 주요 표현 098
- (변수 / 함수 / 클래스)를 선언하다 099
- 변수에 값을 할당/초기화/재할당/해제하다 099
- 변수에 메모리를 할당하다/자원을 회수하다 100
- (변수 / 함수 / 클래스)의 이름을 짓다/바꾸다 101

❓ **퀴즈** 다음 프롬프트를 영어로 작성해 보세요. 103

입출력 관련 주요 표현 103
- 콘솔에 로그를 출력하다 104
- 사용자에게 에러 메시지를 표시하다 104
- (파일 또는 URL에서/에) 데이터를 읽다/쓰다/추가하다 104
- 사용자에게 입력을 요청하다 105

❓ **퀴즈** 다음 의미에 맞게 프로그램 입출력 관련 표현을 영어로 작성하세요. 106

연산, 수식 관련 주요 영어 표현 106
- 수식 연산자 107
- 연산 관련 표현 107
- 증가/감소 관련 표현 108
- 비교 관련 표현 109

❓ **퀴즈** 빈칸에 들어갈 적절한 전치사를 고르세요. 110

함수 관련 표현 110
❓ **퀴즈** 빈칸에 적절한 동사를 채우세요. 114

조건문 관련 표현 114
❓ **퀴즈** 빈칸에 적절한 동사를 채우세요. 116

반복문 관련 표현 116
❓ **퀴즈** 빈칸에 적절한 동사를 채우세요. 118

객체지향 프로그래밍 관련 표현 118
❓ **퀴즈** 빈칸을 올바르게 채우세요. 121

1.4 시스템 환경 필수 표현 가이드   122

네트워크 통신 관련 표현   122
❓ 퀴즈 다음 의미에 맞게 네트워크 관련 표현을 영어로 작성하세요.   125

에러 관련 표현   126
❓ 퀴즈 다음 의미에 맞게 에러 관련 표현을 영어로 작성하세요.   128

보안 관련 표현   128
❓ 퀴즈 다음 의미에 맞게 보안 관련 표현을 영어로 작성하세요.   131

`고민상담소` 학습 레퍼런스 추천   132

Chapter 2   Drill
업무 현장에서 배우는 IT 실전 영어

2.1 사례로 배우는 개발자 실무 영어   134

커밋 메시지   134
- 커밋 메시지 작성법   134
- subject   135
- body   139

❓ 퀴즈 빈칸에 적절한 전치사를 채우세요.   141

깃허브 기술 토론   141

프로젝트 개발 문서   144
- README.md   144
- CONTRIBUTING.md   151
- CHANGELOG.md   153

스택 오버플로 질문 및 답변   158
- 스택 오버플로 첫 번째 사례   159
- 스택 오버플로 두 번째 사례   161

API 문서   164
- API 문서 첫 번째 사례   164
- API 문서 두 번째 사례   167

깃허브 이슈   170
- 버그 리포트   171
- 기능 제안   174

깃허브 풀 리퀘스트   176
- 풀 리퀘스트 첫 번째 사례   177
- 풀 리퀘스트 두 번째 사례   180

2.2 개발 문서로 배우는 분야별 필수 표현   185

프런트엔드의 절대 강자, 리액트   185
- 리액트 개발 문서 1   186
- 리액트 개발 문서 2   189

❓ **퀴즈** 다음 빈칸에 적절한 단어를 고르세요.   191

Node.js 기반 백엔드 프레임워크, NestJS   191
- NestJS 개발 문서 1   192
- NestJS 개발 문서 2   194

❓ **퀴즈** 다음 빈칸에 가장 적절한 단어를 고르세요.   197

인프라 관리를 더 간편하게, 쿠버네티스   197
- 쿠버네티스 개발 문서 1   198
- 쿠버네티스 개발 문서 2   201

스마트폰부터 자동차까지, 안드로이드   204
- 안드로이드 개발 문서 1   205
- 안드로이드 개발 문서 2   207

하드웨어와 매끄럽게 통합된 운영체제, iOS   209
- 스위프트 개발 문서 1   210
- 스위프트 개발 문서 2   212

| ❓ 퀴즈 다음 빈칸에 적절한 전치사를 채우세요. | 215 |

머신러닝 플랫폼, 텐서플로   215
- 텐서플로 개발 문서 1   216
- 텐서플로 개발 문서 2   219

❓ 퀴즈 다음 빈칸에 적절한 단어를 고르세요.   222

블록체인에 기록되는 자동 프로그램, 스마트 컨트랙트   222
- 이더리움 개발 문서   223
- 솔리디티 개발 문서   226

❓ 퀴즈 다음 빈칸에 적절한 단어를 고르세요.   229

`고민상담소` 영어, 꼭 해야 돼요? 번역기 있는데도?   231

Chapter 3   Challenge
글로벌 기업 취업 준비 노하우

3.1 서류 전형을 위한 지원서 및 프로필 작성   234

글로벌 IT 기업의 채용 프로세스는 한국과 어떻게 다를까?   234
- 서류 전형   235
- 전화 인터뷰   236
- 코딩 테스트   236
- 심층 면접   237

이력서 작성법   237
- 이력서 필수 기재 항목   239

커버레터 작성법   246
- 커버레터 핵심 기재 사항   247

링크드인 프로필 작성법   251
- 이력서와 링크드인 프로필의 차이점   252

- 첫인상을 결정짓는 프로필　253
- 경력과 보유 기술　254

3.2 해외 취업을 위한 코딩 테스트 준비　257

코딩 테스트 준비하기　257
코딩 테스트에 자주 등장하는 질문과 답변　258

3.3 글로벌 기업의 면접 절차와 준비 방법　263

글로벌 IT 기업의 면접 프로세스　263
인사팀 인터뷰　264
실무팀 인터뷰　267
매니저 인터뷰　271
임원 or CEO 인터뷰　272

고민상담소 지금 당장 뭐부터 해야 할까요?　275

Chapter 4　Onboarding
글로벌 개발자로 성장하는 IT 비즈니스 영어

4.1 비즈니스 이메일　278

품격 있게 비즈니스 이메일을 작성하는 방법　278
제목　280
본문　282
- 인사말　282
- 인사　283
- 본문　284
- 세부사항　286

마무리 288
- 마무리 인사 288
- 맺음말 289
- 서명 291

비즈니스 이메일 작성 상황별 표현 292
- 첨부 파일 관련 표현 293
- 리마인더 관련 표현 293
- 좋은 소식을 전달할 때 사용하는 표현 293
- 거절 표현 294
- 감사 표현 294
- 양해를 구하는 표현 295

4.2 글로벌 IT 기업의 개발자를 위한 생활 속 노하우 298

단어 하나로 생사가 갈리는 소프트웨어 법률 용어 298
- 영문 법률 문서의 특징 299
- IT 법률 용어 301
- MIT 라이선스 305

글로벌 기업과 한국 기업의 업무 문화는 어떻게 다를까? 308
- 조직 문화 308
- 업무 방식 309
- 평가와 보상 310

동료 개발자의 마음을 얻는 업무 커뮤니케이션 방법 312
- 개인정보, 사생활 존중 313
- 외모에 대한 칭찬 및 평가 자제 313
- 차별적 용어 사용 금지 314

고민상담소 ▶ 글로벌 기업에서 살아남기 위한 가장 중요한 한 가지를 꼽는다면? 317

에필로그 318

Chapter 0. Orientation
개발자가 영어를
왜 배워야 할까?

이번 장에서 배울 내용

기술 트렌드를 따라가는 것만으로도 벅찬데, 개발자가 왜 영어까지 배워야 할까요? 이번 장에서는 소프트웨어 실무 영어가 개발자의 자기 계발과 커리어 성장에 얼마나 중요한지 살펴봅니다. 또한 초등학생부터 성인까지 오랜 시간 영어를 배웠음에도 영어가 어려울 수밖에 없는 이유를 분석합니다.

0.1 개발자가 영어도 잘해야 할까?

실리콘밸리를 꿈꾸나요? 그렇다면 당신의 코드만큼, 영어도 빛나야 합니다.

AI가 코딩까지 대신하는 시대, 이제 코딩 실력만으로는 우위를 가리기 어려워졌습니다. 하지만 코딩 역량을 갖춘 상태에서 영어까지 잘하는, 글로벌 IT 커뮤니티와 소통할 수 있는 국제적 감각을 갖춘 개발자는 매우 드뭅니다. 해외 기업과의 협업, 글로벌 오픈소스 프로젝트 참여, 세계 무대로의 커리어 확장을 원한다면, 영어 학습은 선택이 아니라 필수입니다.

하는 일도 바쁜데, 영어까지 배워야 할까?

"진짜로 영어가 꼭 필요할까?"

외국어를 유창하게 구사할 수 있다면 누구에게라도 나쁠 리 없는 장점이겠죠. 그러나 지금 하는 일만으로도 충분히 바쁜 개발자가 시간 내어 배워야 할 정도로 중요할까요? 개발자에게 영어 공부가 필요한 이유를 알아봅시다.

첫째, 기술 문서는 대부분 영어로 작성된다

전 세계 인터넷 콘텐츠 중 한글 콘텐츠는 0.6%에 불과합니다. 나머지 99.4%에는 밤새 붙잡고 있던 버그를 단번에 해결할 수 있는 고급 정보나, 커리어 성장을 위해 꼭 필요한 귀중한 조언이 포함되어 있죠. 한글로만 정보를 찾으면 정보의 99.4%를 놓치게 되는 셈이니, 영어를 할 수 있다면 양적 측면에서 절대적인 우위를 점하게 됩니다.

뿐만 아니라 전 세계 IT 업계 종사자들의 보물창고인 깃허브Github, 혁신적인 신기술이 공개되는 Google I/O와 Apple WWDC 모두 대부분의 정보는 영어로 공유됩니다.

둘째, 개발자 영어는 생각보다 어렵다

글로벌 IT 기업과 원활하게 협업하고 오픈소스를 200% 활용하려면, 소프트웨어 업계만의 실무 영어를 알아야 합니다. 기술적 해결책을 영어로 표현할 수 있어야 언젠가 실리콘밸리에 진출할 기회가 생겼을 때도 빠르게 대응할 수 있습니다.

하지만 한국어로는 단순한 문제 상황도 영어로 표현하기는 생각만큼 쉽지 않습니다. 하물며, 프로그램과 코드, 오류나 알고리즘을 영어로 설명하는 것은 더욱이 어려운 일이죠.

데이터베이스에 담긴 정보는 'information on the database'일까요, 'information in the database'일까요? '반복문을 빠져나오다', '인자의 제곱을 반환하다'와 같은 표현은 어떻게 말해야 할까요?

IT 직군 특유의 기술적 전문 용어나 프로그래밍과 관련한 표현은 따로 공부하지 않으면 체득하기 어렵습니다. 또 두루뭉실한 뉘앙스만으로는 의사소통하기 어렵기 때문에 적절한 상황에 명확한 어휘를 사용하는 것이 중요하죠. 이것이 시간 내에 영어를 배우고 익혀야 하는 이유입니다.

셋째, 비즈니스에서 영어는 강력한 경쟁력이다

IT 기술이 모든 비즈니스 영역에 파고드는 시대에 영어는 가장 강력한 직무 스킬입니다. AI로 인해 코딩 실력의 우위를 가리기 어려워진 요즘, 영어는 커리어의 승부를 가르는 경쟁력이 되었습니다. 기술을 갖춘 개발자가 중간 장치 없이 자유롭게 자신의 의도를 설명하고, 클라이언트를 직접 설득할 수 있다면 기회는 대한민국을 넘어 전 세계로 확장됩니다. 국내에서도 실리콘밸리 개발자들과 협업하고, 유명 글로벌 기업이 여러분의 클라이언트가 될 수 있습니다.

영어는 선택이 아닌 필수입니다. 언어의 장벽 너머 어딘가에, 더 넓은 세상이 기다리고 있습니다. 여러분의 개발 실력에 영어만 뒷받침된다면, 세상을 인식하는 한계를 허물고 더 넓은 세상을 여러분의 무대로 만들 수 있습니다.

비즈니스·시험 영어와 달라도 너무 다른 IT 영어

영어가 어렵게 느껴지는 이유 중 하나는, 우리가 배워온 대부분의 영어가 시험 영어 또는 비즈니스 영어였다는 점입니다. 하지만 IT 업계에서는 일상 영어와 다른 전문 용어가 사용되고, 심지어 똑같은 단어라도 완전히 별개의 의미로 쓰이기도 합니다.

예를 들어, 일상에서 **cast**는 '던지다'라는 의미로 사용됩니다.

cast
의미 ① 던지다 ② 배역을 맡기다

- **cast** a stone 돌을 던지다
- She was **cast** in a leading role. 그녀는 주연에 캐스팅되었다.

반면, 소프트웨어에서 **cast**는 **특정 데이터 타입을 다른 타입으로 변환하다**라는 뜻입니다.

cast
유의어 ① convert 용례 type casting

- The int( ) function is used to **cast** a value to an integer.
  함수 int( )는 값을 정수로 형변환하는 데 쓰입니다.

또 다른 예로, 일반적으로 **resolve**는 '문제를 해결하거나, 결정을 내리다'라는 뜻입니다.

resolve
의미 ① (문제를)해결하다 ② (결정을)내리다, 결심하다

- We need to **resolve** this issue.
  우리는 이 문제를 해결해야 합니다.

- He **resolved** to invest in her.
  그는 그녀에게 투자하기로 다짐했다.

반면, 소프트웨어 업계에서 **resolve**는 '해결하다'라는 뜻에 더해, **어떤 것의 주소나 위치를 찾거나 변환할 때** 사용합니다.

resolve
의미 dependency resolution

- Use a package manager to **resolve** dependencies.
  의존성 문제를 해결하려면 패키지 관리자를 사용하세요.
- The DNS server **resolves** the domain name into an IP address
  DNS 서버는 도메인 이름을 IP 주소로 변환합니다.

다음 표를 보면, IT 영어와 일상 영어가 얼마나 다른지 체감할 수 있습니다.

표 0-1 IT 영어의 의미 비교

단어	일상	IT영어
deploy	병력이나 장비를 특정 지역에 배치하다, 활용하다	애플리케이션이나 서비스를 배포하다
commit	어떠한 일에 전념하다, 그릇된 일을 범하다	변경된 내역을 저장소에 저장하다
fork	포크, 갈라지다	프로젝트의 소스 코드를 복사하여 별도로 개발을 이어가다
patch	덧대다, 천 조각	버그 수정 및 기능 개선을 위해 기존 코드를 변경하다
bootstrap	무언가를 스스로 시작하다	초기 환경 설정을 통해 시스템을 시작하는 과정
sandbox	모래 놀이터	안전한 환경에서 프로그램이나 코드를 테스트하는 격리된 공간
hook	갈고리, 걸다	특정 이벤트가 발생할 때 실행되는 코드 또는 프로그램
scrape	긁다, 벗겨내다	웹 페이지에서 데이터를 추출하다

영어 하나로 커리어 점프

구글, 애플, 마이크로소프트와 같은 해외 빅테크 기업으로의 커리어 확장을 꿈꾸나요? 2023년 기준, 한국의 GDP는 전 세계 1.8% 수준에 불과합니다. 영어를 구사할 수 있다면 개발자로서 커리어는 1.8%에서 무한히 확장됩니다. 튼튼한 개발 실력을 갖춘 개발자에게 영어는 커리어 성장을 돕는 최고의 헤드 헌터입니다.

커리어 가치 제고

모든 사람이 각자의 위치에서 가치 있는 일을 하고 있지만, 자본주의 사회에서 커리어의 정량적 가치는 연봉으로 환산됩니다.

글로벌 구인구직 플랫폼 Glassdoor의 데이터에 따르면, 2024년 미국 소프트웨어 개발자의 연봉 중간값은 $131,000으로, 한화 약 1억 7천만 원에 달합니다. 이는 2024년 국내 개발자 연봉 중간값인 6천만 원의 약 3배에 해당합니다.

제한된 내수 시장과 일자리를 두고 유능한 인재들이 치열하게 경쟁하는 국내 IT 업계에 비해, 글로벌 IT 업계의 시장은 훨씬 더 크고 덜 경쟁적입니다. 한국보다 1인당 국민 소득이 높은 미국, 서유럽, 싱가포르 등에서 일하게 된다면, 정량적인 커리어 가치 또한 크게 높일 수 있습니다.

해외 취업만이 답은 아니다

팬데믹 이후 원격 근무의 확산으로 해외에 체류하지 않고도 글로벌 IT 기업에 취업할 수 있는 환경이 조성되었습니다.

이처럼 개발자에게 영어 학습은 글로벌 시장에서 경쟁력을 갖추고 더 많은 선택지를 누리기 위한 필수적인 투자입니다. 글로벌 서비스 개발 경험을 쌓고, 다양한 문화권과 배경을 가진 사람들과 함께 일하며 업계에 대한 시야를 넓히려면 여러분의 무대를 세계로 확장해야 합니다.

> **여기서 잠깐** — 원격 근무가 바꾼 글로벌 취업 공식
>
> 팬데믹(pandemic) 이후 전 세계 기업이 원격 근무 체계를 빠르게 도입하면서 이제는 해외에 살지 않아도 해외 기업에서 일할 수 있는 시대가 되었습니다.
>
> 실제로 미국, 유럽, 싱가포르 등지의 테크 기업들은 아시아 지역의 실력 있는 개발자를 적극적으로 채용하고 있으며, 한국에 거주하면서도 미국 법인의 개발자 계정으로 깃허브에 커밋하고, 실리콘밸리의 동료들과 매일 줌(zoom) 미팅을 하는 것이 더 이상 특별한 일이 아닙니다. 원격 근무가 단순 유연 근무제를 넘어, 글로벌 커리어 진입 장벽을 무너뜨리는 열쇠가 된 것이죠.
>
> 이제 영어는 해외 이주를 위한 수단이 아니라, 세계에서 일할 수 있는 연결 언어입니다.

요점 정리

- IT 업계에서 사용하는 영어는 일상적인 영어와 다릅니다. 동일한 영단어도 IT 업계에서는 다른 의미로 쓰일 수 있습니다.
- 커리어 점프를 원한다면 해외 취업·협업이 지름길이 될 수 있습니다.
- 영어는 여러분을 국내 시장에서 세계 무대로 데려다 줄 핵심 스킬입니다.

0.2 영어가 어려운 진짜 이유

왜 영어는 아직 어렵기만 할까요?

초등학교부터 대학교까지 한국인이 평균적으로 영어 학습에 소비하는 시간은 약 20,000시간 수준이라고 해요. 1만 시간 법칙의 2배에 달하는 시간인데, 여전히 영어로 자유롭게 의사소통하기는 꿈만 같죠. 이유는 무엇일까요? 한국인으로서 영어를 학습하기 어려운 것은 언어학적으로 당연합니다. 한국어와 영어가 구조적으로 어떻게 다른지 알아봅니다.

초등학교부터 10년 넘게 영어를 공부해 왔는데도 영어 인터뷰를 시작하면 얼음이 됩니다. 영어는 왜 이렇게 어렵게 느껴지는 걸까요? '시험에 치중된 교육 시스템이 문제다', '주입식 교육이 문제다', 국내 영어 교육에 대한 다양한 의견들이 있지만 본질은 **영어는 한국어와 너무 다르다**는 것입니다.

실제로 미국, 영국, 호주 등 영미권과 오랜 기간 역사를 공유하고 유사한 언어 체계를 가진 유럽인들은 영어를 상대적으로 쉽게 배우고 활용합니다. 단어, 어순, 문장 구성 모두 모국어와 비슷한 점이 많기 때문에 학습 부담이 덜합니다.

그렇다면 한국어와 영어는 얼마나 다를까요? 다음 문장을 통해 차이점을 살펴보겠습니다.

- **I eat the apples on the table.** 매일 나는 테이블 위에 있는 사과를 먹는다.

영어에 비해 한국어는 **단수** singular, **복수** plural 개념이 상대적으로 덜 중요합니다. 영문의 복수 표현 apples를 그대로 한국어로 번역해 '매일 나는 테이블 위에 있는 **사과들**을 먹는다'고 하면 오히려 부자연스럽습니다.

이는 두 언어의 유형적 차이에서 비롯된 것으로, 영어가 **분석어** analytic language인데 반해 한국어는 **교착어** agglutinative language이기 때문입니다. 분석어와 교착어의 차이는 다음과 같습니다.

표 0-2 분석어와 교착어

	분석어	교착어
어순	엄격함	비교적 자유로움
단어의 형태 변화	단어 자체는 변하지 않고 조동사, 전치사 등을 추가함	단어 자체가 변함
명사의 표현	단/복수 구분이 필수적이며, 관사를 사용해 대상을 판단함	단/복수 구분이 중요하지 않으며, 조사와 문맥을 통해 대상을 판단함
동사의 변화	인칭과 시제에 따라 변화	시제/존칭/의도에 따라 변화
대표 언어	영어	한국어, 일본어

영어와 한국어의 차이

정관사와 부정관사

영어는 한국어에 비해 어떤 대상이 일반적인지 indefinite, 구체적인지 definite, 셀 수 있는지 countable를 중요하게 고려합니다. 반면 한국어에는 영어의 a, an, the와 같은 관사 aticle 개념이 없습니다. 다음 문장을 살펴보겠습니다.

- There is **a cat**. **The cat** is sleeping in the box.
  ①　　　　②
  고양이가 있다. **고양이**는 박스 안에서 자는 중이다.
  ⓐ　　　　ⓑ

분석어인 영어는 문법과 의미를 관사라는 독립된 요소를 사용해 구분했습니다.

① 어떤 고양이인지 확실히 규정되지 않은 상태이기 때문에 관사 a를 사용했습니다.

② 앞서 언급된 고양이이며, 박스에서 잠을 잔다는 묘사가 있어 특정되었으므로 관사 the를 사용했습니다.

반면 교착어인 한국어는 명사의 의미를 조사를 통해 나타냅니다.

ⓐ 주격 조사 '가'를 사용해 임의의 고양이를 표현했습니다.

ⓑ 보조사 '는'을 사용해 문맥으로 특정 고양이인지 아닌지 판단합니다.

🔍 여기서 잠깐 | 부정관사 a/an

영어의 **부정관사 a**는 **특정하지 않은 임의의 대상을 가리킬 때 명사 앞에 붙여 사용**합니다. 이때 발음에 따라 자음 소리 앞에는 'a'를, 모음 소리 앞에는 'an'을 사용합니다.

a	자음 소리로 시작하는 명사 앞 • a house, a nut, a university
an	모음 소리로 시작하는 명사 앞 • an HTTP specification, a NLP, an umbrella

이때 중요한 것은 철자가 아니라 **발음**입니다. 특히 묵음 h로 시작하는 단어 앞에 an, 유성음 /juː/로 발음하는 모음 u로 시작하는 단어 앞에 a를 붙인다는 점을 기억하면 도움이 됩니다.

🔍 묵음 h

- **a house:** 'house'의 'h'는 자음으로 발음하므로 관사 a를 붙입니다.
- **an HTTP specification:** 'HTTP'의 'h'는 모음 '에'로 발음하므로 관사 an을 붙입니다.

🔍 유성음 u

- **a university:** 'university'의 'u'는 유성음 /juː/로 발음하므로 관사 a를 붙입니다.
- **an umbrella:** 'umbrella'의 'u'는 모음 '어'로 발음하므로 관사 an을 붙입니다.

셀 수 있는 명사

한국어는 명사가 단수인지 복수인지가 중요하지 않듯 **셀 수 있는 명사**^{countable noun}와 **셀 수 없는 명사**^{uncountable noun}를 구분하는 것 역시 그리 중요하지 않으므로, 이를 위한 문법이 존재하지 않습니다. 반면 영어는 문장 내 명사가 셀 수 있는지, 셀 수 없는지 명확히 알고 있어야 합니다.

관사 a와 an은 셀 수 있는 명사 앞에만 사용합니다. 'a house'는 되지만 'an infrastructure'는 문법적으로 옳지 않습니다. infrastructure(인프라)는 셀 수 없기 때문입니다. 다음 표에 나열된 명사는 모두 셀 수 없는 명사로, 관사 a 또는 an을 붙일 수 없습니다.

표 0-3 IT 업계에 자주 등장하는 셀 수 없는 명사

명사	의미
hardware/software	하드웨어/소프트웨어
data	데이터
code	코드
research	연구
networking	네트워킹
knowledge	지식
documentation	문서화 자료
bandwidth	대역폭

문장의 형식

한국어는 끝까지 들어봐야 한다는 농담이 있죠? 실제로도 교착어인 한국어는 특정 문장 성분을 생략하거나 문장 내에서 어순을 뒤섞어도 문법상 오류나 의미의 왜곡이 거의 없습니다.

> **나는 매일 테이블 위에 있는 사과를 먹는다.**
> - 매일 테이블 위에 있는 사과를 먹는다. ⟶ 주어 생략
> - 테이블 위에 있는 사과를 나는 매일 먹는다. ⟶ 문장 성분 도치

반면 고립어는 문장 내부의 위치에 따라 문법적인 기능이 더해진다는 특성이 있어, 어순이 중요합니다. 영어의 문장 구조는 여러 형태가 있지만 기본적으로 [주어 subject + 동사 verb + 목적어 object] 순서를 따릅니다.

- **영어:** I like coffee. (S + V + O)
- **한국어:** 나는 커피를 좋아한다. (주 + 목 + 술)

동사는 주어의 행위를 결정하고 목적어와의 관계를 서술하는 문장의 핵심 요소입니다. 영어는 동사를 먼저 언급하며 커뮤니케이션의 오해를 줄이고, 한국어는 목적어를 먼저 언급하며 배경과 관계를 설명합니다.

이러한 어순 차이 때문에 영어는 뒤에서부터 해석하는 경우가 많습니다. 하지만 주체의 행위를 정의하는 동사가 먼저 등장하는 영어 특유의 사고 방식을 받아들이고, 어순 그대로 이해하는 것이 좋습니다. 예를 들어 "I like coffee"를 "나는/좋아한다/커피를"로 해석하고, "나는/좋아한다"를 하나의 의미 단위로 받아들이는 것입니다. 처음에는 이러한 해석 방식이 어색할 수 있지만 익숙해지면 영어 사용자의 문화와 사고방식까지 자연스럽게 수용할 수 있습니다.

문장 성분

영어는 문장의 형식이 중요한 언어인 만큼, 문장 성분이 누락되지 않도록 주의해야 합니다. 특히 문장의 주어 subject 를 생략하면 의미에 혼동이 생깁니다.

- I eat the apples on the table every morning.
  나는 매일 테이블 위에 있는 사과를 먹는다. ⟶ 평서문
- Eat the apples on the table every morning.
  테이블 위에 있는 사과를 매일 먹어라. ⟶ 명령문

이처럼 영어는 주어 위치에 명사 또는 대명사가 반드시 필요하며, 대부분의 경우 주어를 생략할 수 없습니다. 다른 예시를 들어보겠습니다. 팀원이 요청한 파일을 받았는지 확인하는 상황입니다. B의 답변에 주목하세요. 한국어는 주어를 생략해도 괜찮지만, 영어는 주어를 생략하면 문장이 부자연스럽습니다.

- **한국어**

    A: 요청하신 파일 받으셨나요?

    B: 네, **(제가)** 받았습니다.

- **영어**

    A: Did you receive the file you requested?

    B: Yes, **I** did.

> 🔍 **여기서 잠깐** | **언어와 문화: 대명사 탈락 언어와 대명사 미탈락 언어**
>
> 언어학적으로 한국어는 대명사를 쉽게 생략하는 **대명사 탈락 언어(pronoun dropping language)**로 분류되지만, 영어는 **대명사 미탈락 언어(non pro-drop language)**로 일반적으로 대명사를 생략하지 않습니다.
>
> 대명사 탈락 언어를 사용하는 문화권은 조금 더 집단주의적(collectivistic) 문화를 갖는 반면, 영어와 같이 대명사 미탈락 언어를 사용하는 문화권은 조금 더 개인주의적(individualistic) 문화를 갖습니다. 대명사를 생략하지 않으면 대화에서 나와 타인이 확실히 구분되기 때문입니다.
>
> 실제로 집단주의적인 동북아시아의 한국, 중국, 일본은 대명사 탈락 언어를, 개인주의적인 미국, 유럽 등 서구 문화권은 대명사 미탈락 언어를 사용합니다.

전치사

전치사preposition는 명사 또는 대명사 앞에 위치하여 해당 단어와 문장 내의 다른 요소 사이의 관계를 나타냅니다. 위치, 방향, 시간, 방법, 원인 등 다양한 의미를 전달하며, 한국어의 조사와 유사합니다.

- A girl **at** the park 공원에 있는 소녀

    → 전치사 at: 소녀(girl)와 공원(park) 사이의 관계를 형성하고, 장소의 의미를 더함

한국어 사용자에게 적절한 전치사를 선택하는 것은 가장 어려운 부분 중 하나입니다. 특히 외국인과 협업하며 커밋 메시지 commit message 를 작성하거나 채팅으로 소통할 때 잘못된 전치사를 사용해서 의사소통이 매끄럽지 못한 경우가 생기곤 하죠.

이렇게 한국인이 이해하기 어려운 미묘한 맥락과 문법 때문에 전치사는 굉장히 어렵습니다. IT 업계의 주요 전치사를 정리한 내용은 〈1.1. 개발자라면 반드시 알아야 하는 기초 지식〉에서 확인할 수 있습니다.

노트북이 영어가 아니라고?

콩글리시 ko-nglish 는 실제 영어 사용자들은 이해하지 못하거나 다른 의미로 해석하는 한국에서만 사용하는 독특한 영어 표현을 뜻합니다. 콩글리시는 일상 속에 깊이 침투해 있어서 그것이 실제로는 영어가 아니라는 것조차 인식하기 어렵습니다. 예를 들어 다음 표현에는 벌써 콩글리시가 세 개나 포함되어 있네요.

만약 이 문장을 다음과 같이 번역한다면, 그 어떤 원어민도 이 문장을 제대로 이해하지 못할 것입니다. **노트북**, **핸드폰**, **SNS**는 영어에는 없는 표현이기 때문이죠.

- I sat in a mood cafe, turned on my **notebook**, took a picture with my **handphone**, and uploaded it to **SNS**.

특히 많은 사람들이 실수하는 표현이 바로 'SNS'입니다. SNS는 'Social Networking Service'의 약어로 영미권에서 일부 사용되다가 2000년대 이후로 거의 사용되지 않고 있으며, 한국과 일본에서만 통용되고 있습니다. 자연스러운 표현은 'Social media'로, 약어로 줄여 쓰는 경우는 거의 없습니다.

지금부터 우리에게는 너무나 익숙한, 하지만 영어 공부에는 혼선을 줄 수 있는 주요 콩글리시 표현들을 살펴보겠습니다.

일상 속의 콩글리시

일상 속에서 너무나도 자연스럽게 사용해 온 콩글리시를 소개합니다. 잘 알려진 콩글리시도 있고, 의식하지 못한 것도 있을 것입니다. 콩글리시는 대화 중에 무의식적으로 사용하기 쉬우니 주의하세요.

표 0-4 일상 속의 콩글리시

콩글리시	실제 영어 표현
노트북	laptop
핸드폰	cell phone, mobile phone
SNS	social media
에어컨	air conditioner
오토바이	motorcycle
셀카	selfie
원룸	studio apartment
샤프	mechanical pencil
아이쇼핑	window shopping

사인	signature
와이셔츠	dress shirt
리모콘	remote control
(무료) 서비스	complimentary, free item
백미러	rearview mirror
헬스장	gym, fitness center
CF(광고)	TV commercial
스킨십	physical affection
커닝	cheating
애드리브	improvised, ad hoc solution

이렇게 콩글리시가 일상 커뮤니케이션에 보편화되다 보니 IT 업계에도 영어 단어가 원래 의미가 조금 다르게 사용되는 경우가 많습니다. 또한 자주 사용하는 외래어에 대한 적합한 영어 단어를 떠올리기 어려운 경우가 있습니다. 지금부터 이러한 표현들을 정리해 보겠습니다.

IT 업계의 콩글리시

IT 업계에서 자주 사용되는 콩글리시는 다음과 같습니다.

표 0-5 IT 업계의 콩글리시

콩글리시	적합한 영어 표현
아이디	Username
오버스펙	Overqualified
서비스 오픈	Launch, Release
리모델링	Renovation, Redesign
콜센터	Customer support center
고객 클레임	Customer complaint
백데이터	Historical data, Previous data

코어 멤버	Key member, Essential team member
오프라인 미팅	in-person meeting, face-to-face meeting
제로베이스	Starting from scratch
퍼블리싱	Front-end coding

> **NOTE** ID는 신분증을 의미합니다.

요점 정리

- 영어는 단/복수를 엄격하게 구분하는 것과 달리 한국어는 그렇지 않습니다.
- 영어는 관사와 전치사를 사용하는 것과 달리 한국어는 조사를 사용합니다.
- 영어는 서술어를 목적어 앞에 두는 것과 달리 한국어는 목적어를 서술어 앞에 둡니다.
- 콩글리시는 외국인들과의 소통에서는 잘못된 의사 전달을 초래할 수 있습니다.

선배의 노하우

- 문장을 쓸 때, 한국어식 어순에 영어 단어를 끼워 넣기보다 영어 문장 구조(S+V+O)를 머릿속에 그려보는 연습을 해보세요.
- 콩글리시 여부가 애매하다면, 구글 등에서 원어민이 실제로 사용하는 표현인지 한 번 더 검색해 보는 습관을 들이세요.

고민 상담소 개발자가 해외 취업을 준비할 때 고려해야 할 두 가지

해외 IT 기업에서 개발자로 일하고 싶지만, 타지에서 잘 적응할 수 있을지, 한국에서 지금까지 쌓아온 커리어가 단절되지는 않을지 고민이 큽니다. 게다가 막상 해외 취업을 준비하려니 어디에서 어떤 도움을 받을 수 있을지도 막막합니다. 어디서부터 시작해야 할까요?

사람마다 의사 결정 시 고려하는 기준이 다르기 때문에 모든 개발자들이 글로벌 무대로 나아가야 한다고 생각하지 않습니다. 다만, 저는 진로와 같은 중요한 의사 결정을 할 때 다음 두 가지를 고려했습니다.

1. 인생의 마지막 날에 내 삶에 대한 후회를 최소화하려면 어떤 결정을 내려야 할까?
2. 나는 어떤 상황에서, 무엇을 할 때 가장 행복한가?

첫 번째 기준은 세계 최대 e커머스 기업 아마존의 창업자 제프 베이조스Jeffrey Bezos의 후회 최소화 프레임워크에서 큰 영향을 받았습니다.

저는 이 넓은 세상에서 활동 범위를 대한민국에 한정하는 것이 아깝다고 느꼈고, 다양한 문화와 배경을 가진 사람들과 함께하며 삶에 대한 시야를 넓히지 못한다면 인생의 마지막 날에 크게 후회할 것 같았습니다.

시간은 되돌릴 수 없고, 인생은 단 한 번뿐입니다. 감당할 수 있는 위험이라면 후회하지 않을 결정을 내리는 것이 맞다고 생각합니다. 지금 충분히 행복하고 후회 없이 살아가고 있다면 굳이 해외 취업을 준비할 필요는 없겠죠. 하지만 영어 실력을 갖춘 개발자는 국내에서도 더 많은 양질의 기회를 잡을 수 있습니다. 국내에서도 글로벌 IT 기업과 협업하거나, 영어로 공개된 고급 정보를 바탕으로 양질의 비즈니스 기회를 빠르게 포착할 수 있기 때문입니다.

해외 취업을 희망하는 개발자든 아니든, 영어는 여러분의 성장을 위한 걸림돌이 아닌 디딤돌이 되어야 합니다.

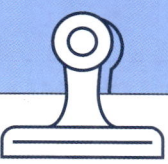

Chapter 1. Communication
개발 현장에서 통하는 영어

이번 장에서 배울 내용

소프트웨어 개발자는 코드로 세상과 소통합니다. 하지만 코드만 잘 짠다고 해서 끝이 아니죠. 글로벌 IT 업계에서 원활한 협업 능력을 갖추기 위해서는 오픈소스 커뮤니티에서도 다른 개발자와 소통할 수 있어야 합니다.

이번 장에서는 특수문자부터 실무 약어와 네이밍 컨벤션, 코드를 영어로 설명하는 방법 등 소프트웨어 실무 커뮤니케이션 방법을 소개합니다.

1.1 개발자라면 반드시 알아야 하는 기초 지식

'in'이냐, 'on'이냐 그것이 문제로다

웹 브라우저를 가리킬 때는 "in the browser"와 "on the browser" 중 어떤 표현이 옳을까요? 코드 속의 중괄호와 대괄호는 뭐라고 말해야 하죠? 일상 회화에서 자주 사용하지 않던 표현들도 실제 개발 현장에서의 커뮤니케이션에서는 걸림돌이 되기도 하네요.

확실하게 알아 두는 문장 부호

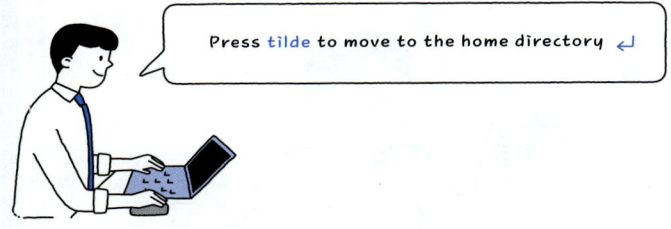

유닉스Unix 또는 리눅스Linux 기반의 운영체제의 터미널terminal에서 홈 디렉터리directory로 이동할 때 물결표(~)를 사용하죠. 물결표는 프로그래밍 실무에 자주 등장하는 특수문자이지만, tilde라는 이름은 생소합니다.

프로그래밍 현장에서의 회화가 일상과 다른 점이 있다면 바로 특수문자일 것입니다. 코드는 반드시 괄호, 콜론(;), 느낌표(!)와 같은 특수문자를 포함하기 때문이죠. 특수문자의 이름과 읽는 방법은 미리 숙지해 두지 않으면 현장에서 곧장 떠올리기 쉽지 않습니다. 게다가 처음 듣는 단어는 철자를 모르기에 검색하기도 어렵죠.

자신 있는 스피치를 위해 실무에 반드시 필요한 특수문자들의 영어 명칭 및 활용법을 모았습니다. 지금부터 연산calculation, 데이터베이스 조회database query, 주석commenting, 코드 블록 실행execution of code blocks 등 다방면에 활용되는 특수문자들을 살펴보겠습니다.

특수문자의 자세한 용도는 프로그래밍 언어나 환경에 따라 달라질 수 있으니, 기술적 기능보다는 표현을 중심으로 확인하고 직접 발음해 보기를 권장합니다.

괄호

프로그래밍 언어에서 **괄호** brackets 는 코드의 구조를 정의하고, 프로그래밍 언어의 문법에 따라 특정 기능을 수행합니다. 기능과 역할에 따라 다양한 괄호를 쓸 수 있으며, 종류는 **소괄호( )**, **중괄호{ }**, **대괄호[ ]**, **화살괄호< >**가 있습니다.

( ) parentheses

소괄호는 함수나 메서드의 인자(argument)를 둘러싸거나 연산의 우선순위를 표시하기 위해 사용합니다.
- `getUserInfo("geekhaus")`
- `if ( a * (b + c ) < 10 )`

[ ] square brackets

대괄호는 마크다운(markdown)에서 링크를 감싸거나, 배열(array)의 인덱싱(indexing)에 사용됩니다.
- Make sure to wrap the index in **square brackets** when accessing an element in the array.
  배열의 요소에 접근할 때 인덱스를 반드시 대괄호로 감싸세요.

> **NOTE** 마크다운이란 간단한 태그를 활용한 데이터 구조화 언어입니다.

{ } curly brackets

중괄호는 함수, 반복문, 조건문 등 코드 블록의 시작과 끝에 사용되어 코드를 그룹화합니다.
- Define the function body with **curly brackets**.
  함수 본문을 중괄호로 정의하세요.

 **〈 〉 angle brackets**
용례 〈div〉, 〈/div〉

화살괄호는 HTML 태그를 만들거나 라이브러리, 전처리기 등 특별한 의미 단위를 구분하기 위한 구분문자(delimiter)로 활용합니다.

- Define HTML tags with **angle brackets**.
  HTML 태그를 화살괄호로 정의하세요.

 〈 open angle bracket, less than sign

수식에서 대소 비교 시 적음을 표현하거나 HTML 태그를 시작할 때 사용합니다.

- Use the '**less than symbol**' for comparison when checking if a value is smaller.
  값이 더 작은지 확인할 때 비교 연산자로 '작다' 기호를 사용하세요.

 〉 close angle bracket, greater than sign

수식에서 대소 비교 시 큼을 표현하거나 HTML 태그를 끝낼 때 사용합니다.

- Check if a value exceeds a certain limit with the **greater than symbol**.
  값이 특정 한도를 초과하는지 확인할 때 '크다' 기호를 사용하세요.

특수문자

특수문자 special characters 는 프로그래밍 언어에서 코드의 동작을 제어하거나 문법적으로 중요한 역할을 합니다. 기호의 이름과 예문에 집중해서 살펴보세요.

 # hash, number sign, pound, sharp
용례 #include 〈stdio.h〉

해시 기호는 HTML에서는 HTML 요소의 ID를, 웹브라우저에서는 URL의 일부분(fragment)을 의미합니다. C/C++에서는 전처리기(preprocessor) 표시에 사용됩니다.

- Add a comment in a Python script with the **number sign**.
  Python 스크립트에 주석을 추가할 때 샵 기호를 사용하세요.

@ at sign, ampersat

관습적으로 코드 내 문서를 작성할 때 매개변수(parameter), 반환값 등 주요 요소를 설명할 때 사용합니다. CSS에서는 식별자를 가리키며 JavaScript에서는 데코레이터(decorator)로 사용됩니다. 일상생활에서는 주로 이메일 주소 및 SNS에서 다른 유저를 언급할 때 활용합니다.

- Use the **at sign** to define a decorator.
  데코레이터를 정의할 때 골뱅이 기호를 사용하세요.

 ## ! exclamation mark

대부분의 프로그래밍 언어에서 느낌표는 부정(NOT)을 의미합니다. 일부 프로그래밍 언어에서는 실행할 수 없는 코드(non executable statement)를 식별하는 데 사용됩니다.

- Indicate a logical NOT operation with the **exclamation mark**.
  느낌표를 사용해 논리 NOT 연산을 나타내세요.

 ## % percent sign

용례 printf("%f",1.2);

데이터베이스에서는 와일드카드(wild card)로 사용되며, 수식에서는 나머지를 반환하는 연산자로 사용됩니다. Python, C 등에서는 포맷 지시자(format specifier)로 활용됩니다.

- Calculate the remainder with the **percent sign**.
  퍼센트 기호를 사용해 나머지를 계산하세요.

 ## * asterisk, star

용례 SELECT * FROM users

프로그래밍에서 곱셈 연산은 별표(*)를 사용합니다. 정규식1의 와일드카드와 데이터베이스와 소통하는 SQL의 모든 컬럼(column) 선택 등으로도 사용됩니다.

- Perform multiplication with an **asterisk**.
  별표를 사용해 곱셈을 수행하세요.

🔍 여기서 잠깐 > 와일드 카드 문자

와일드 카드 문자(wild card character)는 하나 또는 여러 개의 임의의 문자와 일치하도록 지정하는 특수 문자입니다. 예를 들어 *는 '모든 문자열'을 의미하며, 파일 검색, 정규 표현식 등에 널리 쓰입니다.

---

 ^ caret
 용례 0^1==1

일반적으로 캐럿은 프로그래밍 정규식에서 문자열의 시작과 매칭되는 것을 의미합니다. XOR 비트 연산에도 활용 됩니다.

- Match the start of a string in a regular expression with the **caret** symbol.
  정규식에서 문자열의 시작을 캐럿 기호로 매칭하세요.

 $ dollar sign
 용례 ^[0-9]*$

일반적으로 달러 기호는 프로그래밍 정규식(Regular Expression, RegEx)에서 문자열의 끝을 표시하는 메타 문자입니다. BASIC, Pascal, PHP 등 일부 프로그래밍 언어에서는 변수와 상수를 정의할 때, 웹 프로그래밍에서는 jquery를 활용할 때 등 다양하게 사용됩니다.

- Use the **dollar sign** in a regular expression to match the end of a string.
  정규식에서 문자열의 끝을 매칭하기 위해 달러 기호를 사용하세요.

 ~ tilde

유닉스 기반 운영체제에서는 홈 디렉터리를 의미하며, 이진수를 활용한 비트 계산에서는 부정(NOT)을 의미합니다.

- Navigate to the root directory by using a **tilde** in Unix-based systems.
  유닉스 기반 시스템에서 물결표를 사용해 루트 디렉토리로 이동하세요.

일반 문장부호

문장 부호 punctuation marks 는 프로그래밍 언어에서 특정한 역할을 수행합니다. 예를 들어 물음표(?)와 콜론(:)은 대부분의 프로그래밍 언어에서 조건에 따라 값을 선택하는 삼항 연산자로 사용됩니다.

? question mark
용례 condition ? value if true : value if false

물음표는 프로그래밍 정규식에서 앞의 문자 또는 요소가 0 또는 1번 매칭되는 것을 의미합니다. 예를 들어 a?c 는 ac, bc, abc 모두에 매칭됩니다. 물음표는 조건 연산자에도 활용됩니다.

- Indicate that the preceding character is optional in a regular expression with a **question mark**.
  정규식에서 이전 문자가 선택 사항임을 물음표로 나타내세요.

: colon
용례 if a > b: print("True")

URL에서 프로토콜과 주소를 구분할 때, 파이썬에서 코드 블록의 범위를 나타낼 때 사용합니다. 기술 문서에서는 항목을 열거할 때 활용합니다.

- Define a key-value pair with a **colon**.
  콜론을 사용해 키-값 쌍을 정의하세요.

; semicolon
용례 print("Hello, World!");

다수의 프로그래밍 언어에서 명령을 마무리할 때 코드 라인 끝에 붙여 사용합니다. 기술 문서에서는 텍스트를 나누는 구분 문자(delimiter)로 활용됩니다.

- Use a **semicolon** to separate multiple statements on the same line.
  같은 줄에 여러 문을 분리할 때 세미콜론을 사용하세요.

– hyphen, dash
용례 --h, t-shirt, know-how

주로 뺄셈 연산자로 사용합니다. CLI(명령줄 인터페이스)에서는 부가 옵션을 표현하고, 변수 및 파일을 명명할 때는 공백을 대체합니다. 일반적인 영어에서는 여러 단어를 합쳐 새로운 의미를 만드는 복합어(compound word)에 사용합니다.

- Create a compound word or separate parts of a variable name with a **hyphen**.
  하이픈을 사용해 복합 단어를 만들거나 변수 이름의 일부를 구분하세요.

🔍 여기서 잠깐 | 하이픈, 대시, 마이너스, 언더스코어

하이픈(-), 대시(–), 마이너스(−) 기호는 거의 구분하기 어려울 정도로 모양이 비슷하지만 서로 의미가 다릅니다. 기본적으로 하이픈(-)은 키보드에서 바로 입력할 수 있지만 대시(–)나 마이너스(−)는 유니코드 문자로 구분되어 별도로 삽입해야 한다는 차이가 있죠.

여기에 모양이 같지만 위치가 다른 언더스코어(_)까지 막대 모양의 기호를 모아 모양과 쓰임새를 비교해 보겠습니다.

기호	이름	모양	예시
-	하이픈(hyphen)	가장 짧음	t-shirt, --help
–	대시(dash)	하이픈보다 약간 김	2021–2025
−	마이너스(minus)	기호 폭이 균형 잡힘	5 − 2 = 3
_	언더스코어(underscore)	하이픈보다 길고 아랫부분에 위치	my_variable

_ underscore
용례 _description

밑줄 표시는 주로 파일명, 변수명 등 명명이 필요한 상황에서 공백을 대신해 사용됩니다. 관습적으로 변수 앞에 밑줄을 붙이면 내부에서만 사용한다는 의미입니다.

- Separate words in variable names with an **underscore** when following the snake_case convention.
  snake_case 규칙을 따를 때 변수 이름의 단어를 밑줄로 구분하세요.

\ backslash

용례 \n, c:\Documnets\User\File

역슬래시 기호는 확장 문자(escape character) 또는 윈도우 운영체제의 파일 경로 구분에 사용됩니다.

- Escape special characters in a string with a **backslash** to prevent errors.
  오류를 방지하기 위해 문자열 내 특수 문자를 역슬래시로 이스케이프하세요.

 ` backtick, grave accent

용례 \`string text\`

백틱은 주로 문자열을 처리하거나 식별자를 구분할 때 사용합니다. 예를 들어 마크다운에서 특정 부분을 강조하거나, 자바스크립트에서 템플릿 문자열(template string)을 표현할 때 활용됩니다.

- Enclose a string in **backticks** to create a template literal in JavaScript.
  JavaScript에서 템플릿 리터럴을 만들기 위해 문자열을 백틱으로 감싸세요.

 "" double quotation marks

큰따옴표는 대부분의 프로그래밍 언어에서 문자열을 나타낼 때 사용합니다.

- Wrap text in **double quotation marks** to define a string.
  문자열을 정의하기 위해 텍스트를 큰따옴표로 감싸세요.

 '' single quotation marks

작은따옴표 또한 대부분의 프로그래밍 언어에서 문자 또는 문자열을 나타낼 때 사용합니다.

- Enclose a character in **single quotation marks** to represent a character literal in Java.
  Java에서 문자 리터럴을 나타내기 위해 문자를 작은따옴표로 감싸세요.

 , comma

쉼표는 값(value)이나 요소(element)를 분리할 때 사용합니다.

- Use a **comma** to separate multiple values in a function argument list.
  함수 인자 목록에서 여러개의 값을 구분하기 위해 쉼표를 사용하세요.

| vertical bar, pipe

수학적 논리 연산(logic operation), 0과 1을 활용한 비트 연산(bitwise), 참과 거짓을 판단하는 불 연산(boolean operator)에서 'OR'를 나타냅니다. 수직선 두 개를 연속으로 붙여 사용하기도 합니다.

- Use the **vertical bar** to perform a bitwise OR operation.
  비트 OR 연산을 수행할 때 세로 막대를 사용하세요.

 . period, dot

마침표는 점 표기법(dot notation)을 지원하는 프로그래밍 언어에서 객체(object)의 속성(attribute)에 접근하거나 메서드를 활용할 때 사용합니다. 터미널에서는 마침표 두 개(..)를 사용해 이전 디렉터리로 이동합니다.

- Use a **period** to access an object's attributes or methods in dot notation.
  객체의 속성이나 메서드에 접근할 때 마침표를 사용하세요.

 & ampersand, and sign

논리 연산과 비트 연산, 불 연산의 AND를 나타냅니다. 앰퍼샌드 두 개를 연속으로 붙여 사용하기도 합니다.

- Represent logical AND with the **and sign**.
  논리 AND를 '앤드 기호'로 나타내세요.

수 연산자

프로그래밍에서 **수 연산자**^{arithmetic operators}는 기본적인 사칙 연산과 나머지 연산, 몫 연산, 제곱 연산을 수행할 때 활용됩니다.

 + plus sign

수식의 덧셈 또는 문자열을 합칠 때 사용합니다.

- Concatenate strings with a **plus sign**. 더하기 기호로 문자열을 연결하세요.

= equal sign

변수 및 상수에 값을 할당(assign)하거나 ==, === 등으로 값이나 타입이 같음을 나타냅니다.

- Assign a value to a variable with the **equal sign**.
  등호를 사용해 변수에 값을 할당하세요.

 / forward slash
용례 </div>

슬래시 기호는 주석(comment), HTML의 종료 태그, 유닉스 운영체제의 파일 경로 구분 등에 사용됩니다. 수식에서는 나누기 연산자로 활용합니다.

- Separate directory paths in a URL with a **forward slash**.
  URL에서 디렉터리 경로를 슬래시로 구분하세요.

❓ POP QUIZ 다음 표의 특수문자를 소리 내어 읽고, 빈칸에 써보세요.

*		^		?	
!		&		|	
{ }		[ ]		< >	
~		–		_	

헷갈리는 전치사

영어의 전치사는 문맥을 결정하는 중요한 요소입니다. 다음 예시와 같이 어떤 전치사를 사용하느냐에 따라 의미가 달라지기 때문입니다.

- **Add** a new extension **to** the browser. 브라우저에 확장 프로그램을 추가하다.
  → Add A to B: A를 B에 추가하다

- Find the search history **in** the browser. 브라우저에서 검색 기록을 찾다.
  → 특정 전치사가 필요하지 않은 경우 위치를 나타내는 'in'

지금부터 어법과 의미에 맞는 전치사 표현을 알아보겠습니다. 예문은 미국 영어를 기준으로 정리했습니다.

On

전치사 **on**은 주로 웹사이트나 SNS처럼 스크린^{screen}으로 소통하는 서비스 또는 컴퓨터, 네트워크, 저장 장치와의 관계를 나타냅니다.

용도		예문
서버	on the server	• The module located **on the server** will process the input data. 서버에 위치한 모듈이 입력 데이터를 처리할 것입니다.
저장 장치	on the SSD/HDD	• The data will be stored **on the new SSD** from now on. 지금부터 데이터는 새 SSD에 저장될 것입니다.
운영체제	on Windows / MacOS / Linux	• This application runs **on Windows** only. 이 응용 프로그램은 윈도우에서만 작동합니다.
애플리케이션	on Github	• You can review the codebase **on Github**. 깃허브에서 코드베이스를 검토할 수 있습니다
SNS	on Facebook	• Find us **on X** to learn more! 더 알아보려면 X에서 저희를 찾아주세요!
웹사이트	on the website	• Please check the opening hours **on the website**. 웹사이트에서 영업 시간을 확인주세요.
컴퓨터	on the computer	• This is the easiest way to install Python **on your computer**. 이 방법이 파이썬을 컴퓨터에 설치하는 가장 쉬운 방법입니다.
통신망에	on the network	• There are 3 printers **on the network**. 네트워크에 프린터 3개가 있습니다.
와이파이	on Wifi	• I'm **on Wifi**. Let me browse the Internet to see how to take the metro at the airport. 와이파이를 잡았습니다. 인터넷으로 공항철도를 어떻게 타는지 알아보겠습니다.

In

전치사 in은 데이터를 저장하거나 프로그램을 수행하는 공간 및 시스템과의 관계를 나타냅니다.

용도		예문
데이터베이스	in the database	• The transaction data stored **in the database** will be deleted in 3 months 데이터베이스에 저장된 거래 데이터는 3개월 후에 삭제될 것입니다.
문서	in the document	• This API example written **in the document** is kind of confusing. 문서에 쓰인 API 예시가 조금 헷갈립니다.
브라우저	in the browser	• You can delete cookies **in the browser** if you want. 원한다면 브라우저의 쿠키를 지울 수 있습니다.
파일	in the file	• There is a list of buyers **in the file**. 파일에 구매자 리스트가 있습니다.
디렉터리	in the directory	• When the file appears **in the directory**, drag it into the trash. 파일이 디렉터리에 나타나면, 드래그해서 휴지통에 넣어주세요.
시스템	in the system	• We've found a critical bug **in the system**. 시스템에서 심각한 버그를 발견했습니다.
코드	in the code	• I think this function iterating over the array causes the performance issue. I will look into the problem **in the code**. 배열을 도는 이 함수가 성능 이슈의 원인이 되는 것 같습니다. 코드에서 문제를 자세히 살펴보겠습니다.
프로그래밍 언어	in Python	• I can easily write a script **in Typescript**. Typescript로 쉽게 스크립트를 작성할 수 있습니다.
웹사이트 구성 요소	in the header, in the footer	• The buttons **in the header** are too big. 헤더의 버튼들이 너무 큽니다.
섹션	in the section	• The image **in the hero section** is not attractive enough. 히어로 섹션의 이미지가 충분히 매력적이지 않습니다.

🔍 여기서 잠깐 | on vs. in

전치사 on과 in은 비슷하지만 사용처가 다르기 때문에 용례에 집중해서 익히는 것이 중요합니다. 다음 표에서 on과 in의 차이점을 대조해 보고, 예문을 숙지하세요.

on	in
스마트폰, 컴퓨터, TV 등 스크린이 있는 전자 기기를 보며 소통할 때 • on the app, on Kakaotalk	스크린이 없는 애플리케이션의 특정 기능이나 시스템의 일부를 말할 때 • in the app, in Jira
같은 네트워크에 연결된 프린터, 컴퓨터, 스마트폰과 같은 디바이스를 지칭할 때 • The headset initiated a connection to a phone on the network	라우터, 스위치, 케이블 등 네트워크 구성을 표현할 때 • There is an issue with the router in the network.

At

전치사 at은 전치사 in보다 좁은 범위로 특정한 시간 및 공간과의 관계를 나타냅니다.

용도		예문
회사, 기관, 단체	at Google	• I have worked **at Google** since 2018. 저는 2018년부터 구글에서 일해 왔습니다.
도메인	at URL	• You can find more information **at www.example.com**. www.example.com 에서 더 많은 정보를 확인하실 수 있습니다.

To

전치사 to는 방향성을 내포하며 시간, 공간, 데이터 등이 작용하는 다른 대상과의 관계를 나타냅니다.

용도		예문
함수, 컴포넌트에 데이터를 전달하다	Pass ⟨data⟩ to ⟨function or component⟩	• This code **passes arguments to the function** we defined above. 이 코드는 위에서 정의한 함수에 인자를 전달합니다.
A를 B에 추가하다	Add A to B	• Let me **add this example to the doc**. 문서에 이 예제를 추가하겠습니다.
A를 B로 바꾸다	Change A to B	• I **changed the branch name to "develop"**. 브랜치명을 develop으로 바꾸었습니다.
A를 B로 이끌다	Lead A to B	• Our new manager will **lead our project to success**. 새로 부임한 매니저는 우리 프로젝트를 성공으로 이끌 것입니다.

❓ POP QUIZ 빈칸에 적절한 전치사를 채우세요.

1. The user information is stored ____ the database. 사용자 정보는 데이터베이스에 저장됩니다.
2. Make sure the configuration file ____ the server is up to date. 서버에 있는 구성 파일이 최신 상태인지 확인하세요.
3. We need to pass the user ID ____ the authentication service. 사용자 ID를 인증 서비스에 전달해야 합니다.

정답 1. in, 2. on, 3. to

실무를 위해 반드시 알아야 하는 전문 용어 모음

정보 기술이 고도화되고 대중화됨에 따라 수많은 전문용어 terminology 가 매일같이 쏟아집니다. 이러한 전문용어는 추상적인 개념을 명료한 언어로 간소화하여 커뮤니케이션의 효율성을 높이지만, 일상적인 언어와 다른 뜻으로 쓰이거나 줄임말이 많아 단번에 능숙해지기 어렵습니다.

지나치게 고도화된 기술 용어보다는 효과적인 커뮤니케이션을 위한 실무적인 용어만 선별했습니다. 발음까지 꼼꼼히 확인하며 학습해 보세요.

소프트웨어 개발 프로세스 필수 용어 모음

agile
일반적인 의미 민첩한

작은 단위로 신속하게 반복 작업을 수행하는 소프트웨어 개발 방법론

- **Agile** software development refers to a software development methodology based on iterative development.
  애자일 방법론은 반복적인 개발에 기반한 소프트웨어 개발 방법론을 의미합니다.

sprint
일반적인 의미 (스포츠에서)단거리 전력 질주

애자일 방법론에서 새로운 기능을 개발하거나 백로그를 처리하기 위해 개발 주기를 반복(iteration)하는 짧은 기간(time-boxed period)

- The team is shipping more predictable and consistent products after implementing the **sprint**s.
  팀은 스프린트를 도입한 뒤로 더 예측 가능하고 일관된 프로덕트를 제공하고 있습니다.

dev-ops
용례 dev-ops engineer

개발(development)과 운영(operations)의 합성어로 지속적인 유지관리, 업데이트, 배포를 통해 개발팀과 운영팀 사이의 소통과 협업을 장려하는 시스템 및 개발 환경. 데브옵스 엔지니어는 시스템 유지관리와 배포, 업데이트를 통한 안정적인 시스템 운영을 담당합니다.

- **DevOps** engineers need to ensure that the software will work across a variety of platforms.
  데브옵스 엔지니어는 소프트웨어가 다양한 플랫폼에서 작동하도록 해야 합니다.

backlog
`용례` product backlog, sprint backlog

로드맵을 달성하기 위해 개발되어야 하는 기능, 수정되어야 하는 버그와 같은 작업 목록(task list)

- There are massive **backlogs** we have to handle by this week.
  이번 주까지 처리해야 하는 엄청난 백로그가 있습니다.

hotfix
`용례` apply a hotfix, hotfix release `발음` 핫픽스

운영 중인 소프트웨어에서 발생한 긴급한 문제를 즉각 수정하기 위한 빠른 패치. 보통 사용자에게 영향을 미치는 심각한 오류나 보안 문제를 해결할 때 사용하며, 일반적인 업데이트 주기를 기다리지 않고 즉시 프로덕션 환경에 적용합니다.

- A **hotfix** has been deployed to resolve the login issue.
  로그인 문제를 해결하기 위해 핫픽스가 배포되었습니다.

rollback
`용례` rollback deployment, database rollback `발음` 롤백

소프트웨어 업데이트 후 문제가 발생하는 경우, 안정된 이전 버전으로 되돌리는 과정

- Due to a critical bug, we had to **roll back** the latest update.
  치명적인 버그 때문에 최신 업데이트를 롤백해야 했습니다.

build
`용례` build process, stable build

배포되기 전 상태인 특정 버전의 프로그램. 동사로는 이런 특정 버전의 프로그램을 만드는 것을 의미합니다.

- We've found a lot of bugs in this **build**.
  이 빌드에서 많은 버그를 발견했습니다.

서비스 환경 및 배포 관련 표현 모음

staging

용례 staging environment, staging server 발음 스테이징

사용자에게 배포하기 전 테스트 및 검증을 수행하는 환경. 실제 운영 환경(production)과 유사하게 구성하여 새로운 기능에 이상이 없는지 점검합니다.

- We need to deploy the latest changes to the **staging** environment for testing.
  최신 변경 사항을 테스트하기 위해 스테이징 환경에 배포해야 합니다.

production

용례 production environment, production server

실제 사용자가 사용하는 운영 환경. 운영 중단이나 장애가 발생하면 사용자에게 직접적인 영향을 미치기 때문에, 프로덕션 환경에서는 철저한 검증을 통한 안전성 확보가 중요합니다.

- The update has been successfully deployed to the **production** environment.
  업데이트가 프로덕션 환경에 성공적으로 배포되었습니다.

nightly build

용례 nightly build test, nightly build CI/CD 발음 나이틀리 빌드

개발 중인 소프트웨어의 상태를 하루에 한 번씩 자동으로 빌드하여 생성되는 버전. 주로 개발팀 내부에서 테스트 목적으로 사용되며, 최신 상태를 반영합니다.

- The **nightly build** includes some experimental features that need further testing.
  나이틀리 빌드에는 추가적인 테스트가 필요한 실험적인 기능들이 포함되어 있습니다.

canary build

어원 '카나리'라는 이름은 과거에 광부들이 위험한 가스 유무를 확인하기 위해 카나리아를 사용했던 관습에서 유래했습니다. 발음 카나리 빌드

소규모 사용자 그룹에게 배포되는 초기 버전의 소프트웨어. 주로 대규모 배포 전에 잠재적인 문제를 발견하고 해결하기 위해 활용됩니다.

- We'll release the **canary build** to a small group of users for early feedback.
  초기 피드백을 받기 위해 소규모 사용자 그룹에게 카나리 빌드를 배포할 예정입니다.

 역할 및 아키텍처 구성 관련 표현 모음

front-end
 front-end stack, front-end developer

사용자와 실제로 상호 작용하는 UI. 프런트엔드 개발자는 UI와 관련된 로직과 데이터 처리, 레이아웃을 개발합니다.

- The **front-end** developer is fixing miscellaneous bugs.
  프런트엔드 개발자가 자잘한 버그를 고치고 있습니다.

back-end
 back-end stack, back-end developer 유의어 server

프런트엔드 및 데이터베이스(database)와 상호작용하며 데이터를 처리 및 저장하고 송수신하는 부분으로, 흔히 웹 서비스의 서버를 의미. 백엔드 개발자는 일반적으로 데이터를 처리하고 서비스를 제어하는 서버를 개발합니다.

- **Back-end**, which is also called server-side, is like the brain of web services.
  일명 서버측으로 불리는 백엔드는 웹 서비스의 뇌와 같습니다.

containerization
의미 컨테이너화   containerization technology, containerized application

애플리케이션을 실행 환경과 함께 격리된 컨테이너(container)로 패키징하여, 운영체제와 시스템에 상관 없이 일관되게 실행되도록 하는 기술. 애플리케이션의 배포와 관리를 효율화하고, 시스템 간의 호환성 문제를 줄일 수 있습니다.

- We're using Docker for **containerization** to streamline the deployment process.
  배포 과정을 간소화하기 위해 Docker를 사용하여 컨테이너화를 진행하고 있습니다.

full-stack
　　용례 full-stack developer, full-stack engineer

프로그램 및 서비스의 프런트엔드부터 백엔드까지 아우르는 모든 부분. 풀스택 개발자는 프런트엔드와 백엔드 모두를 개발하는 엔지니어를 칭합니다.

- I have to handle both the front-end and back-end due to the lack of developers on the team. I've become a **full-stack** developer by chance.
  팀에 개발자가 부족해서 프런트엔드와 백엔드 모두를 처리해야 합니다. 어쩌다 보니 풀스택 개발자가 되었습니다.

 stack
　　일반적인 의미 1. 물 건이 차곡차곡 쌓인 더미, 2. (컴퓨터 과학에서) 데이터를 후입선출 방식으로 저장하는 자료 구조　용례 technology stack

특정 목적을 달성하기 위한 동등한 수준 및 카테고리의 기술 모음. 여기에는 프로그래밍 언어, 라이브러리, 도구 등이 포함됩니다. 예를 들어 웹 서비스 구현을 위한 기술 스택(technology stack)은 다음과 같습니다.

프런트엔드	React, Next.js
백엔드	NodeJS, TypeORM
데이터베이스	MongoDB

- To recruit the best fit developer, specify the technology **stack** of the service on the open positions page.
  적합한 개발자를 찾으려면, 구인 공고 페이지에 기술 스택을 명시해주세요.

> NOTE technology stack은 'tech stack'으로 줄여 사용하기도 합니다.

 load balancing
　　용례 load balancer, load balancing system　발음 로드 밸런싱

여러 서버에 트래픽을 분산시켜 각 서버에 부하를 고르게 분배하는 기술. 시스템의 성능과 가용성을 높이고, 특정 서버에 과부하가 걸리는 것을 방지합니다.

- The **load balancer** distributes incoming traffic across multiple servers to ensure stability.
  로드 밸런서는 안정성을 보장하기 위해 들어오는 트래픽을 여러 서버에 분산시킵니다.

 **접근 방식 및 기타 표현 모음**

headless

용례 headless browser, headless CMS, headless component

GUI가 없는 장치에서 작동 가능한 프로그램, 프런트엔드(UI)와 백엔드(콘텐츠 및 데이터)를 분리하는 개발 방식입니다.

- A **headless** browser is a web browser that has no graphical user interface.
  헤드리스 브라우저는 GUI가 없는 웹 브라우저입니다.

> **NOTE** 'head'는 시스템의 프런트엔드나 GUI를 지칭합니다.

sandbox

일반적인 의미 아이들이 안전하게 놀 수 있는 모래장 **분류** 보안, 게임

외부 변수와 독립 및 통제된 조건을 기반으로 하는 테스트 환경이나 상황

- We need additional **sandbox** testing before the official launch.
  공식 런칭 전에 추가적인 샌드박스 테스트가 필요합니다.

legacy

용례 legacy code, legacy infrastructure **발음** 레거시

낡고 오래된 기술이나 소프트웨어, 컴퓨터 시스템

- We have to replace the **legacy** system by July as part of the integration process.
  통합 프로세스의 일부로, 레거시 시스템을 7월까지 교체해야 합니다.

❓ POP QUIZ 빈칸에 적절한 표현을 고르세요.

To handle a large number of incoming requests without overloading a single server, many systems use _____ to distribute traffic evenly across multiple servers.

A. caching　　　　　　B. load balancing
C. compression　　　　D. encryption

정답 B. load balancing

간편한 의사소통을 위한 개발 실무 약어

기술, 의학, 군사 등 전문 분야에서는 약어와 준말을 많이 사용하죠. 약어와 준말은 긴 구문을 짧게 전달해서 효율성을 높입니다.

영어의 약어 또는 준말은 사용 방식에 따라 acronym과 initialism로 구분할 수 있습니다. 분류 자체가 중요한 것은 아니지만, 기준과 읽는 방법을 알아두면 도움이 됩니다.

	acronym	initialism
설명	단어의 첫 글자를 딴 두문자어	단어의 첫 글자를 딴 두문자어
읽는 방법	한 단어처럼 발음	알파벳 각각을 발음
예시	RAM(Random Access Memory) [램]	USA(United States of America) [유에스에이]

IT 실무에도 유독 약어와 준말이 자주 등장합니다. 때로는 철자를 보고도 발음을 직관적으로 떠올리기 어려워서, 단어의 의미를 알고 있어도 실제 회화에 곤란함을 겪는 경우가 있어요. 이번에는 주요 IT 실무 커뮤니케이션에 꼭 필요한 약어와 준말을 소개하고, 올바른 발음을 알아보겠습니다.

 MVP(Minimum Viable Product)
분류 initialism 발음 엠브이피

테스터 고객에게 피드백을 받기 위해 최소한의 기능을 구현한 제품

- Build an **MVP** fast and get your idea reviewed.
  MVP를 빠르게 만들고, 아이디어를 검증 받으세요.

> NOTE MVP의 첫 글자 M은 소리내어 읽었을 때 [엠]으로 발음되기 때문에 관사 an을 사용하지만, Minimum Viable Product는 [미]로 발음되기 때문에 관사 a를 사용해야 합니다.

PR(Pull Request)
분류 initialism **발음** 피알

주로 Git을 활용한 버전 관리에서 개발자가 코드 변경 사항을 원본 저장소에 반영해달라고 요청하는 절차

- I submitted a **pull request** to fix the critical bug. Please let me know when you've merged it.
  치명적인 버그를 수정하기 위한 풀 리퀘스트를 제출했습니다. 풀 리퀘스트가 병합되면 알려 주세요.

> **여기서 잠깐** 깃허브로 그룹 프로젝트 하는 방법
>
> 깃허브(Github)는 소프트웨어 개발 프로젝트를 위한 웹 기반 플랫폼입니다. 분산 버전 관리 시스템인 깃(Git)을 기반으로 개발자들이 코드 저장소(repository)를 생성하고, 변경 사항을 추적하며 협업을 효율적으로 진행할 수 있도록 다양한 기능을 제공합니다.
>
> - **저장소(repository)**: 프로젝트의 소스 코드, 문서 등 파일을 저장·관리하는 공간
> - **브랜치(branch)**: 기능 추가 및 버그 수정을 위해 기존 코드와 별도로 분리한 독립적인 버전
> - **커밋(commit)**: 코드 변경 사항을 저장소에 기록하는 행위
> - **풀 리퀘스트(pull request)**: 브랜치에서 작업한 내용을 원본에 병합해달라고 요청하는 행위
> - **이슈(issue)**: 버그, 기능 제안, 개선 사항 등을 추적하고 관리하는 시스템
> - **프로젝트 보드(project board)**: 작업 진행 상황을 관리할 수 있는 칸반 보드 형태의 도구

UX(User Experience)
분류 initialism **발음** 유엑스

사용자가 제품 및 서비스를 사용하며 직간접적으로 느끼는 총체적 경험

- **UX** plays a key role in attracting more users.
  사용자 경험은 더 많은 사용자를 유치하는 핵심 역할을 합니다.

GIF(Graphics Interchange Format)
분류 acronym **발음** 지프(/dʒɪf/), 기프(/gɪf/)

간단한 애니메이션 및 짧은 반복 영상을 표현하는 형식

- The website uses **GIF**s for short, looping animations to capture users' attention.
  웹사이트는 사용자의 주의를 끌기 위해 짧고 반복되는 애니메이션에 GIF를 사용합니다.

JPEG(Joint Photographic Experts Group)
분류 acronym **발음** 제이펙(/ˈdʒeɪpɛg/)

이미지를 압축하여 저장하는 파일 형식

- We prefer using **JPEG** for product photos due to its high quality and smaller file size.
  제품 사진의 높은 품질과 작은 파일 크기 때문에 JPEG를 사용하는 것을 선호합니다.

API(Application Programming Interface)
분류 initialism **발음** 에이피아이

소프트웨어 구성 요소가 서로 통신할 수 있도록 하는 인터페이스. 웹 서비스 또는 앱에서 데이터를 주고받으며 통신할 때 사용합니다.

- The **API** access for developers will be shut down in 30 days.
  개발자를 위한 API 접근이 30일 후 종료될 것입니다.

SaaS(Software as a Service)
분류 acronym **발음** 새스(/sæs/)

서비스 제공자가 소프트웨어와 데이터를 관리하고, 사용자는 웹 브라우저, 애플리케이션 등의 클라이언트를 통해 서비스를 사용하는 형태의 소프트웨어

- The number of **SaaS** startups is skyrocketing nowadays.
  요즘 SaaS 스타트업 수가 급증하고 있습니다.

> **NOTE** SaaS와 반대로 내부 인프라에 소프트웨어를 직접 설치하고 관리하는 방식을 온프레미스(on-premises)라고 합니다.

REST(REpresentational State Transfer)
분류 acronym 발음 레스트

웹과 같은 네트워크 시스템에서 두 시스템 사이의 통신을 위한 아키텍처 스타일. REST 표준을 따르는 API를 RESTful API 또는 REST API라고 하며, 클라이언트-서버 아키텍처(client-server architecture)에서 널리 사용됩니다.

- You can use the **REST** API to monitor the server through HTTP requests.
  REST API를 사용하면 HTTP 요청으로 서버를 모니터링할 수 있습니다.

CMS(Content Management System)
분류 initialism 발음 씨엠에스

사용자가 디지털 콘텐츠를 만들고, 편집하고, 발행하는 시스템. 대표적으로 워드프레스(Wordpress)와 같은 블로그, 콘텐츠 관리 솔루션이 있습니다.

- It's time to migrate to a new **content management system**.
  새로운 콘텐츠 관리 시스템으로 옮길 때가 되었습니다.

DNS(Domain Name System)
분류 initialism 발음 디엔에스

네트워크 주소 또는 IP(Internet Protocol) 주소를 식별하기 위한 시스템. 'www.geekhaus.club'과 같은 인터넷 주소를 65.8.248.16과 같은 IP 주소로 변환합니다.

- A **DNS** is like the phone book for the internet.
  DNS는 인터넷을 위한 전화번호부와 같습니다.

GUI(Graphic User Interface)
분류 acronym 발음 구이(/ˈɡuːi/)

아이콘과 같은 그래픽 요소를 활용하여 컴퓨터와 상호작용하는 인터페이스

- The **GUI** enables people to quickly and easily communicate with computers.
  GUI를 통해 사람들은 컴퓨터와 빠르고 쉽게 통신할 수 있습니다.

> **NOTE** GUI와 대응하는 반대 개념은 CLI(Command Line Interface)로, 텍스트 기반 명령어를 통해 컴퓨터와 상호작용하는 인터페이스입니다.

JSON(JavaScript Object Notation)
`분류` acronym `발음` 제이슨

텍스트 기반의 키-값 쌍으로 구조화된 데이터를 주고받기 위한 표준 형식

- **JSON** is a standard text-based format for representing structured data based on JavaScript object syntax. (MDN Web docs)
  JSON은 자바스크립트 객체 구문을 기반으로 구조화된 데이터를 나타내는 텍스트 기반의 포맷입니다.

여기서 잠깐 | 자주 틀리는 표현

특히 약어의 경우 마지막 준말을 불필요하게 중복하여 동어를 반복하거나, 의미를 정확히 파악하지 못해 잘못 사용하는 경우가 있습니다. 자주 틀리는 표현을 살펴보고, 올바르게 바로잡아 봅시다.

- **CMS(Content Management System)**
  CMS는 이미 마지막 초성에 'System'이라는 표현이 있으므로 이중으로 언급하지 않도록 주의해야 합니다.
  - ✗ We use a CMS system. ⟶ 중복 표현
  - ✓ We use a CMS. ⟶ 자연스러운 표현

- **SaaS(Software as a Service)**
  SaaS는 소프트웨어가 아니라 서비스이므로 구매(bought)보다 구독(subscribe) 개념이 더 어울립니다.
  - ✗ I bought a SaaS product. ⟶ 부자연스러운 표현
  - ✓ We subscribe to a SaaS product. ⟶ 자연스러운 표현

- **JSON(JavaScript Object Natation)**
  JSON은 프로그래밍 언어가 아니라 데이터 형식이므로, 'code' 또는 'language'라는 표현은 부적절합니다.
  - ✗ We write JSON code. ⟶ 잘못된 용어
  - ✓ We define data in JSON format. ⟶ 자연스러운 표현

IDE(Integrated Development Environment)
분류 initialism **발음** 아이디이

'통합 개발 환경'으로 일컬어지는 응용 프로그램. 개발자에게 소프트웨어 개발을 위한 포괄적인 기능을 제공합니다.

- **IDE**s let developers code, test, debug, and deploy their product.
  개발자는 IDE를 통해 코드를 작성하고, 테스트하고, 디버깅하고, 배포할 수 있습니다.

WYSIWYG(What You See Is What You Get)
분류 acronym **발음** 위지윅(/ˈwɪz.i.wɪɡ/)

편집 화면에 입력한 글자, 이미지, 영상 등의 콘텐츠가 출력물에 동일하게 표시되는 방식

- This **WYSIWYG** editor is very handy for content editing.
  이 위지윅 에디터는 콘텐츠를 편집하기 매우 편리합니다.

CDN(Content Delivery Network)
분류 initialism **발음** 씨디엔

콘텐츠를 효율적으로 전달하기 위해 지리적으로 분산된 서버 집단. 더 가까운 곳에 위치한 서버를 통해 콘텐츠를 빠르게 주고받거나 네트워크 혼잡을 방지하고 보안을 개선할 수 있습니다.

- A **CDN** is a group of geographically distributed servers or data centers which are interconnected.
  CDN은 지리적으로 분산된 서버 또는 데이터 센터 그룹으로, 상호 연결되어 있습니다.

CI/CD(Continuous Integration/Continuous Deployment)
분류 initialism **발음** 씨아이씨디

지속적 통합/지속적 배포. CI(지속적 통합)는 개발을 진행하면서 자동적으로 코드 변경사항을 빌드 및 테스트하는 것을, CD(지속적 배포)는 업데이트된 내용이 고객이 사용하는 프로덕션 환경까지 자동적으로 배포되는 것을 의미합니다. 참고로 CD를 '지속적 전달'을 의미하는 'Continuous Delivery'로 표현하는 경우도 있습니다.

- Jenkins is one of the most popular solutions for creating a **CI/CD** environment.
  Jenkins는 CI/CD 환경을 만들기 위한 가장 인기 있는 솔루션 중 하나입니다.

CRUD(Create, Read, Update, Delete)
분류 acronym 발음 크러드(/krʌd/)

생성(Create), 읽기(Read), 수정(Update), 삭제(Delete)를 통칭하는 용어로, 소프트웨어와 시스템이 대부분 지원하는 데이터 처리 기능을 의미

- **CRUD** refers to the 4 basic data process operations.
  CRUD는 4가지 기본 데이터 처리 작업을 의미합니다.

RegEx(Regular Expression)
분류 acronym 발음 레겍스(/ˈɹɛɡˌɛks/), 레젝스(/ˈɹɛdʒˌɛks/)

문자열(string)에서 특정 문자 조합을 찾거나 텍스트 검색 패턴을 지정하는 정규 표현식

- A **regular expression** specifies a set of strings that matches it. (Python 공식 문서)
  정규식은 일치하는 문자열 집합을 지정합니다.

SQL(Structured Query Language)
분류 acronym, initialism 발음 시퀄(/ˈsiːkwəl/), 에스큐엘

SQL은 관계형 데이터베이스에서 데이터를 관리하고 조작하는 표준 언어. 데이터베이스 쿼리, 삽입, 업데이트, 삭제 등을 수행합니다. 'S-Q-L' 또는 '시퀄'이라고 읽습니다.

- **SQL** is used to query, insert, update, and modify data in databases.
  SQL은 데이터베이스에서 데이터를 조회, 삽입, 업데이트, 수정하는 데 사용됩니다.

> **NOTE** Query는 국내에서 [쿼리]라고 발음하지만, 영어 발음은 [크위어리(/ˈkwɛˌɹi/)] 또는 [크웨리(/ˈkwɪˌɹi/)]에 가깝습니다.

YAML(YAML Ain't Markup Language)
분류 acronym 발음 야믈(/ˈjæməl/)

사람이 읽기 쉬운 데이터 직렬화 형식. 들여쓰기를 통해 계층 구조를 표현합니다.

- **YAML** is a human-friendly data serialization standard for all programming languages.
  YAML은 모든 프로그래밍 언어에서 사용 가능한 사람 친화적인 데이터 직렬화 표준입니다.

> **POP QUIZ** 다음 문장이 참인지 거짓인지 판단하세요.

이미지를 저장하는 파일 형식인 JPEG은 '제이펙'으로 발음한다. (True/False)

정답 True

자주 쓰는 표현

- **push to a production**: 프로덕션에 반영하다
- **merge the branch**: 브랜치를 병합하다
- **review the code**: 코드를 검토하다
- **run the test cases**: 테스트 케이스를 실행하다
- **file a ticket**: 티켓을 등록하다
- **open an issue**: 이슈를 제기하다
- **high availability(HA)**: 고가용성
- **version control**: 버전 관리
- **backward compatibility**: 하위 호환성
- **environment variables**: 환경 변수
- **partial outage**: 부분적 장애

요점 정리

- **특수문자**의 이름과 읽는 방법을 숙지해 두지 않으면 동료 개발자와 협업하거나, 구술 코딩 테스트 현장에서 어려움을 겪을 수 있습니다.
- **전치사**는 문맥을 결정하는 중요한 요소입니다. 문맥에 따라 어울리는 전치사를 적절히 선택해야 합니다.
- **전문용어**와 약어는 추상적인 개념을 간소화하여 커뮤니케이션의 효율성을 높입니다. IT 업계에 자주 활용되는 전문용어와 약어의 개념을 알아두고, 커뮤니케이션 생산성을 높이시기 바랍니다.

1.2 업무 중 매일 마주하는 실전 영어

국내든 해외든 개발자들은 속어 또는 은어를 업무에 빈번하게 사용합니다. 이는 꼭 IT 업계에서뿐만 아니라 특정 직종의 전문가들이 모인 조직에서는 그들끼리 통하는 은어로 대화하기 마련이죠. 따라서 소프트웨어 업계에 자주 등장하는 표현과 인터넷 속어를 모르면 효율적인 의사소통에 어려움을 겪을 수 있습니다.

개발 문서에 반드시 등장하는 소프트웨어 표현

영문 기술 문서와 오픈소스 커뮤니티에서는 특정 **어휘** vocabulary 와 **표현** expression 이 반복적으로 등장합니다. 예를 들어 코드를 통합하거나 새로운 기능을 **구현 및 도입**할 때는 동사 **implement**를, 기능을 **실행**할 때는 **execute**, 코드를 **덮어 쓸 때**는 **overwrite**와 같은 표현을 사용합니다.

자주 등장하는 어휘와 표현을 숙지해 두면 최신 기술 문서를 읽거나 해외 테크 컨퍼런스를 시청할 때 번역을 기다리지 않고도 내용을 이해할 수 있어 이점이 많습니다. 단순히 눈으로 읽는 것에서 멈추지 않고 소리 내어 발음해 보는 것을 권장합니다. 우리의 뇌는 입력한 정보를 출력해 본 경험을 통해 내용을 더 오래 기억하기 때문입니다.

IT 개발 업계의 문서와 커뮤니케이션 상황에서 자주 등장하는 어휘와 표현을 정리했습니다. **품사**와 **예문**, **발음**을 함께 익혀 두세요.

Frontend/UI

by default
 튀 기본적으로, 디폴트로

- The service requests the GPS permission **by default**.
  서비스는 기본적으로 GPS 권한을 요청합니다.

bundle
 동 묶다, (소프트웨어 등을) 추가로 주다 명 (소프트웨어나 하드웨어가 그룹화 된) 묶음, 번들

- The default applications are **bundled** with the operating system.
  기본 애플리케이션들은 운영체제와 함께 제공됩니다.
- In general, a **bundle** is a group of software programs or hardware devices that are grouped together and sold as one. Computer Hope
  일반적으로, 번들은 하나로 판매되는 소프트웨어 프로그램이나 하드웨어 장치 묶음을 뜻합니다.

render
 동 ① 데이터와 UI 컴포넌트를 모아 웹 페이지를 만들다, ② (2D/3D 그래픽) 요소를 그리다

- The component will be **re-rendered** when the state changes.
  상태가 변하면 컴포넌트가 다시 렌더링 될 것입니다.

opinionated
 형 체계와 시스템을 강하게 갖춘, 독선적인

- **Opinionated** frameworks assume that there are best practices and design patterns to use the frameworks.
  오피니언화된 프레임워크는 해당 프레임워크를 사용하기 위한 가장 적합한 관행과 디자인 패턴이 있다고 가정합니다.

navigate
의미 [동] (인터넷, 웹사이트를) 돌아다니다, 둘러보다, 항해하다

- It also makes the site harder for web crawlers to **navigate**.
  또한 이는 웹 크롤러가 사이트를 돌아다니기 어렵게 만듭니다.

 Backend/System

 initialize
의미 [동] 초기화하다

- The variable needs to be **initialized**. Please assign the initial value to the variable.
  변수를 초기화해야 합니다. 변수에 초깃값을 할당해 주세요.

 mount
의미 [동] ① 편입시키다, ② 증가하다, ③ 시작하다

- The **mount** command attaches the filesystem of an external device to the filesystem of a system.
  마운트 명령어는 외부 디바이스의 파일 시스템을 시스템의 파일 시스템에 편입시킵니다.

 execute
의미 [동] (프로그램을) 실행하다, (기술적인 동작을) 해내다

- This compiled version finally **executes** our program.
  마침내 이 컴파일 버전이 우리 프로그램을 실행합니다.

 optimize
의미 [동] 최적화하다

- Can we **optimize** this code block to make it faster?
  이 코드 블록을 더 빠르게 최적화할 수 있을까요?

deploy
의미 동 배포하다 용례 명 deployment

- Ansible is a radically simple IT automation platform that makes your applications and systems easier to **deploy** and maintain.
  Ansible은 애플리케이션이나 시스템을 쉽게 배포하고 유지 보수하는 매우 간편한 IT 자동화 플랫폼입니다.

route
의미 동 (특정한 루트를 따라) 전송하다, 라우팅하다 명 라우트, 노선, 도로

- The **routing** system is too complicated in this architecture. ⟶ 동사(분사)
  이 아키텍처는 라우팅 시스템이 너무 복잡합니다.
- Ingress exposes HTTP and HTTPS **routes** from outside the cluster to services within the cluster. ⟶ 명사
  인그레스는 클러스터 밖에서 클러스터 내 서비스로 HTTP 및 HTTPS 라우트를 노출합니다.

🔍 여기서 잠깐 — 라우팅, 라우트

라우트(route)란 네트워크나 소프트웨어 시스템에서 데이터, 요청, 또는 명령을 목적지까지 정확히 전달하기 위해 경로를 설정하는 과정 또는 경로 그 자체를 뜻합니다. 웹 개발 분야에서는 클라이언트의 요청을 특정 페이지로 보낼 때, 네트워크에서는 IP 패킷을 어떤 경로를 통해 다른 장치로 보낼지 결정할 때 사용합니다.

일반적으로 경로 그 자체를 가리키기 위해 명사로서 사용할 때는 라우트(route), 데이터를 경로로 보내는 행위나 로직을 의미하는 동명사 또는 현재 분사로 사용할 때는 라우팅(routing)이라고 합니다.

 Data Processing

access
의미 동 접근하다, 접속하다, 이용하다 명 접근, 접근 권한

- Using setState to **access** the latest state in the event handler. 출처 React issue #20111
  이벤트 핸들러의 최신 상태에 접근하기 위해 setState 사용하기

- You can restrict read **access** to your contract's state by other contracts. 출처 Solidity docs
  컨트랙트의 상태에 대한 읽기 접근을 다른 컨트랙트로 제한할 수 있습니다.

truncate
의미 동 짧게 하다, 잘라내다

- The auth token needs to be **truncated**.
  인증 토큰 길이를 줄여야 합니다.

extract
의미 동 추출하다, 얻어내다

- How can we **extract** metadata here?
  여기서 메타데이터를 어떻게 추출할까요?

modify
의미 동 변경하다, 수정하다

- This section lists changes where you have to **modify** your code. 출처 Solidity docs
  이 섹션은 코드를 수정해야 하는 변경 사항을 나열합니다.

pass
의미 통 (값이나 매개변수를) 전달하다, 통과하다, 나아가다

- If it is a string, the value is **passed** to the bytes library for parsing.
  만약 문자열이라면, 값은 파싱을 위해 바이트 라이브러리로 전달됩니다.

parse
의미 통 (문장이나 코드를 문법에 따라) 분석하다, (기준에 따라 데이터를) 가공하여 해석하다

- The **parsed** components will be analyzed for correct syntax.
  파싱된 컴포넌트는 올바른 구문을 위해 분석될 것입니다.

transform
의미 통 변형시키다, 바꿔놓다, 변환하다

- The syntax will be **transformed** at build time.
  구문은 빌드 시 변환됩니다.

trim
의미 통 좌우 공백을 제거하다

- You can remove the leading and trailing whitespace by **trimming** the string.
  문자열을 트리밍하여 선행 및 후행 공백을 제거할 수 있습니다.

convert
의미 통 전환시키다, 전환하다

- **Convert** the timestamps from string to date format.
  타임스탬프를 문자열에서 날짜 포맷으로 변환하세요.

map
의미 통 (어떠한 대상과 다른 대상을) 연관시키다, 매핑하다

- **Mapping** in programming means taking several things and then somehow associating each of them with another thing. 출처 Stack Overflow #307639
  프로그래밍에서 매핑은 무언가를 다른 대상과 연관시키는 것을 의미합니다.

 backward-compatible
 형 하위 호환되는

- The new version is **backward-compatible**, which means you can still use the old version.
  새 버전은 하위 호환 가능합니다. 즉, 이전 버전도 여전히 사용할 수 있습니다.

 signed
 형 서명된, 부호가 있는

- We recommend **signing** your commit message for security reasons.
  보안 상의 이유로 커밋 메시지에 서명하는 것을 권장합니다.

- **Signed** integer
  부호가 있는 정수

 Programming Concept

 parameter
 명 매개변수, 한계

- A **parameter** is the variable listed inside the parentheses in the function definition. An argument is the value that is sent to the function when it is called.
  파라미터는 함수 정의에서 괄호 안에 나열된 변수를 의미합니다. 인자는 함수가 호출될 때 전달되는 값을 의미합니다.

overwrite
의미 동 덮어쓰다

- This can cause corruption in the values themselves but can also **overwrite** other parts of the encoded data.
  이는 값 자체를 손상시키거나 다른 인코딩된 데이터를 덮어씌울 수 있습니다.

revert
의미 동 되돌리다, 되돌아가다

- It will **revert** unless a view or pure function is called. 출처 Solidity docs
  view 또는 pure 함수가 호출되지 않는 한 되돌아 갈 것입니다.

return
의미 동 (함수의 결과를) 반환하다, 되돌아가다 명 반환값, 반환

- This function **returns** the sum of its arguments. ⟶ 동사
  이 함수는 인자들의 합을 반환합니다.

- Add **return** code ⟶ 명사
  반환 코드 추가

store
의미 동 저장하다, 보관하다

- The keys and the values **stored** with localStorage are always in the UTF-16 string format. 출처 MDN
  로컬스토리지에 저장되는 키와 값은 항상 UTF-16 문자열 포맷이어야 합니다.

integrate
의미 동 통합하다, 연동하다

- Extensions are software components that extend and deeply are **integrated** with Kubernetes.
  익스텐션은 쿠버네티스를 확장하고 깊이 있게 연동하는 소프트웨어 컴포넌트입니다.

implement
의미 동 ① (도구나 수단을) 제공하다, ② (시스템이나 계획을) 활용하다, 도입하다, 구현하다 명 도구

- React components **implement** a render() method that takes input data and returns what to display. ⟶ 동사
  리액트 컴포넌트는 입력 데이터를 받아 화면에 표시할 내용을 반환하는 메서드 render( )를 제공합니다.

- Be careful when using these **implements**. ⟶ 명사
  이 도구들을 사용할 때는 조심해야 합니다.

allocate
의미 동 (자원을) 할당하다, 배분하다

- Can we **allocate** more RAM to a specific process?
  특정 프로세스에 RAM을 더 할당할 수 있을까요?

argument
의미 명 (함수의) 인자

- The **argument** will pass actual data to the function.
  인자는 실제 데이터를 함수에 전달합니다.

asynchronous
의미 형 비동기적인

- The **asynchronous** calls do not wait for the responses from the server.
  비동기 호출은 서버의 응답을 기다리지 않습니다.

> **NOTE** '어싱크로너스'가 아닌 '에이싱크로너스'로 발음합니다.

dependency
의미 명 의존성

- A piece of software that relies on another one is called a **dependency**.
  소프트웨어의 일부가 다른 소프트웨어에 의존하는 것을 의존성이라고 합니다.

invoke
`의미` 통 ① (파일이나 프로그램을) 실행(호출)하다, ② (느낌이나 상상을) 불러일으키다

- StrictMode already tests this by **invoking** updater functions twice.
  StrictMode는 업데이터 함수를 2번 실행함으로써 이미 이 상황을 테스트합니다.

> **NOTE** 함수를 직접 호출할 때는 call을, 간접 호출할 때는 invoke를 사용합니다.

compile
`의미` 통 ① 명령어를 번역하다, ② (여러 출처에서 자료를 가져와) 엮다

- TypeScript is a typed superset of JavaScript that **compiles** to plain JavaScript.
  타입스크립트는 일반적인 자바스크립트로 컴파일되는 자바스크립트의 타입화된 상위 집합입니다.

fork
`의미` 통 (기존 프로젝트 코드를 통째로 복사하여) 새로운 독립적인 프로젝트를 만들다, 분기하다
명 포크로 생긴 결과물

- I think we should **fork** now as our direction is different from the vision of the current project. ⟶ 동사
  저희는 현재 프로젝트의 비전과 방향이 다르기 때문에, 지금 분기해야 한다고 생각합니다.
- A hard **fork** is a backward-incompatible upgrade. ⟶ 명사
  하드 포크는 하위 호환되지 않는 업그레이드입니다.

generic
`의미` 형 포괄적인, 일반적인

- **Generic** software can be used for a number of different purposes without requiring modification. 일반적 소프트웨어는 변경할 필요 없이 다양한 용도로 사용될 수 있습니다.

deprecate
`의미` 통 (사용 가능하지만) 구식이다, 권장하지 않다 `유의어` obsolete

- Warning: this method is **deprecated**. 경고: 이 메서드는 더 이상 사용을 권장하지 않습니다.

> **NOTE** '디프러케이트'가 아닌 '데프러케이트'로 발음합니다.

immutable
　　의미　형 변경할 수 없는, 불변의　명 불변의 것

- This is an **immutable** object. ⟶ 명사
  이 객체는 변하지 않습니다.

- I imagine performance would be better if the array would be **immutable**. ⟶ 형용사
  배열이 불변했다면 성능이 더 좋았을 것이라고 생각합니다.

 **System/Configuration**

 vulnerability
　　의미　명 (보안상의) 취약점

- There could be a lot of security **vulnerabilities** in this code. Do we need an auditing service?
  이 코드에는 다수의 보안 취약점이 있을 수 있습니다. 감사가 필요하세요?

 deactivate
　　의미　동 비활성화하다, 정지시키다

- **Deactivate** the verbose logging.
  장황한 로깅을 비활성화하세요.

 build
　　의미　동 (프로덕트를) 만들어 내다, (건물을) 짓다　명 (소프트웨어 빌드 프로세스로 인한) 결과물

- We are **building** a program that utilizes the latest tech stacks.
  우리는 최신 기술 스택을 활용해 프로그램을 빌드하고 있습니다.

- A nightly **build** means an automated build that is done once a day.
  나이틀리 빌드는 하루에 한 번씩 진행되는 자동화된 빌드를 의미합니다.

embed
의미 동 박다, 끼워 넣다, 심다

- There is an **embedded** image in the README file explaining how this program works. README 파일에 삽입된 이미지는 이 프로그램이 어떻게 작동하는지 설명합니다.

 release
의미 동 배포하다 명 배포, 버전

- The update will be **released** soon. → 동사
  업데이트가 곧 배포될 것입니다.
- A new **release** is live now. → 명사
  새로운 버전이 출시되었습니다.

 escape
의미 동 (특수 문자나 텍스트를 활용해) 특정 행동을 하다, (문자의 원래 기능을) 무시하다 명 이스케이프
용례 escape sequence

- \n is a commonly used **escape** sequence to insert a new line. → 명사
  일반적으로 \n은 새 줄을 삽입하는 데 사용되는 이스케이프 시퀀스입니다.

 activate
의미 동 활성화하다, 작동시키다

- **Activate** build caching to reduce the build time.
  빌드 시간을 단축하기 위해 빌드 캐싱을 활성화해 주세요.

❓ POP QUIZ 빈칸에 가장 적절한 단어를 고르세요.

Some frameworks are designed to be _____, meaning they enforce strong conventions and predefined structures, reducing the need for developers to make decisions about architecture.

A. modular   B. opinionated
C. immutable   D. asynchronous

정답 B. opinionated

AI도 감탄할 영문 프롬프트 작성법

생성형 AI의 등장과 함께 AI는 수많은 코딩 업무를 대신하게 되었습니다. AI 기술이 발전함에 따라 개발자는 AI에게 합리적인 명령을 내리고, AI가 작성한 코드를 검수하는 역할로 변모하고 있으며, 이를 위해서는 AI에게 일을 잘 시키는 능력이 중요합니다.

생성형 AI의 한국어 처리 능력은 빠르게 발전했지만, GPT와 같은 생성형 AI는 대부분 영어로 훈련되었기 때문에 영문 프롬프트에서 가장 높은 정확성과 이해도를 보입니다.

이외에도 해외 취업을 준비하거나 소프트웨어 관련 영어 실력을 키우고 싶다면, 생성형 AI만큼 좋은 훈련 상대는 없습니다. 이번 주제에서는 AI와 가장 효과적으로 의사소통하기 위한 영문 프롬프트 작성법에 대해 알아보겠습니다.

질문에 자주 사용하는 동사 활용하기

영문 프롬프트를 작성할 때 가장 중요한 점은 AI가 생성하는 결과물의 방향과 전달 형태를 결정하는 **적절한 동사**를 활용하는 것입니다. 특히 코드와 관련된 프롬프트를 작성할 때는 다음과 같이 해 보세요.

- **규칙1:** 동사 원형을 사용해서 **명령적 어조**로 작성하세요.
- **규칙2:** **좁은 의미의 동사**를 사용해서 수행할 작업을 구체적으로 명시하세요.

예를 들어 작성한 코드를 개선하고 싶다면 어떻게 해야 할까요? 일반적인 커뮤니케이션 상황에서 부드럽게 청유하는 어조는 팀워크를 유지하고 장기적으로 업무 효율을 높이는 좋은 자질입니다.

 I want you to make my program better. 내 프로그램을 더 좋게 만들어 줘.
→ 청유하는 어조
→ 범용적인 동사 make(만들다) 사용

그러나 AI에게 프롬프트를 전달할 때는 **더 명료하고 지시적인 어조**를 사용하는 것이 도움이 됩니다. 앞서 제안한 두 가지 규칙을 유념하여 다음과 같이 고쳐 보세요.

 Debug and refactor this program. 이 프로그램의 버그를 찾아 수정하고 개선해.
→ 명령적 어조
→ 구체적인 동사 debug(디버그), refactor(리팩터링) 사용

코딩 관련 프롬프트에 자주 사용되는 동사는 다음과 같습니다.

표 1-1 자주 사용하는 동사 목록

동사	프롬프트
implement (기능을) 구현하다	Implement an API endpoint that handles user authentication and session management. 사용자 권한과 세션 관리를 다루는 API 엔드 포인트를 구현해 줘.
refactor (코드를) 개선하다	Refactor the payment processing module to follow SOLID principles and enhance scalability. 결제 처리 모듈이 SOLID 원칙을 준수하도록 개선하고 확장성을 강화해 줘.
optimize 최적화하다	Optimize the data retrieval query to reduce latency and improve database performance. 데이터 검색 쿼리의 지연을 줄이고 데이터베이스의 성능을 향상시키도록 최적화해 줘.
debug 버그를 찾고 수정하다	Debug the error causing intermittent failures in the user registration flow. 사용자 등록 과정에서 간헐적 실패를 야기하는 오류를 찾아 수정해 줘.
generate (코드를) 생성하다	Generate a detailed migration script to transfer data from the legacy database to the new structure. 데이터를 레거시 데이터베이스에서 새로운 구조로 이전하는 상세한 스크립트를 생성해 줘.
compare 비교하다	Compare the performance of two different caching strategies. 두 캐시 전략의 성능을 비교해 줘.
analyze 분석하다	Analyze the system logs to identify patterns that may indicate security vulnerabilities. 보안 취약성을 보이는 패턴을 밝히기 위해 시스템 로그를 분석해 줘.

write (코드를) 작성하다	**Write** a script to automate daily data backups, including logging and error notifications. 로그 기록 및 오류 알림 기능을 포함해서 일일 데이터 백업을 자동화하는 스크립트를 작성해 줘.
identify (문제를) 탐색하다	**Identify** bottlenecks in the order processing pipeline and suggest potential fixes. 주문 처리 파이프라인의 병목 지점을 파악하고 가능한 해결 방안을 제안해 줘.
audit 점검하다	**Audit** the entire codebase to ensure compliance with the security guidelines. 전체 코드베이스를 점검하여 보안 지침 준수 여부를 감사해 줘.
document 문서화하다	**Document** the new API endpoints for external developers. 외부 개발자를 위해 새 API 엔드포인트를 문서화해 줘.
assess 평가하다	**Assess** the scalability of the existing infrastructure in preparation for increased user traffic. 사용자 트래픽 증가에 대비해 기존 인프라의 확장 가능성을 평가해 줘.

원하는 결과를 도출하는 프롬프트 작성법

분명하고 깔끔한 글이 읽기 좋듯, AI도 명확한 구조와 가독성을 가진 프롬프트를 선호합니다. 정확한 결과를 도출하는 영문 프롬프트를 작성하는 방법을 알아봅시다.

1. 측정 가능한 목표 제시하기

원하는 결과를 구체적으로 제시하세요. 수치를 정량화하여 명확한 목표를 제시하는 것이 좋습니다.

 Write a Python script that generates random numbers. → 모호한 지시
난수를 생성하는 파이썬 스크립트를 작성해 줘.

Write a Python script that generates 100 random numbers between 1 and 1000.

→ 구체적 수치 제시

1과 1000 사이의 난수 100개를 생성하는 파이썬 스크립트를 작성해 줘.

2. 제약 조건 명시하기

프롬프트에 명확한 제약 조건을 포함하면 코드의 품질을 높일 수 있습니다.

 Implement a function to download a webpage's HTML content.
웹페이지의 HTML 콘텐츠를 다운로드하는 기능을 구현해 줘.

 Implement a function in TypeScript to download a webpage's HTML content, avoiding any third-party libraries. → 제약 조건 준수 지시

타입스크립트에서 웹페이지의 HTML 콘텐츠를 다운로드하는 기능을 서드파티 라이브러리 없이 구현해 줘.

3. 명확한 목적과 맥락 제시하기

프롬프트의 목적을 설명하면 맥락에 맞는 코드를 받을 확률이 높아집니다.

 Optimize the sorting algorithm. 정렬 알고리즘을 최적화해 줘.
→ 일반적이고 범용적인 지시

 Optimize the sorting algorithm to handle a large dataset of customer names efficiently, focusing on minimizing memory usage. → 세부 맥락 설정

대규모 고객 명단 데이터세트를 효율적으로 다룰 수 있도록 정렬 알고리즘을 최적화하고, 저장공간을 최소한으로 사용하는 데 집중해.

구분자 활용하기

구분자^{delimiter}는 문장 내부에서 정보를 분리 및 구조화하기 위해 삽입하는 문자입니다. 프롬프트를 작성할 때 구분자를 잘 활용하면 AI가 수행해야 할 업무의 범위와 출력 형식을 지정하고 가독성 있는 결과를 얻을 수 있습니다. 프롬프트에 자주 사용하는 구분자는 다음과 같습니다.

표 1-2 프롬프트에 자주 사용하는 구분자

구분자		의미
백틱(backtick)	`	특정 부분 강조
백틱 세 개	```	코드 블록
해시(hash)	#	프롬프트 구조화
따옴표	"	특정 단어 또는 문장 강조

예를 들어 다음과 같이 데이터를 분석하고 요약 리포트를 콘솔에 출력하는 프롬프트를 입력한다고 해 봅시다. 문장을 동사 원형으로 시작해서 명령적 어조를 지키고, 요구 사항을 구체적으로 밝혔는데도 줄글로 이어져 있어 가독성이 떨어집니다.

> Write a Python script that processes sales data from an Excel file and outputs a summary report. The summary should print the total sales, averages sales per month, and thw highest sale to the console.
> 엑셀 파일에서 판매 데이터를 처리하고 요약 리포트를 출력하는 파이썬 스크립트를 작성해 줘. 콘솔에 총 판매액, 월별 평균 판매액, 최고 판매액이 요약되어 출력되어야 해.
>
> → 길게 이어진 프롬프트

결과물을 원하는 형태로 산출하려면 구분자를 활용해서 출력 형식을 구조화해야 합니다. 다음과 같이 프롬프트를 개선해 보세요.

프롬프트의 지시문instruction과 출력 형식output 사이에 **넘버 사인**(#, number sign)을 삽입해서 문단을 구분하였고, 코드 블록은 **백틱**(`, backtick) 세 개로 감싸서 표현했습니다. 또 출력할 변수는 **대괄호**([ ])로 감싸 위치를 명시했습니다.

지시문 ← `# Instruction`
```
Write a Python script that processes sales data from an Excel file.
Print the output to the console in the format below.
```
출력 형식 ← `# Output:`

코드 블록
````
```log
Total Sales: [total sales value]    → 변숫값 삽입
Average Sales [per Month: average sales value]
Highest Sale: [highest sale value]
```
````

지시문
엑셀 파일에서 판매액 데이터를 처리하는 스크립트를 작성해.
아래의 형식으로 콘솔에 결과물을 출력해 줘.

출력 형식
```log
총 판매액: [total sales value]
월 평균 판매액: [average sales value]
최고 판매액: [highest sale value]
```

퓨샷 프롬프팅

프롬프트에서 **샷**shot은 예시를 의미합니다. **퓨샷 프롬프팅**few-shot prompting은 프롬프트에 2~5 가지의 예시를 제공하여, AI가 해당 작업을 더 정확하게 이해할 수 있게 하는 방법론입니다.

퓨샷 프롬프팅 특정 문제를 해결하는 함수 작성을 요청할 때 유용합니다. 입력 및 출력값의 예시를 제공하여 수행 능력을 향상시키는 것이죠. 일반 프롬프트와 결과를 비교해 보면 퓨샷 프롬프팅의 효용을 명확히 확인할 수 있습니다.

다음은 문자열을 날짜 서식으로 변경하는 함수 작성을 요청하는 프롬프트입니다. 퓨샷 프롬프팅을 적용하지 않고 입력값의 형식을 지정하였습니다.

퓨샷 프롬프팅을 활용하지 않은 예

> Write a Python function that takes a date string in various formats and returns it in the format "YYYY-MM-DD".
>
> 다양한 형식의 날짜 문자열을 입력받아 "YYYY-MM-DD" 형식으로 반환하는 파이썬 함수를 작성하세요.

물론 일반 프롬프트만으로도 생성형 AI는 요청한 기능을 함수로 구현합니다. 다음과 같이 AI가 작성한 함수 normalize_date()는 입력된 날짜 문자열(date_str)이 "YYYY-MM-DD" 형식인지 확인하고, 동일한 형식으로 표준화하여 반환합니다.

AI 응답

```
from datetime import datetime
def normalize_date(date_str):
    return datetime.strptime(date_str, "%Y-%m-%d").
strftime("%Y-%m-%d")
```

그런데 문제가 있죠. 이 함수는 다음과 같이 다른 형식의 문자열을 입력하면 ValueError 에러를 발생시킵니다. datetime.strptime(date_str, "%Y-%m-%d") 코드가 "YYYY-MM-DD" 형식만 인식하기 때문입니다.

```
normalize_date("March 21, 2025")
normalize_date("03/21/2025")         에러 발생
normalize_date("21 Mar 2025")
```

이러한 테스트 케이스에 퓨샷 프롬프팅을 적용해 예시와 함께 전달하면, AI는 더 정확한 코드를 생성합니다.

퓨샷 프롬프팅을 활용한 예

```
Write a Python function that takes a date string in various
formats and returns it in the format "YYYY-MM-DD".

Here are some examples:  → 예시 전달

1.
Input: "March 21, 2025"     예시 1
Output: "2025-03-21"


2.
Input: "03/21/2025"         예시 2
Output: "2025-03-21"


3.
Input: "2025.03.21"         예시 3
Output: "2025-03-21"


4.
Input: "21 Mar 2025"        예시 4
Output: "2025-03-21"
```

AI가 다양한 입출력 예시를 요구사항에 반영하여 더 적합한 코드를 생성합니다. 퓨샷 프롬프팅으로 생성한 새로운 함수 normalize_date()는 dateutil.parser. parse()를 사용해서 다양한 형식의 날짜 문자열을 YYYY-MM-DD 형식으로 반환합니다.

AI 응답

```
from dateutil import parser
def normalize_date(date_str):
    return parser.parse(date_str).strftime("%Y-%m-%d")
```

단순한 문제를 해결하거나 지시 사항이 명확한 경우에는 예시를 제공하지 않아도 AI가 충분히 문제를 해결할 수 있습니다. 하지만 입력값이 복잡하거나, 논리 구조가 복잡한 경우에는 2~3가지 예제를 통해 AI가 코드를 생성하고 자체적으로 단위 테스트를 수행할 수 있도록 유도하는 것이 좋습니다.

❓ POP QUIZ 빈칸에 적절한 단어를 한국어로 채우세요.

_____는 문장 내부에서 정보를 분리 및 구조화하기 위해 삽입하는 문자입니다.

정답 구분자(delimiter)

개발자 커뮤니티 인싸로 도약하는 인터넷 속어

LGTM? TL;DR? Noob? 깃허브를 둘러보면 생소한 약어^{Abbreviation}나 속어^{slang}가 자주 등장합니다. 한국 인터넷 커뮤니티에서 '워라밸, 칼퇴, 넘사벽'과 같은 속어를 사용하는 것처럼, 영어 커뮤니티에도 다양한 줄임말과 속어가 있습니다.

지금부터 오픈소스 커뮤니티 인싸가 되려면 반드시 알아야 하는 속어와 줄임말을 살펴보겠습니다.

LGTM(Looks Good To Me)
의미 좋아 보이는데요!

Pull request 코드 리뷰에서 코드에 별다른 문제가 없을 때 사용합니다.

- **LGTM**. Approved this PR.
  문제없어 보입니다. 풀 리퀘스트를 승인했습니다.

TL;DR(Too Long; Didn't Read)
의미 너무 길어서 읽지 않습니다.

기술 블로그나 문서에서 자세한 설명을 시작하기 전 핵심 내용을 요약할 때 사용합니다. 주요 정보를 빠르게 전달하기 위해 TL;DR 섹션을 추가할 수 있습니다. 때로는 독자가 글이 너무 장황하다는 비판의 의미로 쓰기도 합니다.

- **TL;DR:** the new build system will be implemented next week.
  요약: 다음 주에 새로운 빌드 시스템이 도입될 것입니다.

SSIA(Subject Says It All)
의미 제목에 모든 내용이 담겨 있습니다.

제목 외에 별도의 설명이 필요 없는 경우를 말합니다.

- **SSIA**. Let me know what you think.
  제목이 곧 내용입니다. 어떻게 생각하는지 알려주세요.

TBD(To Be Determined)
의미 아직 결정하지 못했습니다.

아직 결정되지 않은 내용이 있어 나중에 결정해야 함을 의미합니다.

- Set up environment variables **(TBD)**
  환경 변수 설정 (추후 다시 논의)

RFC(Request For Comments)
의미 의견 주세요.

풀 리퀘스트와 같이 새로운 것을 제안하거나 포럼에서 무언가를 제안할 때, 의견을 요청하기 위해 사용합니다. 일련번호를 부여해 제안된 내용을 트래킹(tracking)하기도 합니다.

- **(RFC)** Integrating the new architecture (의견 요청) 새 아키텍처 통합

IMHO(In My Honest Opinion 또는 In My Humble Opinion)
의미 제 솔직한 생각으로는, 제 소견으로는

IMHO는 자신의 의견을 겸손하게 표현할 때 사용하는 약어입니다. 주로 토론에서 "개인적인 생각이지만…"이라는 뉘앙스를 전달할 때 쓰입니다.

- **IMHO**, the lousy UI is the problem.
  솔직히, 형편 없는 UI가 문제입니다.

AFAIK(As Far As I Know)
의미 내가 아는 한

확실하지는 않지만 알고 있는 정보를 말할 때 사용합니다.

- **AFAIK**, there were no critical bugs in this build.
  내가 아는 한, 이 빌드에 치명적인 버그는 없습니다.

FYI(For Your Information)
의미 참고로

다른 사람과 정보를 공유할 때 사용합니다.

- **FYI**, this API is deprecated.
  참고로, 이 API는 더 이상 권장되지 않습니다.

IRL(In Real Life)
의미 현실에서

테스트 및 가상세계와 다른 현실을 강조할 때 사용합니다.

- Does it really work **IRL**? 실제로 정말 작동하나요?

TIA(Thanks In Advance)
　　　　　 의미 미리 감사합니다.

다른 사람에게 도움을 요청할 때 사용합니다.

- Can someone please share a code example? **TIA**.
  코드 예제를 공유 해주실분 있나요? 미리 감사합니다.

 AFK(Away From Keyboard)
　　　　　 의미 키보드로부터 멀리 떨어진

자리를 비우거나 휴가 중일 때 사용합니다. 참고로, 휴가 중인 경우는 OOO(Out Of Office)라는 약어도 자주 사용합니다.

- I will be **AFK** for 1 hour. Please contact others for urgent matters.
  1시간 동안 자리를 비웁니다. 급한 일인 경우 다른 사람에게 연락해주세요.

 TBH(To Be Honest)
　　　　　 의미 솔직히

일상과 업무 상황에서 모두 자주 사용하는 표현입니다.

- **TBH**, the performance of this algorithm is not that satisfactory.
  솔직히, 이 알고리즘의 성능은 그렇게 만족스럽지 않습니다.

 BTW(By The Way)
　　　　　 의미 그건 그렇고, 그런데

대화의 화제를 전환할 때 사용합니다.

- **BTW**, when will the new version be released? 그런데, 새 버전은 언제 출시되는건가요?

 ACK(acknowledgement)
　　　　　 의미 인정, 승인, 동의

변경을 허용, 동의한다는 의미로 사용됩니다. 코드 변경을 허용하지 않는 경우에는 NACK 또는 NAK(negative acknowledgement)라고 합니다.

- **ACK**. Let's move it forward. 승인되었습니다. 진행합시다.

WIP(Work In Progress)
　　　의미　진행 중인 작업

아직 마무리되지 않은 일에 사용합니다.

- **(WIP)** Add T&C
  (작업중) 사용 약관 추가

NOTE T&C는 Terms and Conditions의 약자입니다.

 noob
　　　의미　입문자

커뮤니티나 새로 참여하는 오픈소스 프로젝트에 자신을 소개할 때 사용합니다.

- I'm a **noob** here. Please help troubleshoot this issue.
  여기 처음 왔습니다. 이슈 해결을 도와주세요.

 well played
　　　의미　잘 했습니다.

칭찬의 의미로 쓰입니다.

- You fixed the bug! **Well played**.
  버그를 고쳤군요! 잘했습니다.

 POP QUIZ　빈칸에 가장 적절한 인터넷 용어를 고르세요.

John: Can you please review this pull request I submitted yesterday?
Peter: _____. I will merge it into the master branch soon.
John: Cool, thanks for the review!

A. FYI

B. LGTM

C. IRL

D. TIA

정답 (Look Good To ME)B. LGTM

🔍 여기서 잠깐 | 약어와 속어

약어(abbreviation)는 긴 단어 또는 문장을 간결하게 표현하기 위해 짧게 줄여 쓴 표현이고, 속어(slang)는 특정 집단이나 커뮤니티에서 사용되는 일상적이고 비공식적인 표현입니다. 약어이면서 동시에 속어인 단어도 흔히 있습니다(예: TL'DR).

약어와 속어는 전문가 집단 내에서 흔히 사용됩니다. 특히 속어는 공식 문서보다는 채팅이나 댓글, 커뮤니티에서 자주 사용하며 해당 분야에 대한 깊은 이해와 경험을 나타내 전문성을 간접적으로 드러낼 수 있습니다.

단, 속어는 폐쇄적인 성격이 있는 만큼 조직 외부의 이해관계자는 이해하지 못하는 표현도 많습니다. 따라서 필요 시 용어를 풀어 설명하여 혼란을 초래하지 않도록 해야 합니다.

📝 요점 정리

- 개발 문서를 읽거나 코드를 설명하다 보면 **특수문자**를 지칭하는 상황이 발생합니다. 키보드에 있는 특수문자의 영어 이름을 반드시 알아두세요.
- **headless, sandbox, sprint**와 같은 IT 업계 **전문용어**를 숙지해야 커뮤니케이션 이슈를 방지할 수 있습니다.
- **MVP, PR, CI/CD**와 같은 약어의 의미를 명확히 알고 있어야 실무에서 더 생산적으로 의사소통 할 수 있습니다.
- 개발 문서와 기술 토론에 자주 등장하는 소프트웨어 필수 영어 단어와 표현을 발음까지 확실히 알아 두세요.
- 주요 IT 전문용어 앞에 **전치사**가 어떻게 쓰이는지 꼼꼼하게 정리해 두세요.
- AI에게 코드 작성, 리뷰 등의 도움을 받을 때는 **명령적 어조로, 구분자를 활용해 명확한 문장 구조로 작성**하는 것을 권장합니다.
- 오픈소스 활동 및 해외 개발자들과 협업하다 보면 인터넷 **약어와 속어**를 마주하게 됩니다.

1.3 프로그래밍 필수 표현 가이드

"x가 짝수면 조건문이 참으로 평가된다", "배열을 순회하며 반복하다"

한국어로는 간단한 상황도 영어로 표현하기는 쉽지 않아요. 하지만 몇 가지 표현과 용어만 확실히 숙지하면 여러분도 충분히 코드를 영어로 표현할 수 있습니다. 변수를 선언하고, 함수에 인자를 전달하고, 결과값을 출력하는 등 기본적인 상황을 영어로 전달할 수 있다면 해외 개발자와도 문제 없이 의사소통할 수 있어요.

개발자라면 반드시 알아야 하는 프로그래밍 필수 표현

이번 주제에서는 본격적으로 코드를 설명하는 방법을 배우기 전에, 개발자로서 반드시 알아야 하는 프로그래밍 필수 표현들을 살펴보겠습니다.

영어와 한국어의 음절이 완벽히 일치하지는 않지만, 발음을 소리나는 대로 한국어 음절로 옮겨 적었습니다. 강세^{accent}가 있는 음절에 표시해 두었으니 억양^{intonation}에 신경 쓰며 직접 발음해 보세요.

자료형 관련 표현

먼저, 자료형과 관련된 표현들을 살펴보겠습니다. 대괄호로 감싼 음절에 강세가 있습니다. 발음에 참고하세요.

표 1-3 자료형 관련 영어 표현

자료형		발음
불리언	boolean	[불]리언
정수	integer	[인]티저
실수	float	플[로]트(/flōt/)
문자	character	[캐]릭터

문자열	string	스트[링]
배열	array	어[레]이
집합	set	[셋](/set/)
열거형	enum	[이]넘
복소수	complex	[컴]플렉스

프로그래밍 관련 표현

다음은 매개변수, 인자, 속성과 같이 프로그래밍에 자주 등장하는 개념입니다.

표 1-4 프로그래밍 관련 표현

한글	영어	영어 발음
변수	variable	[베]리어블
상수	constant	[컨]스턴트
값	value	[밸]류
객체	object	[옵]젝트
매개변수	parameter	퍼[래]미터
인자	argument	[아]규먼트
속성	property	프[라]퍼티
메서드	method	[메]서드
반환값	return value	리[턴] [밸]류
들여쓰기	indentation	인덴[테]이션
비동기적인	asynchronous	에이[싱]크로너스
정규식	regular expression	[레]귤러 익스프[레]션
재귀 함수	recursive function	리[커]시브 [펑]션
중첩된	nested	[네]스티드
예외 처리	exception handling	익[셉]션 [핸]들링
실행	execution	엑스[큐]션
무한 루프	infinite loop	[인]피닛 [루]프

객체 지향 프로그래밍 관련 표현

다음으로 조건문, 반복문과 같은 기본적인 구문에 대한 표현과 객체 지향 프로그래밍 관련 표현을 알아보겠습니다.

표 1-5 명령문, 객체 지향 프로그래밍 관련 표현

한글	영어	발음
조건문	conditional statement	컨[디]셔널 [스]테이트먼트
반복문	loop statement	[루]프 [스]테이트먼트
반환문	return statement	리[턴] [스]테이트먼트
상속	inheritance	인[헤]리턴스
캡슐화	encapsulation	인캡슐[레]이션
다형성	polymorphism	폴리[모]피즘
추상화	abstraction	앱스트[랙]션
메서드 오버라이딩	method overriding	[메]써드 [오]버라이딩
생성자	constructor	컨스트[럭]터
소멸자	destructor	디스트[럭]터

선언 및 네이밍 관련 주요 표현

프로그래밍에서 선언 declaration 은 변수, 함수, 또는 객체의 이름과 유형을 정의하여 컴파일러나 인터프리터에게 해당 요소가 사용될 것임을 알려주는 것을 의미합니다. 예를 들어, C 언어에서 `int a;`는 정수형 데이터를 담는 변수 a를 선언하며, TypeScript에서 `const isDev: boolean;`은 불리언 자료형을 담는 상수 isDev를 선언합니다.

네이밍 naming 은 변수, 함수, 클래스, 파일 등과 같은 프로그래밍 요소에 적절한 이름을 부여하는 것을 뜻합니다. 훌륭한 개발자는 변수, 함수, 클래스에 용도를 명확히 설명하는 이름을 부여하며, 캐멀케이스 camelCae, 스네이크 케이스 snake_case 와 같

이 일관된 네이밍 컨벤션^{convention}을 적용해 코드의 가독성과 유지보수성을 높입니다.

지금부터 선언, 할당, 명명 관련 표현을 확인해 보겠습니다.

(변수 / 함수 / 클래스)를 선언하다

 declare a (variable/function/class)
`발음` 디[클레]어 `활용` 명사형 declaration(데클러[레]이션)

declare는 '선언하다'라는 의미의 동사입니다. 명사형은 declaration입니다.

- **Declare** a boolean variable. 불리언 타입 변수를 선언하다. ──▶ 변수
- **Declare** a constant to represent the speed of light. 빛의 속도를 나타내는 상수를 선언하다.
- **Declare** a pure function. 순수 함수를 선언하다. ──▶ 함수

`NOTE` 동일한 인자에 대해 항상 같은 값을 반환하는 함수를 순수 함수(pure function)라고 합니다.

 define

일반적으로 변수를 선언하지만 메모리를 할당하지 않는 경우에는 declare(선언)를, 변수를 선언하고 값을 할당(초기화)하여 메모리를 할당하는 경우에는 define(정의)을 사용합니다.

- We need to **define** a new environment variable and set its default value.
  새로운 환경 변수를 정의하고 기본값을 설정해야 합니다.

변수에 값을 할당/초기화/재할당/해제하다

 assign a value to a variable

선언한 변수에 값을 할당할 때는 동사 assign을 활용합니다. 값을 뜻하는 value, 변수를 뜻하는 variable 모두 셀 수 있는 명사이므로, 반드시 관사 a 또는 the를 동반해야 합니다.

- **Assign** 5 to an integer variable.
  정수 변수에 5를 할당하다.

initialize/initialise

int a = 0과 같이 변수를 선언하고 처음 값을 설정하여 초기화한다는 의미입니다. 초기화할 때는 동사 initialize(미국식) 또는 initialise(영국식)를 사용합니다.

- **Initialize** a variable.
  변수를 초기화하다.

 reassign

이미 할당된 변수에 값을 재할당할 때는 동사 reassign을 사용합니다.

- **Reassign** a new value to an already assigned variable.
  이미 할당된 변수에 새 값을 재할당하다.

 unassign/clear

더 이상 특정 값에 할당하지 않거나, 변수에서 값을 해제할 때는 동사 unassign, clear를 사용합니다.

- **Unassign** the value from the variable before reusing it.
  변수를 재사용하기 전에 값을 할당 해제하다.
- **Clear** the assigned value of the variable.
  변수에 할당된 값을 제거하다.

변수에 메모리를 할당하다/자원을 회수하다

 allocate memory to a variable

발음 앨로케이트(/ˈæləkeɪt/) 용례 alocate ⟨something⟩ to ⟨something⟩ ~에 …를 할당하다

메모리와 같은 컴퓨팅 자원(computing resources) 및 작업 (task, job)을 프로그램 구성 요소에 할당할 때는 동사 allocate를 사용합니다. 일반적으로 할당이 되는 대상 앞에는 전치사 to를 사용합니다.

- **Allocate** tasks to the scheduler. 스케줄러에 작업을 할당하다.
- **Allocates** resources to the newly created process. 새로 생성된 프로세스에 자원을 할당하다.
- **Allocates** tasks to the scheduler. 스케줄러에 작업을 할당하다.

deallocate/release

반대로 할당한 컴퓨팅 자원을 반환하거나 회수할 때는 동사 deallocate, release를 사용합니다.

- The memory **deallocated** to the variable was deallocated after use.
  변수에 할당된 메모리가 사용 후 회수되었다.
- **Releases** the resources assigned to the variable
  변수에 할당된 자원을 해제하다.

(변수 / 함수 / 클래스)의 이름을 짓다/바꾸다

 name a (variable / function / class)
  용례 name 〈somthing〉 in 〈naming convention〉

name은 명사로는 '이름', 동사로는 '이름을 짓다'와 같이 사용합니다.

- **Name** a variable in camel case. 캐멀 케이스로 변수를 명명하다.

📝 NOTE Use camel case to name a variable와 같이 동사 Use를 사용할 수도 있습니다.

 rename

이미 이름을 지은 요소의 이름을 바꿀 때는 동사 rename을 사용합니다.

- **Rename** a global / local variable. 전역 / 지역 변수의 이름을 변경하다.

🔍 **여기서 잠깐**   **네이밍 컨벤션**

대부분의 프로그래밍 언어가 변수명에 공백을 허용하지 않는 탓에, 개발자들은 암묵적으로 파일, 변수, 상수의 이름을 지을 때 **네이밍 컨벤션(naming convention)**이라는 관습을 따릅니다.

네이밍 컨벤션은 대표적으로 네 가지를 가장 많이 쓰는데, ① **Camel case**, ② **Pascal case**, ③ **Snake case**, ④ **Kebab case**가 그것입니다. 각각 낙타(camel), 파스칼(Pascal), 뱀(snake), 케밥(kebab)과 같이 특이한 이름을 가진 관습들의 사용법을 비교해 보겠습니다.

🔍 Camel case

일반적으로 캐멀 케이스는 'lower camel case'로, 첫 단어를 제외한 나머지 단어의 초성을 대문자로 표기합니다.

- 예: `totalPurchaseCount`, `setCurrentValue`
- 특징: 대문자를 기준으로 단어를 구분. 대문자로 보이는 부분이 낙타의 혹처럼 보이는 모양에서 이름이 유래됨
- 사용처: 자바스크립트, 자바 등에서 변수 및 함수의 이름

🔍 Pascal case

'upper camel case'라고도 합니다. 모든 단어의 초성을 대문자로 표기합니다.

- 예: `TotalPurchaseCount`, `SetCurrentValue`
- 사용처: 자바, C#, 타입스크립트 등에서 클래스, 컴포넌트, DB 테이블의 이름 등

Snake case

모든 단어를 소문자로 쓰고, 단어 사이의 공백을 언더스코어(_)로 대체합니다.

- 예: `total_purchase_count`, `set_current_value`
- 특징: 뱀처럼 아래로 길게 이어지는 모양에서 이름이 유래됨
- 사용처: 파이썬의 변수 및 함수명, C 언어의 상수, 일부 DB 필드명 등

🔍 Kebab case

모든 단어를 소문자로 쓰고, 단어 사이의 공백을 하이픈(-)으로 대체합니다.

- 예: `total-purchase-count`, `set-current-value`
- 특징: 케밥 꼬치처럼 단어가 줄줄이 연결된 모습에서 이름이 유래됨
- 사용처: CSS 클래스명/ID, URL, 패키지명, HTTP Header 등
- 주의: 자바스크립트는 하이픈(-)을 연산자로 인식하기 때문에 변수명에 케밥케이스를 사용할 수 없음

❓ POP QUIZ 다음 프롬프트를 영어로 작성해 보세요.

1. 변수 totalPurchaseCount를 선언하고, 0으로 초기화하세요.

   _____.

2. 변수 user_name의 이름을 username으로 재명명하고, 문자열 "john"을 할당하세요.

   _____.

3. 조건문에서 변수 purchased가 참이면, purchaseCount를 1 증가시키세요.

   _____.

4. status의 값이 0이면 반복문을 건너뛰고, 그렇지 않으면 반복문 내 코드 블록을 실행하세요.

   _____.

정답
1. Declare a variable named totalPurchaseCount and initialize it with 0.
2. Rename the variable user_name to username, and assign the string "john" to it.
3. Within a conditional statement, check if the variable purchased is true. If so, increment the value of purchaseCount by 1.
4. If the value of status is 0, skip the current iteration of the loop. Otherwise, execute the code block inside the loop.

입출력 관련 주요 표현

프로그래밍을 하다 보면 특정 변수의 값을 확인하기 위해 콘솔에 메시지를 출력하거나, 프로그램의 상태를 관리하기 위해 로그를 기록하는 경우가 많습니다. 이처럼 입출력과 관련된 상황에서는 **동사와 전치사**의 사용에 유의해야 합니다.

콘솔과 파일을 활용한 입출력 관련 주요 표현들을 살펴보고, 이러한 표현들이 실생활의 프로그래밍 작업에서 어떻게 활용되는지 알아보겠습니다.

콘솔에 로그를 출력하다

 print logs to the console

주로 콘솔에 메시지를 표시할 때 사용합니다.

- **Print** debug **logs to the console**. 디버그 로그를 콘솔에 출력하다.
- **Print** error messages **to the console**. 콘솔에 에러 메시지를 출력하다.

 log

log는 명사로는 '기록', 동사로는 '기록하다', '로그를 띄우다'와 같은 뜻으로 사용합니다.

- **Log** output to a file for debugging. 디버깅을 위해 출력 내용을 파일에 기록하다.
- **Log** errors to a file. 에러를 파일에 기록하다.

사용자에게 에러 메시지를 표시하다

 display an error message to the user

디버깅을 위해 에러 메시지를 UI나 콘솔에 표시할 때 동사 display를 사용합니다.

- **Display** the results **on** the screen. 결과를 화면에 표시하다.
- **Display** a warning message. 경고 메시지를 표시하다.

(파일 또는 URL에서/에) 데이터를 읽다/쓰다/추가하다

 read data from a/an/the (file/URL)
　　　　용례　read ⟨something⟩ from ⟨somewhere⟩

확장성 있는 프로그램을 위해 외부에서 필요한 데이터를 파일 및 URL 형태로 읽어오는 경우가 많습니다. 이런 경우 동사 read를 사용합니다.

- **Reads** data **from** a configuration file. 설정 파일에서 데이터를 읽다.
- **Read** data **from** a URL. URL로 데이터를 읽다.

write data to a file
> 용례 write ⟨something⟩ to ⟨somewhere⟩

데이터를 프로그램 외부에 저장하거나 기록을 남기는 것을 '쓴다'고 표현합니다. 이런 경우 동사 write를 사용합니다.

- **Write** logs **to** a file.
  로그를 파일에 기록하다.
- **Write** changes **to** a disk.
  변경 사항을 디스크에 기록하다

 append data to a file
> 용례 append ⟨something⟩ to ⟨somewhere⟩

기존 파일에 새로운 데이터를 추가할 때는 동사 append를 사용합니다.

- **Append** new entries **to** the log file.
  로그 파일에 새로운 항목을 추가하다.
- **Append** data **to** an existing file.
  기존 파일에 데이터를 추가하다.

사용자에게 입력을 요청하다

 prompt the user for input
> 용례 prompt ⟨whom⟩ for ⟨something⟩

프롬프트(prompt)는 그 자체로 데이터 입력을 요청한다는 의미입니다. 이런 경우 '요청하다'라는 의미의 동사 prompt를 사용합니다.

- **Prompt for** confirmation.
  확인을 요청하다.
- The script **prompts** the user **for** their credentials.
  스크립트는 사용자에게 자격 증명을 입력하도록 요청한다.

❓ POP QUIZ 다음 의미에 맞게 프로그램 입출력 관련 표현을 영어로 작성하세요.

1. 콘솔에 로그를 출력하다.
   _____.

2. 사용자에게 에러 메시지를 표시하다.
   _____.

3. 파일에서 데이터를 읽다.
   _____.

정답
1. Print logs to the console
2. Display an error message to the user
3. Read data from the file

연산, 수식 관련 주요 표현

수학적, 논리적 계산을 수행하는 **연산자**^{operator}는 코드를 설명하거나 디버깅할 때 반드시 접하게 되는 요소입니다. 기본적인 수학적 연산 표현을 살펴보겠습니다. 그 뒤에는 프로그래밍에 자주 등장하는 주요 연산자의 이름과 용례를 알아볼 것입니다.

자주 쓰는 표현

- Add 3 to an integer variable. 정수 변수에 3을 더하다.
- Subtract 10 from an integer variable. 정수 변수에서 10을 빼다.
- x % 100 returns the last 2 digits of x. x % 100은 마지막 2자리를 산출한다.
- x % y returns the remainder when x is divided by y. x % y는 x를 y로 나눈 나머지를 제공한다.
- x ** (1/2) computes the square root of x. x ** (1/2)은 x의 제곱근을 계산한다.
- x // y returns the floor of x divided by y. x // y는 x를 y로 나눈 몫을 내림 처리한다.
- Round x to the nearest integer. x를 가장 가까운 정수로 반올림한다.
- Round x up to the next integer. x를 올림하여 다음 정수로 만든다.
- Round x down to the previous integer. x를 내림하여 이전 정수로 만든다.
- Truncate x by discarding its fractional part. x의 소수 부분을 제거한다.

수식 연산자

사칙연산 및 제곱과 같은 수식 연산에 사용되는 연산자는 다음과 같이 읽습니다. 발음 열에 한국어 음차를 표기하고 강세가 있는 음절은 대괄호로 표시했으니 직접 발음해 보세요.

표 1-6 수식 연산자

기호		의미	발음
+	addition	더하기	어[디]션
−	subtraction	빼기	섭트[랙]션
*	multiplication	곱하기	멀티플리[케]이션
/	division	나누기	디[비]전
%	modulus, modulo	나머지	[모]듈러스, [모]듈로
**	power, exponent	제곱	[파]워, [엑]스포넌트 / 익스[포]넌트
=	assignment	할당	어[싸]인먼트

연산 관련 표현

연산자를 읽는 법을 아는 것보다, 연산자를 실생활 의사소통에서 어떻게 활용하는지를 이해하는 것이 더 중요합니다. 다음 표에서 코드에 적힌 연산자를 실제로 어떻게 읽는지 알아보겠습니다.

표 1-7 코드 내 수식 연산 표현

기호		수식	영어 표현
+	plus	5 + 3 = 8	5 plus 3 is 8
−	minus	10 − 4 = 6	10 minus 4 is 6
*	times, multiplied by	6 * 7 = 42	6 times 7 is 42 6 multiplied by 7 is 42
/	divided by	20 / 5 = 4	20 divided by 5 is 4

%	modulo, mod, remainder when divided by	10 % 3 = 1	10 modulo 3 is 1 10 mod 3 is 1 the remainder when 10 is divided by 3 is 1
**	to the nth power, to the power of, squared(제곱), cubed(세제곱)	2 ** 3 = 8 5 ** 2 = 25 4 ** 3 = 64	2 to the 3rd power is 8 2 to the power of 3 is 8 5 squared is 25 5 to the 2nd power is 25 5 to the power of 2 is 25 4 cubed is 64 4 to the 3rd power is 64
=	assigned to, is set to	x = 10	x is assigned to 10 x is set to 10

NOTE 프로그래밍에서 등호(=)는 '할당하다(assign)'라는 의미로, 수학에서 '동등하다(equal)'라는 의미로 쓰이는 용례와는 차이가 있습니다.

증가/감소 관련 표현

코드 내 값의 증가/감소와 관련된 상황은 다음과 같이 표현할 수 있습니다.

 increment
  의미 동 증가하다 명 ① 증가, ② 증가량

- A variable that **increments** by 2 on each iteration of a loop. ⟶ 동사
  반복문을 순회할 때마다 2씩 증가하는 변수

- The memory **increment** was 10% on each execution. ⟶ 명사: 증가
  실행마다 메모리가 10%씩 증가했습니다.

- We adjusted the **increment** to optimize performance. ⟶ 명사: 증가량
  우리는 성능을 최적화하기 위해 증가량을 조절했습니다.

increase

의미 통 증가하다, 명 증가

- **Increase** the variable x by 2. ·······〉 동사
  변수 x를 2만큼 증가시키다.
- Apply an **increment** of 2 to the counter ·······〉 명사
  카운터에 2만큼의 증분을 적용하다.

 increment는 주로 수치상의 작은 증가량이나 증가 단위를 의미하며, 주로 명사로 사용됩니다. increase는 일반적으로 수치가 커지는 행위나 결과를 표현하며, 동사와 명사 형태 모두 사용합니다.

decrement

의미 통 감소하다, 명 감소

- The variable x is recursively called and **decremented** by 1. ·······〉 동사
  변수 x는 재귀적으로 호출되며 1씩 감소합니다.
- The performance **decrement** is striking. ·······〉 명사
  성능 감소가 극명하다.

decrease

의미 통 감소하다, 명 감소

- **Decrease** the variable x by 2. ·······〉 동사
  변수 x를 3만큼 감소시키다.
- There was a **decrease** of 3 in the value of x. ·······〉 명사
  x 값에 3의 감소가 있었다.

비교 관련 표현

비교 연산자는 수식을 비교하고 참/거짓을 판단하여 조건문을 처리할 때 사용합니다. 코드를 영어로 설명할 때 반드시 알아야 할 비교 연산 관련 표현들을 살펴보겠습니다.

표 1-8 비교 연산자 읽는 법

기호		수식	읽는 방법
==	equals be equal to	5 == 5	5 equals 5 5 is equal to 5
!=	not equal to	5 != 3	5 is not equal to 3
>	greater than	7 > 3	7 is greater than 3
<	less than	3 < 7	3 is less than 7
>=	greater than or equal to	4 >= 4	4 is greater than or equal to 4
<=	less than or equal to	2 <= 5	2 is less than or equal to 5
===	strictly equal to	x === y	x is strictly equal to y

NOTE 자바스크립트 문법에서 일치 연산자 ===는 두 변수의 값과 데이터 타입이 모두 동일한지 판별합니다.

POP QUIZ 빈칸에 들어갈 적절한 전치사를 고르세요.

1. Subtract 3 ____ the integer variable x. 정수 변수 x에서 3을 빼다.
2. Increase the value of purchaseCount ____ 1. purchaseCount의 값을 1만큼 증가시키다.
3. 5 ____ the power of 2 is 25. 5의 제곱은 25이다.

정답 1. from, 2. by, 3. to

함수 관련 표현

함수function는 셀 수 있는 명사이므로, 일반적이거나 대화의 맥락에서 단일 함수가 처음 언급된다면 관사 a를 붙여 'a function'으로, 여러 개의 함수를 말할 때는 'functions'처럼 복수형으로 사용해야 합니다. 또한 화자와 청자가 모두 인지하고 있거나 고유성을 가진 특정한 함수에는 관사 the를 붙여 'the function' 또는 'the functions'와 같이 표현해야 합니다.

함수를 명확히 설명하려면, 상황에 맞는 적절한 동사와 전치사를 사용해야 합니다. 예를 들어 함수에 인자를 전달할 때 동사는 deliver나 give가 아닌 pass를, 인자가 전달되는 함수 앞에 전치사는 on이나 for가 아닌 to를 사용합니다.

지금부터 함수와 관련된 주요 표현을 구체적인 예시와 함께 살펴보겠습니다.

 implement a function
  의미 함수를 구현하다

- We **implemented** the sorting function to arrange the data in ascending order.
  데이터를 오름차순으로 정렬하기 위해 정렬 함수를 구현했습니다.

NOTE 오름차순은 ascending order, 내림차순은 descending order라고 하며, '오름차순으로'와 같이 문장 내에서 부사 형태로 사용할 때는 전치사 in을 사용합니다.

 accept/receive/take an argument
  의미 인자를 받다

- The plusNum function **accepts** two arguments.
  plusNum 함수는 2개의 인자를 받습니다.
- This method **receives** a string as an input.
  이 메서드는 문자열을 입력값으로 받습니다.
- The function **takes** three parameters.
  이 함수는 3개의 매개변수를 받습니다.

NOTE argument(인자), parameter(매개변수)는 모두 셀 수 있는 명사이므로, 인자와 매개변수가 1개일 경우에는 반드시 관사 a를 함께 사용해야 하며, 인자와 매개변수가 여러 개일 경우에는 명사 끝에 s를 붙여 복수형으로 사용해야 합니다.

 pass an argument to a function
  의미 함수에 인자를 전달하다 용례 pass ⟨something⟩ to ⟨something⟩

- **Pass** a value **to** a parameter.
  매개변수에 값을 전달하다.
- **Pass** an argument **to** a method.
  메서드에 인자를 전달하다.
- **Pass** a reference **to** an object.
  객체에 대한 참조를 전달하다.

return the result of execution
의미 실행 결과를 반환하다

함수에서 처리한 작업을 반환할 때는 동사 return을 사용합니다. return은 명사와 동사로 모두 사용할 수 있습니다.

- The function **returns** the smallest values. ⟶ 동사
  함수는 최솟값을 반환합니다.
- Function **return** ⟶ 명사
  함수 반환

return a value from a function
의미 함수에서 값을 반환하다

- In C++, a function can **return** a value using the return keyword.
  C++에서 함수는 return 키워드를 사용해 값을 반환합니다.

call a function
의미 함수를 호출하다

정의한 함수를 호출할 때는 동사 call을 사용합니다. call은 명사와 동사로 모두 사용할 수 있습니다.

- **Call** a function inside(within) a function. ⟶ 동사
  함수 안의 함수를 호출하다.
- Asynchronous function **call** ⟶ 명사
  비동기 함수 호출

invoke a function
의미 함수를 호출하다

동사 invoke는 주로 함수를 다른 이름이나 참조를 통해 간접적으로 호출할 때 사용합니다.

- In Python, decorators can be used to **invoke** additional functionality before executing a function.
  파이썬은 데코레이터를 사용하여 함수를 실행하기 전에 추가 기능을 호출할 수 있습니다.

🔍 여기서 잠깐 | invoke와 call 비교

프로그래밍에서 함수를 호출하는 방법은 크게 **직접 호출**(direct call, diredct invocation)과 **간접 호출**(indirect call, indirect invocation) 두 가지로 나누어 생각할 수 있습니다. 직접 호출은 함수나 메서드의 이름을 사용해 직접 실행하는 방식으로, 정적(static)이면서 빠르고 간단하죠. 한편 간접 호출은 함수를 직접 실행하지 않고 참조(reference)를 통해 실행합니다. 주로 함수 포인터, 콜백(call back), 이벤트(event), API 호출 등을 통한 동적(dynamic) 방식이 간접 호출에 해당합니다.

동사 call과 invoke는 둘 다 '호출하다'라는 뜻이지만 **call은 직접 호출, invoke는 간접 호출**을 의미하므로 서로 용례가 다릅니다.

표현	의미	용례
call a function	함수를 직접 호출	일반적인 함수 실행
invoke a function	함수를 간접적으로 호출	콜백, 이벤트 핸들러, API 호출

- For example, if we receive a function name as a string and need to execute it at runtime, we can't call it directly. This is where invoke comes in.

  예를 들어 함수 이름을 문자열로 받고, 그것을 런타임에서 실행해야 한다면 직접 호출할 수 없습니다. 그럴 때는 간접 호출해야 하죠.

---

execute/run a function
의미 함수를 실행하다

동사 execute와 run은 <u>프로그램이나 함수를 실행할 때</u> 사용합니다.

- After **executing the function**, the program outputs the result.
  함수를 실행하면 프로그램이 결과를 출력합니다.
- You can **run** this function to calculate the total.
  이 함수를 실행하여 합계를 계산할 수 있습니다.

🔍 POP QUIZ 빈칸에 적절한 동사를 채우세요.

1. ____ an argument to a function. 함수에 인자를 전달하다.
2. ____ an argument. 인자를 받다.
3. ____ the result of execution. 실행 결과를 반환하다.

정답 1. pass, 2. accept/receive/take, 3. return

조건문 관련 표현

조건문과 관련된 주요 표현들을 구체적인 예시와 함께 살펴보며, 조건을 평가하고 결과에 따라 분기하는 논리를 설명할 때 사용하는 필수적인 표현들을 알아보겠습니다.

The conditional statement evaluates to true
의미 조건문이 참으로 평가되다

동사 evaluate는 '평가하다, 확인하다'라는 뜻으로, 조건문의 참/거짓 여부를 판단할 때도 사용합니다. 조금 더 일상적인 상황에서 '확인하다'라는 표현을 사용할 때는 동사 check를 사용합니다.

- **Evaluate** a condition. 조건을 평가하다.
- **Check** if a condition is false 조건이 거짓인지 확인하다.

The condition is met
의미 조건을 충족하다 **용례** be met **비슷한 표현** be satisfied

동사 meet의 기본 의미는 '만나다'이며, 파생적으로 '(조건을) 충족시키다, (기한을) 맞추다'의 의미도 있습니다. 조건문의 식이 참으로 판별되는 상황에서 '조건을 충족하다'라는 의미일 때는 수동태로 사용합니다.

- The loop will stop if the condition is **met**. 조건이 충족되면 반복문이 멈춥니다.
- The code block is executed when the condition is **satisfied**.
  조건이 만족되면 코드 블록이 실행됩니다.

compare values in a conditional statement

`의미` 조건문에서 값을 비교하다　`용례` compare ⟨something⟩ in ⟨somewhere⟩

동사 compare는 '비교하다'라는 의미로, 조건식을 판별하기 위해 값을 비교하는 상황에서 사용할 수 있습니다.

- The if statement **compares** x and y to see if they are equal.
  if 문은 x와 y를 비교하여 같은지 확인합니다.

- The program **compares** whether the variable x is greater or less than 10 in the conditional statement.
  프로그램은 조건문에서 변수 x와 10의 대소를 비교합니다.

 nest conditional statements

`의미` 조건문을 중첩하다　`용례` nested conditional statement, nested loop

프로그래밍에서 nest는 함수, 조건문, 반복문 등의 논리 구조를 중첩한다는 뜻으로, 동사 또는 분사의 형태로 쓰이는 경우가 많습니다.

- You can **nest conditional statements** to handle more complex logic.
  조건문을 중첩하여 더 복잡한 논리를 처리할 수 있습니다.

> **NOTE** 중첩된 조건문 전체 구조 한 개를 일컬을 때는 단수형으로 nested conditional statement, 중첩한 여러 조건문을 일컬을 때는 복수형으로 nested conditional statements와 같이 사용합니다.

 break out of the conditional statement

`의미` 조건문에서 벗어나다　`용례` break out of ⟨something⟩

조건문 내부에서 특정한 상황에 따라 조건 흐름(conditional flow)에서 벗어나는 경우, break out of 와 같이 표현할 수 있습니다. 동사 exit(나가다)나 escape(탈출하다)도 사용할 수 있습니다.

- **Exit** the conditional statement.
  조건문을 벗어나다.

- If the condition is met, the program will **break out of** the conditional statement.
  조건이 충족되면 프로그램은 조건문에서 벗어납니다.

> **POP QUIZ** 빈칸에 적절한 동사를 채우세요.
>
> 1. The conditional statement _____ to true. 조건문이 참으로 평가되다.
> 2. _____ values in a conditional statement. 조건문에서 값을 비교하다.
> 3. If the condition is _____, 조건을 충족하면,
>
> **정답** 1. evaluates, 2. compare, 3. met

반복문 관련 표현

반복문loop은 코드에서 특정 조건이 만족될 때까지 코드 블록을 반복 실행하는 핵심적인 제어 구조입니다. 반복문은 loop 또는 loop statement라고 하며, 반복 1회를 iteration이라고 합니다.

지금부터 프로그래밍에서 자주 사용되는 반복문 관련 주요 표현을 알아보겠습니다.

increment/decrement the index in the loop by 1
의미 반복문의 인덱스를 1씩 증가/감소시키다 **용례** increment 〈something〉 by 〈amount〉

반복문의 index와 같이 논리 구조를 표현하기 위해 사용하는 변수를 증가시키거나 감소시킬 때, 증가/감소량 앞에 전치사 by를 동반합니다.

- **Increment** the index i in the for loop **by** 1.
  for 반복문의 i를 1만큼 증가시키다.

traverse
의미 동 순회하다, 명 순회 **발음** 동 트래[버]스, 명 [트]래버스 **활용** 명 traversal

리스트(list), 트리(tree), 그래프(graph) 등의 자료구조를 순회할 때는 동사 traverse를 사용할 수 있습니다. traverse는 동사와 명사로 모두 쓰이며, 순회 알고리즘을 일컫는 경우 명사형 traversal로 활용합니다.

- In Python, you can use a loop to **traverse** a list.
  파이썬에서 리스트를 순회하려면 반복문을 사용할 수 있습니다.
- inorder **traversal** of binary tree 이진트리 중위 순회

break out of a loop
`의미` 반복문에서 빠져나오다 `같은 표현` jump out of a loop, exit a loop

- **Break out of the for loop** if the variable x is less than 0.
  변수 x가 0보다 작으면 for 루프에서 벗어납니다.
- **Jump out of the loop** using the break statement. break 문으로 반복문을 빠져나오다.
- **Exit the while loop** with a break. break로 while 문을 빠져나오다.

iterate over an array
`의미` 배열을 순회하며 반복하다 `용례` iterate over 〈something〉, iterate through 〈something〉
`같은 표현` loop over

반복문은 배열, 문자열과 같이 반복 가능한 요소를 순회(traversal)하며 특정 동작을 반복합니다. 동사 iterate는 '반복하다'라는 의미이며 순회하는 대상 앞에는 전치사 through 또는 over를 사용합니다.

- **Loop over** a string. 문자열을 돌며 반복하다.
- **Iterate through** key-value pairs in an object. 객체의 키-값 쌍을 순회하다.

execute a loop body
`의미` 반복문의 본문을 수행하다

반복문에서 흔히 중괄호 또는 파이썬의 콜론(:) 이후에 들여쓰기로 정의되는 실제 수행할 명령문이 있는 부분을 body라고 합니다. 동사 execute(수행하다) 또는 run(실행하다)를 사용해 표현합니다.

- **Execute** a block of code for a certain number of times.
  일정 횟수 동안 코드 블록을 실행하다.
- An iteration means a single **execution** of the loop body.
  반복은 반복문의 코드 블록이 한번 실행되는 것을 의미합니다.

terminate the loop
`의미` 반복을 중단하다 `같은 표현` end the loop

반복문의 실행을 중단할 때는 동사 terminate(중단하다) 또는 end(끝내다)를 사용합니다.

- **Terminate/End** the execution of the loop through the break statement.
  break문으로 반복문 실행을 종료하세요.

skip an iteration
의미 반복을 한 번 건너뛰다   **같은 표현** jump over to an iteration/continue to the next iteration

continue 문을 사용해서 반복을 건너뛸 때는 동사 skip(생략하다), jump over(건너뛰다), continue to(계속하다)를 사용합니다.

- **Continue to** the next iteration if the condition is true.
  조건이 참이면 다음 반복으로 넘어갑니다.
- The continue statement **skips** one loop iteration.
  continue 문은 반복문을 한 번 건너뜁니다.

return to the condition
의미 (반복을 건너뛰고) 반복문의 조건으로 되돌아가다   **같은 표현** jump back to/go back to the loop condition

- The continue statement skips the current iteration and immediately **returns to the loop condition** for the next cycle.
  continue 문은 현재의 반복을 건너뛰고 다음 반복을 위해 즉시 조건문으로 되돌아갑니다.
- If the input is valid, the program **goes back to the condition** to check if the value meets the requirements.
  입력이 유효하면 프로그램은 값이 요구사항을 충족하는지 확인하기 위해 조건으로 되돌아갑니다.

❓ POP QUIZ 빈칸에 적절한 동사를 채우세요.

1. iterate _____ an array. 배열을 순회하며 반복하다.
2. _____ out of a loop. 반복문에서 빠져나오다.
3. _____ an iteration. 반복을 한 번 건너뛰다.

정답 1. over 또는 through, 2. break 또는 jump, 3. skip

객체지향 프로그래밍 관련 표현

객체지향 프로그래밍 Object-Oriented Programming, OOP 은 프로그램을 클래스에서 파생된 객체를 중심으로 설계하고 구성하는 프로그래밍 방법론으로, 데이터와 기능을 함께 묶어 코드의 재사용성과 유지보수성을 높입니다.

그렇다면 객체 지향 프로그래밍에서 자주 사용되는 표현인 '부모 클래스로부터 상속받은 자식 클래스'나 '메서드를 오버라이딩하다'와 같은 상황을 영어로 어떻게 표현할 수 있을까요? 객체 지향 프로그래밍에서 핵심적으로 사용되는 주요 표현을 살펴보겠습니다.

inherit from a parent class
의미 부모 클래스로부터 상속받다 **용례** inherit ⟨something⟩ from ⟨the parent class⟩

자식 클래스(child class, subclass)가 부모 클래스(parent class, superclass)로부터 데이터나 메서드를 상속받을 때는 동사 inherit(상속하다)를 사용해 inherit ⟨메서드⟩ from ⟨부모 클래스⟩와 같이 사용할 수 있습니다. 이때 inherit from the parent class처럼 상속받는 대상을 구체적으로 언급하지 않고 상속 행위 자체만 표현할 수도 있습니다.

- This class **inherits** properties and methods **from** the parent class Animal.
    ⟶ 상속받은 대상을 명시

    이 클래스는 부모 클래스인 Animal로부터 속성과 메서드를 상속받습니다.
- The Dog class **inherits from** the Animal class. ⟶ 상속받은 대상을 명시하지 않음

    Dog 클래스는 Animal 클래스에서 상속받습니다.

override a method
의미 메서드를 재정의하다

동사 override의 기본 의미는 '~보다 우선하다, ~를 중단시키다'입니다. 객체지향 프로그래밍에서 자식 클래스가 상속받은 메서드를 재정의하는 상황은 동사 override를 사용합니다.

- The speak method is **overridden** in the Cat class to output a different sound.

    Cat 클래스에서 speak 메서드를 재정의하여 다른 소리를 출력합니다.
- In this subclass, we **override** the calculate method to handle new logic.

    이 하위 클래스에서는 새로운 로직을 처리하기 위해 calculate 메서드를 재정의합니다.

여기서 잠깐 override와 overload

다형성(polymorphism)은 객체지향 프로그래밍의 핵심적인 특징 중 하나로, 대표적으로 overload와 override를 통해 구현됩니다. override는 상속받은 메서드를 자식 클래스가 재정의하는 것이며, overload는 같은 이름의 메서드를 여러 번 정의하되 매개변수의 개수나 자료형을 다르게 하여 입력값에 따라 다르게 동작하도록 하는 것을 말합니다.

다음 표를 보고 단어의 뜻과 용례, 예문을 익혀 두세요. override와 overload는 객체지향 프로그래밍에서 자주 등장하는 개념입니다.

	override	overload
기본 의미	동 ~를 더 우선하다	동 과적하다
프로그래밍에서 의미	상속한 메서드를 재정의하다	상속한 메서드의 매개변수 개수 또는 자료형을 다르게 하여 다양한 유형의 호출에 응답할 수 있게 하다
용례	명 overriding	명 overloading
예문	• If a function is marked as final, it cannot be overridden by subclasses. final로 선언된 함수는 하위 클래스에서 오버라이드할 수 없습니다.	• Method overloading allows a class to define multiple methods with the same name. 메서드 오버로딩은 같은 이름을 가진 메서드 여러 개를 한 클래스에 정의하는 것을 허용합니다.

instantiate an object
의미 객체를 인스턴스화하다

---

instantiate(인스턴스화하다)는 프로그램에 정의된 클래스가 실제 사용 가능한 instance(객체)를 생성하는 과정을 의미합니다. 인스턴스화한 객체에 속성을 전달할 때는 동사 pass(전달하다)를 사용합니다.

- The program instantiates a new User object when a person signs up.
  사용자가 회원가입할 때 프로그램은 새로운 User 객체를 인스턴스화합니다.
- You can instantiate the Rectangle class by passing the width and height as parameters. 너비와 높이를 매개변수로 전달하여 Rectangle 클래스를 인스턴스화할 수 있습니다.

access an object's property
의미 객체의 속성에 접근하다

객체 지향 프로그래밍에서 객체 내부에 저장된 값을 참조하기 위해 객체의 속성에 접근할 때 동사 access(접근하다)를 사용합니다.

- The code **accesses** the name property of the Person object to display it on the screen. 코드는 Person 객체의 name 속성에 접근하여 이를 화면에 표시합니다.
- You can **access** the balance property of the Account object to check the current balance. 현재 잔액을 확인하기 위해 Account 객체의 balance 속성에 접근할 수 있습니다.

POP QUIZ 빈칸을 올바르게 채우세요.

1. _____ a parent class. 부모 클래스로부터 상속받다.
2. _____ a method. 메서드를 재정의하다.
3. _____ an object. 객체를 인스턴스화하다.

정답 1. inherit from, 2. overide, 3. instantiate

요점 정리

- 자료형, 재귀 함수, 조건문, 명령문과 같은 프로그래밍 핵심 개념은 **발음까지 확실히 알아 두세요.**
- '선언하다'는 declare, '선언'은 declaration이라고 하며, 악센트에 따라 첫 음절을 읽는 방법이 다릅니다. 변수와 상수 관련 주요 표현들을 정리해 보세요.
- '출력하다'는 print, '표시하다'는 display를 사용하며, 데이터를 읽어올 때는 read…from을 사용합니다.
- 제곱, 증가/감소, 나머지 등 다양한 연산 코드를 작성하고 직접 영어로 읽어 보세요.
- 함수에 데이터를 전달하거나 함수 입장에서 데이터를 받을 때 사용하는 표현이 다릅니다. 동사와 전치사에 유의해서 함수 관련 주요 표현을 복습해 보세요.
- 조건문을 구현하고 이를 영어로 설명하려면, 상황에 따른 적절한 동사와 전치사가 무엇인지 알아야 합니다. 참/거짓을 판단할 때 사용하는 주요 표현을 점검해 보세요.
- 반복문은 영어로 loop 또는 loop statement라고 하며, 반복 1회를 iteration이라고 합니다. continue, break 문 등 다양한 반복문 코드를 영어로 읽어 보세요.
- 상속하다, 재정의하다, 인스턴스화하다 등 객체 지향 프로그래밍 관련 주요 표현들을 복습해 보세요.

1.4 시스템 환경 필수 표현 가이드

"REST API로 서버에서 사용자 정보를 가져오다", "에러를 매끄럽게 처리하다"

서버, 클라이언트, 인프라 등 다양한 직무의 개발자들과 협업하다 보면 네트워크 통신 문제나 예기치 못한 에러와 마주칠 때가 많습니다. 긴급한 상황에 당황하지 않고 이슈를 설명하려면, 문제 상황에 바로 적용 가능한 실무 영어 표현을 알아야 해요.

네트워크 통신 관련 표현

get은 외부에서 데이터를 가져올 때 범용적으로 쓰는 표현이고, **fetch**는 원격 또는 서버 등 외부 출처에서 데이터를 요청할 때 사용됩니다. **retrieve**는 보다 격식을 갖춘 표현으로, 데이터베이스와 같은 특정 위치에 저장된 데이터에 접근해 가져오는 상황에서 주로 사용됩니다. 이처럼 비슷해 보이는 상황에서도 상황과 맥락에 따라 동사의 의미가 다르므로 정확한 표현을 숙지해야 합니다.

지금부터 API 통신, 네트워크 관련 표현을 알아보겠습니다.

🔍 send an HTTP POST request to the server
의미 서버로 HTTP POST 요청을 보내다

요청을 보내는 상황에서 동사는 send, 보내는 대상 앞에는 전치사 to를 사용합니다.

- The client **sends** an HTTP POST request **to** the server with a JSON body containing user data.
  클라이언트는 사용자 데이터를 포함한 JSON 본문과 함께 서버로 HTTP POST 요청을 보냅니다.

 NOTE HTTP의 첫글자는 H이지만 H가 '에'와 같이 모음으로 시작하기 때문에, a HTTP request가 아닌 an HTTP request와 같이 관사 an을 사용합니다. request는 셀 수 있는 명사이기 때문에 요청이 1개일 경우에는 항상 a/an과 같은 관사를 사용해야 합니다.

fetch data from the API
의미 API로 데이터를 가져오다

동사 fetch는 주로 외부 소스(서버, API)에서 데이터를 가져오는 것을 의미합니다. 대상 앞에는 전치사 from을 사용하여 데이터의 출처를 나타냅니다.

- The application **fetches** data **from** the API when the page loads.
  애플리케이션은 페이지가 로드될 때 API로부터 데이터를 가져옵니다.

stream real-time data via a WebSocket
의미 웹소켓을 통해 실시간 데이터를 스트리밍하다

동사 stream은 데이터를 지속적으로 전송하거나 받아오는 과정을 의미합니다. via는 데이터를 전송하는 매개체 앞에 쓰여 '~를 통해'라는 의미를 더합니다.

- The server **streams real-time data** to the client **via** a WebSocket to provide live updates.
  서버는 실시간 업데이트를 제공하기 위해 웹소켓을 통해 클라이언트로 실시간 데이터를 스트리밍합니다.

query the domain name from the DNS server
의미 DNS 서버에서 도메인 이름을 조회하다 **발음** 크위어리, 크웨리

동사 query는 외부 서버에 조건에 따른 특정 결과값을 조회할 때 사용합니다. 쿼리의 대상 앞에는 전치사 from을 사용합니다.

- The client **queries the domain name from the DNS server** to resolve it into an IP address.
  클라이언트는 도메인 이름을 IP 주소로 변환하기 위해 DNS 서버에서 도메인 이름을 조회합니다.

> **NOTE** 도메인 네임 시스템(Domain Name System, DNS)은 도메인 이름을 IP 주소로 변환합니다.

retry when the network connection is lost
의미 네트워크 연결이 끊어지면 재시도하다

외부 서버와의 연결이 끊긴 후 다시 시도하는 상황을 나타냅니다.

- The application **retries** the request **when the network connection is lost**.
  애플리케이션은 네트워크 연결이 끊기면 요청을 재시도합니다.

distribute requests through a load balancer
   의미 로드 밸런서를 통해 요청을 분산하다

로드 밸런서로 다수의 서버에 요청을 고르게 분산시킬 때는 동사 distribute를 사용합니다. 전치사 through는 '~를 통해'라는 의미로, 이 작업이 로드 밸런서라는 중간 매개체를 통해 이루어진다는 점을 나타냅니다.

- The system **distributes incoming requests through a load balancer**.
  시스템은 로드 밸런서를 통해 들어오는 요청을 분산합니다.

 encrypt the connection with TLS
   의미 TLS로 연결을 암호화하다

동사 encrypt는 데이터를 보호하기 위해 암호화하는 과정을 뜻합니다. 전치사 with는 '~와'라는 의미로, 데이터를 TLS(Transport Layer Security)라는 암호화 프로토콜과 연결을 보호한다는 의미로 사용했습니다.

- The system **encrypts the connection with TLS** to ensure that sensitive data is securely transmitted.
  시스템은 민감한 데이터가 안전하게 전송되도록 TLS로 연결을 암호화합니다.

 access the server via IP address
   의미 IP 주소로 서버에 접근하다

동사 access는 '접근하다'라는 의미이며, via는 '~을 통해'라는 의미로, IP 주소를 통해 서버에 접근하는 상황을 나타냅니다.

- The user **accesses the server via IP address**.
  사용자는 IP 주소로 서버에 접근합니다.

 invalidate the cache
   의미 캐시를 무효화하다

캐시가 오래되거나 더 이상 유효하지 않은 데이터를 포함해 캐시를 무효화할 때는 동사 invalidate를 사용합니다.

- In some cases, you may need to manually **invalidate the browser cache**.
  경우에 따라 브라우저 캐시를 수동으로 무효화해야 할 수도 있습니다.

the network request times out
의미 네트워크 요청 시간이 초과되어 요청을 포기하다

times out은 일정 시간 내에 응답이 없을 때 요청을 중단함을 의미합니다.

- The **network request times out** if the server does not respond within 10 seconds.
  서버가 10초 이내에 응답하지 않으면 네트워크 요청 시간이 초과됩니다.

the server response time is exceeded
의미 서버 응답 시간이 초과되다

서버 과부하, 네트워크 문제, 또는 서버 처리 지연으로 응답 시간이 초과될 때, be exceeded와 같이 표현합니다.

- The **response time is exceeded** due to high traffic on the server.
  서버에 트래픽이 많아 응답 시간이 초과됩니다.

connection is lost
의미 네트워크 연결이 끊기다

서버와의 통신 중 네트워크 문제로 연결이 끊어지는 상황을 표현합니다.

- The **connection is lost** when the internet goes down. 인터넷이 끊기면 연결이 끊어집니다.

 POP QUIZ 다음 의미에 맞게 네트워크 관련 표현을 영어로 작성하세요.

1. 서버로 HTTP GET 요청을 보내다.
   _____.

2. 웹소켓을 통해 실시간 데이터를 스트리밍하다.
   _____.

3. 캐시를 무효화하다.
   _____.

정답
1. Send an HTTP GET request to the server.
2. Stream real-time data via a WebSocket.
3. Invalidate the cache.

에러 관련 표현

프로그래밍을 하다 보면 필연적으로 에러^{error}를 마주치게 됩니다. 프로그램과 서비스가 원활하게 동작하려면, 에러를 상황에 맞게 처리하거나 처리할 수 없는 예외 상황에 대한 메시지를 적절하게 표시해야 합니다.

지금부터 개발자가 실무에서 자주 접하는 에러 처리 관련 표현을 하나씩 살펴보겠습니다.

 throw an error/exception
    `의미` (고의적으로) 에러/예외를 발생시키다 `유사한 표현` raise an error/exception(에러/예외를 발생시키다), an error/exception occurs(에러/예외가 발생하다)

프로그램 오류로 에러가 발생하거나 디버깅을 목적으로 고의적으로 에러를 발생시킬 때 사용합니다.

- The program **throws/raises an exception** when it encounters invalid input.
  프로그램이 잘못된 입력을 만나면 예외를 발생시킵니다.

 handle an exception
    `의미` 예외를 처리하다

코드 실행 중 발생한 예상치 못한 오류를 처리할 때는 동사 handle을 사용합니다. exception은 셀 수 있는 명사이므로, 예외 상황이 하나인 경우에는 'an exception'과 같이 관사 an을 붙여야 합니다.

- The program **handles the exception** to prevent it from crashing.
  프로그램은 예외를 처리하여 중단되지 않도록 합니다.

 display an error message
    `의미` 오류 메시지를 표시하다

오류가 발생해 사용자에게 알림을 표시할 때는 동사 display를 사용합니다. message는 셀 수 있는 명사이므로, 에러 메시지가 하나인 상황에는 'an error message'와 같이 관사 an을 붙여야 합니다.

- The application **displays an error message** when the login attempt fails.
  애플리케이션은 로그인 시도가 실패하면 오류 메시지를 표시합니다.

access is not allowed
의미 접근이 허용되지 않다

사용자가 필요한 권한이 없어 접근이 허용되지 않는 상황을 나타냅니다.

- **Access is not allowed** when the user does not have the required permissions.
  사용자가 필요한 권한이 없으면 접근이 허용되지 않습니다.

access is denied
의미 접근이 거부되다

사용자가 적절한 권한 없이 작업을 시도해 접근이 거부되는 상황은 수동태로 'be denied'라고 합니다.

- **Access is denied** when the user tries to perform actions without proper authorization.
  사용자가 적절한 권한 없이 작업을 시도하면 접근이 거부됩니다.

permissions are insufficient
의미 권한이 부족하다

사용자가 특정 작업을 수행할 수 있는 권한이 부족할 때는 be insufficient로 표현합니다.

- Access denied: **permissions are insufficient** to perform this action.
  접근이 거부되었습니다: 이 작업을 수행하기에 권한이 부족합니다.

fail authentication
의미 인증에 실패하다

로그인 등에서 인증에 실패했을 때는 동사 fail을 사용합니다.

- The system **fails authentication** if the password is incorrect.
  비밀번호가 틀리면 시스템은 인증에 실패합니다.

> **NOTE** authentication은 사용자 신원을 '인증'하는 것, authorization은 인증된 사용자가 무엇을 할 수 있는지를 결정하는 '권한 결정 및 확인' 과정입니다.

> **POP QUIZ** 다음 의미에 맞게 에러 관련 표현을 영어로 작성하세요.

1. 예외를 처리하다.
   _____.

2. 에러를 발생시키다.
   _____.

3. 접근이 거부되다.
   _____.

정답 1. Handle an exception, 2. Throw an error, 3. Access is denied

보안 관련 표현

완성도 높은 서비스를 만들기 위해서는 보안에 각별히 신경 써야 합니다. 글로벌 IT 생태계에서는 보안 취약점에 특히 더 민감하며, 서비스를 개발하다 보면 보안과 관련된 토론이 자주 이루어집니다.

기술 토론에서 보안 이슈를 설명하기 위한 기본적인 동사와 형용사부터 기술 토론에서 반드시 알아야 할 보안 용어까지, 확실한 정리가 필요합니다. 지금부터 보안 관련 표현들을 알아보겠습니다.

exploit a vulnerability
 취약점을 악용하다

동사 exploit은 공격자가 시스템의 약점을 이용해 비정상적인 방법으로 접근하거나 데이터를 탈취하는 행위를 설명할 때 사용합니다.

- Hackers attempt to **exploit vulnerabilities** in outdated software.
  해커들은 구식 소프트웨어의 취약점을 악용하려고 시도합니다.

grant access
의미 접근을 허가하다

사용자에게 특정 리소스나 데이터에 접근 권한을 부여할 때, 동사 grant를 사용합니다.

- The administrator **grants access** to the user for the secure files.
  관리자는 보안 파일에 대한 접근을 사용자에게 허가합니다.

prevent a data breach
의미 데이터 유출을 방지하다

서비스에서 데이터 유출을 방지할 때, 동사 prevent를 사용합니다. 데이터 유출(data breach)은 보호된 정보가 외부로 유출되는 상황을 뜻합니다.

- The company implemented security measures to **prevent a data breach**.
  회사는 데이터 유출을 방지하기 위해 보안 조치를 시행했습니다.

restrict user privileges
의미 사용자 권한을 제한하다

특정 사용자에게 제한된 권한을 부여할 때, 동사 restrict를 사용합니다. 권한(privileges)은 사용자가 시스템에서 할 수 있는 작업의 범위를 뜻합니다.

- The system **restricts user privileges** to minimize security risks.
  시스템은 보안 위험을 최소화하기 위해 사용자 권한을 제한합니다.

decrypt a password
의미 암호를 해독하다 **반의어** encrypt a password

암호화된 데이터를 원래 상태로 되돌릴 때, 동사 decrypt(해독하다)를 사용합니다. 반대로 데이터를 암호화할 때는 동사 encrypt를 사용합니다.

- The tool can **decrypt the password** to allow access to the system.
  이 도구는 시스템에 접근할 수 있도록 암호를 해독할 수 있습니다.

detect unauthorized access
의미 허가되지 않은 접근을 감지하다

시스템에 허가되지 않은 접근을 감지할 때, 동사 detect를 사용합니다.

- The security system **detects unauthorized access** and sends an alert.
  보안 시스템은 무단 접근을 감지하고 경고를 보냅니다.

enforce/implement a security policy
의미 보안 정책을 강화하다/시행하다

조직에서 보안을 강화하기 위해 특정 규정을 강제로 적용하는 상황에서 규정을 강제적으로 따르게 할 때는 동사 enforce, 계획이나 정책을 실행에 옮길 때는 동사 implement를 사용합니다.

- The company **enforces a strict security policy** to protect sensitive information.
  회사는 민감한 정보를 보호하기 위해 엄격한 보안 정책을 시행합니다.

tamper with data
의미 데이터를 무단으로 수정하다

공격자가 데이터를 허가 없이 수정할 때, 동사구 tamper with를 사용합니다.

- Someone attempted to **tamper with the data**, compromising its integrity.
  누군가 데이터를 무단으로 수정하려 했고, 그로 인해 데이터의 무결성이 훼손되었습니다.

block access
의미 접근을 차단하다　**유사한 표현** deny, restrict, prevent, disable

특정 사용자나 시스템이 리소스에 접근할 수 없도록 차단할 때는 동사 block을 사용합니다.

- The firewall **blocks access** to suspicious IP addresses.
  방화벽은 의심스러운 IP 주소에 대한 접근을 차단합니다.

❓ POP QUIZ 다음 의미에 맞게 보안 관련 표현을 영어로 작성하세요.

1. 취약점을 악용하다.
   _____.

2. 접근을 허가하다.
   _____.

3. 사용자 권한을 제한하다.
   _____.

정답 1. Exploit a vulnerability. 2. Grant access. 3. Restrict user privileges.

📝 요점 정리

- HTTP 요청 및 응답, 웹소켓 통신 등에 사용되는 주요 표현은 **동사와 전치사를 묶어 익혀 두세요**.
- handle, throw와 같은 동사를 활용한 에러 관련 표현은 확실히 숙지해야 합니다.
- exploit 등 보안 관련 주요 표현들을 숙지하고 보안 사고가 발생하지 않도록 유의해야 합니다.

선배의 노하우

- 영어로 생각하는 훈련은 영어 실력을 높이는 데 큰 도움이 됩니다. 저도 영어 공부에 몰두하던 시기에는 숫자를 셀 때나 할 일을 떠올릴 때 생각을 영어로 하려고 노력했습니다.
- 출퇴근 시간에 해외 개발자들의 팟캐스트나 유튜브 채널을 듣는 습관을 들이는 것도 좋습니다. 처음에는 무슨 말인지 거의 들리지 않더라도 꾸준히 영어를 듣는 습관을 유지하다 보면, 점차 귀가 트이기 시작합니다.
- 단어를 눈으로만 아는 것과 정확히 이해하는 것은 완전히 다릅니다. 개발 문서에서 자주 보던 단어라도 원어민이 말할 때는 그 단어인지조차 알아채지 못하는 경우가 있습니다. 영어 단어는 정확한 발음과 강세까지 포함해서 확실히 익혀두는 것이 중요합니다.

고민 상담소 학습 레퍼런스 추천

> 학교에서 배운 영어와 IT 업계에 특화된 표현이 많이 달라 학습을 어떻게 시작해야 할지 모르겠어요. 추천하는 학습 콘텐츠나 강의가 있을까요?

언어를 배우는 가장 좋은 방법은 원어민과 어울리며 자연스럽게 대화하는 것이죠. 국내 외국인 개발자 모임에 참여해 직접 소통할 수 있다면 그 어떤 강의를 수강하는 것보다도 훌륭한 학습 기회가 될 것입니다. 그러나 한국인 친구도 만들기 어려운 판에 외국인, 그것도 외국인 '개발자'를 사귀는 건 어쩌면 영어를 배우는 것보다도 힘든 일이죠.

현실적으로 추천하는 학습 방법은 깃허브^{GitHub}나 스택오버플로$^{Stack\ Overflow}$ 같은 플랫폼을 교과서처럼 활용하는 것입니다. 매일 같이 전 세계 탑클래스 개발자들이 어떻게 코드를 리뷰하고, 기술적 이슈를 논의하고, 프로젝트를 문서화하는지를 생생하게 지켜볼 수 있죠. 베테랑 협업 전문가들의 커뮤니케이션 방식과 협업, 효율적인 실무 영어를 익힐 수 있는 가장 좋은 공간입니다.

한국과 다른 해외의 인터넷 커뮤니티 문화와 밈을 알고 싶다면 레딧^{Reddit}과 같은 영어권 커뮤니티의 개발자 카테고리가 좋은 옵션입니다. 다양한 주제로 토론하는 개발자들을 관찰하며, 일상적으로 사용하는 실무 영어 표현을 자연스럽게 익힐 수 있습니다.

Reddit의 개발자 카테고리

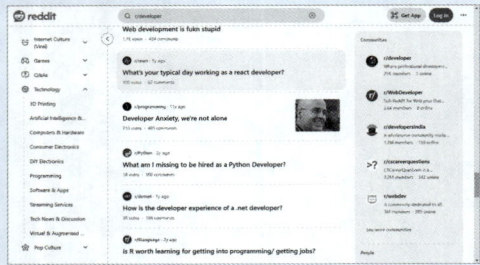

Chapter 2. Drill
업무 현장에서 배우는 IT 실전 영어

이번 장에서 배울 내용

글로벌 IT 커뮤니티에서 뛰어난 개발자들과 협업하려면 단순한 코딩 실력을 넘어, 실무 현장에 대한 깊은 이해가 필요합니다. 이번 장에서는 깃허브의 기술 토론, Pull Requests, CHANGE LOG 작성법을 소개합니다. 또한 다양한 기술 문서를 통해 다양한 직무의 핵심적인 표현을 학습합니다.

2.1 사례로 배우는 개발자 실무 영어

글로벌 오픈소스 프로젝트에 참여한 이력은 커리어에 매우 유리한 요소입니다. 그러려면 변경한 내용을 다른 사람들에게 설명하고, 풀 리퀘스트를 검토하고, 기술 토론을 중재하기 위해 영어가 필수적입니다.

실무 능력이 아무리 뛰어나도 해외 커뮤니티에서 의사소통하지 못하면 한계가 있을 수 밖에 없어요. 자주 사용하는 영단어와 문장을 정리해 두고 생각을 영어로 표현해 봅시다.

커밋 메시지

커리어를 위해 글로벌 오픈소스 프로젝트에 핵심 기여자 core contributor 로 참여하거나 해외 개발자와 협업하려면, 권장 사항에 따라 올바른 영어로 **커밋 메시지** commit message 를 작성해야 합니다.

다행히 영문 커밋 메시지를 작성하는 것은 기술 문서나 이메일을 작성하는 것에 비해 훨씬 쉽습니다. **컨벤셔널 커밋** conventional commits 이라는 형식적 규범이 국제적으로 통용되기 때문입니다. 본격적으로 영문 커밋 메시지 작성법에 대해 알아보기 전에 커밋 메시지의 구조를 확인하겠습니다.

커밋 메시지 작성법

커밋 메시지는 subject(title), body, footer로 구분됩니다.

- **subeject:** 커밋 메시지의 성격 및 주제
- **body:** subject에서 생략한 상세한 내용
- **footer:** 관련 이슈, 참조

다음은 비동기 요청 간 경쟁 조건 race condition 을 방지하기 위한 수정을 설명하는 커밋 메시지입니다. 컨벤셔널 커밋 형식을 따르고 있으니 구조에 유의하여 살펴봅시다.

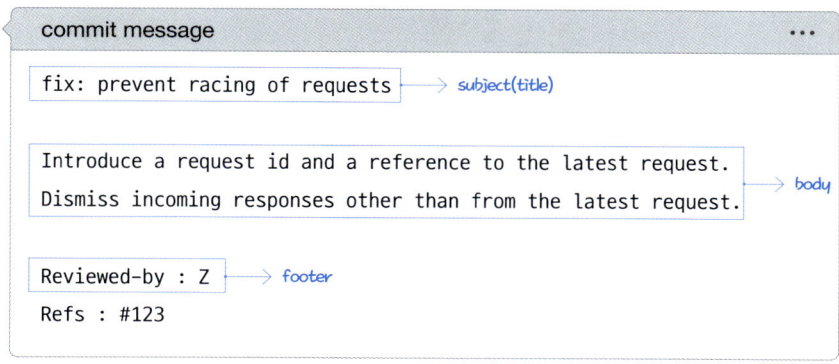

subject는 커밋 메시지의 제목, body는 본문, footer는 꼬리말과 같은 역할입니다. 컨벤셔널 커밋의 구조는 다음과 같습니다.

```
<type>[optional scope]: <description>
[optional body]
[optional footer(s)]
```

subject는 반드시 있어야 하지만 body나 footer는 없어도 괜찮습니다. 특히 footer는 생략하는 경우가 많고, 있더라도 간단히 작성자 reviewed-by 나 참조 references 를 표기하는 역할이라 자세히 설명하지 않고 넘어가겠습니다. 지금부터 컨벤셔널 커밋의 subject와 body를 작성하는 방법을 살펴보겠습니다.

subject

컨벤셔널 커밋의 첫 줄은 subject로, 커밋의 내용을 간략히 요약한 제목입니다. 〈type〉:〈description〉 형식에 맞추어 작성하며, type에는 커밋의 목적을 짧은 단어 또는 구로 드러내고, description에는 커밋의 내용을 기술합니다. type과 description 사이에는 콜론(:)과 공백을 두는 것이 규칙입니다. 컨벤셔널 커밋의 subject을 작성할 때는 다음과 같은 규칙에 유의하세요.

커밋 메시지의 subject 작성 규칙
- 동사 원형으로 시작한다.
- 모든 단어를 소문자로 쓴다.
- 문장 끝에 마침표를 생략한다.
- a와 an 같은 관사를 생략한다.

커밋 메시지의 설명 상황에 따라 과거 시제 분사형 또는 현재 시제 3인칭 단수형을 쓰는 경우가 있지만, 동사 원형으로 시작해 **명령적 어조**로 작성하는 것이 원칙입니다. 또한 반드시 필요한 경우가 아니면 마침표(.), 하이픈(-), 쉼표(,) 등 **구두점** punctuation mark **은 생략**합니다. 무엇보다 중요한 것은 **설명을 매우 간략히 적어야 한다는 것**입니다. 세부 내용은 body에 적고, 제목은 한 눈에 메시지를 파악할 수 있도록 요약적으로 제시합니다.

다음은 올바르게 작성한 컨벤셔널 커밋의 subject입니다.

- fix: remove deprecated features 수정: 권장되지 않는 기능 삭제
- feat: add parameters to getImage 기능: getImage에 매개변수 추가
- docs(readme): update build instructions 문서(readme): 빌드 지침 업데이트
- chore: update npm dependencies to latest version 기타: npm 의존성 최신 버전으로 업데이트

> NOTE 커밋 컨벤션을 따르지 않은 커밋은 보통 타입을 생략하고 첫 글자를 대문자로 적습니다.

type은 커밋 메시지의 성격과 목적을 짧은 단어 또는 구로 빠르게 드러냅니다. 일반적으로 많이 쓰이는 type의 종류는 다음과 같습니다.

표 2-1 커밋 메시지 type

type	의미
feat	코드에 새로운 기능 추가
fix	버그 수정
BREAKING CHANGE	이전 버전과 호환되지 않는 변경 내역
docs	개발 문서 변경
style	들여쓰기, 따옴표, 세미콜론 등 코드 형식 및 스타일 변경
ci	CI/CD 관련 코드 변경
refactor	중복 코드 제거, 변수명 변경, 코드 단순화 등 리팩터링 관련
test	테스트 관련 코드 변경
build	빌드 시스템 관련 코드 변경
perf	성능 개선 관련 코드 변경
chore	기타 코드 변경

> **NOTE** 변경 내역이 적용되는 범위(scope)와 맥락(context)에는 선택적으로 "(readme)"라고 표시합니다.

커밋 메시지의 **subject**에는 커밋의 핵심 내용이 명료한 동사로써 제시되어야 합니다. 다음 동사를 숙지해서 간결하게 의미를 전달해 보세요.

표 2-2 커밋 메시지 subject

동사	의미	예문
fix	수정하다	• fix: **fix** typo in header 헤더의 글꼴 수정
improve	개선하다	• refactor: **improve** loading speed 로딩 속도 개선
handle	처리하다	• fix: **handle** null pointer exception null 포인터 예외 처리
optimize	최적화하다	• perf: **optimize** image loading 이미지 로딩 최적화

update	업데이트하다	• docs(build): update build.md with detailed instructions build.md 자세한 설명 업데이트
implement	구현하다, 적용하다	• feat: implement google analytics 구글 애널리틱스 구현
refactor	리팩터링하다	• refactor: simplify login logic 로그인 로직 단순화
add	추가하다	• feat: add dark mode toggle 다크 모드 전환 기능 추가
revert	되돌리다	• revert: undo feature X due to bug 버그로 인해 기능 X 되돌림
change	변경하다	• chore: change API endpoint API 엔드포인트 변경
replace	대체하다	• refactor: replace lodash with native JS lodash를 네이티브 JS로 대체
merge	병합하다	• chore: merge dev into main dev 브랜치를 main에 병합
document	문서를 작성하다	• docs: document API usage API 사용법 문서 작성
bump	버전을 올리다	• chore: bump version to 1.2.0 버전 1.2.0으로 상향
simplify	단순화하다	• refactor: simplify condition checks 조건 검사 단순화
enable	가능하게 하다	• feat: enable email notifications 이메일 알림 기능 활성화
run	실행하다	• chore: run database migration script 데이터베이스 마이그레이션 스크립트 실행
clean	제거하다, 정리하다	• chore: clean unused imports 사용하지 않는 import 정리
wrap	감싸다, 그룹화하다	• refactor: wrap button with tooltip 버튼을 툴팁으로 감쌈
deploy	배포하다	• deploy: release hotfix to production 프로덕션 환경에 긴급 수정 릴리스

modify	변경하다	• fix: **modify** timeout value 타임아웃 값 변경
remove	제거하다	• chore: **remove** debug logs 디버그 로그 제거
rename	이름을 바꾸다	• refactor: **rename** authHelper to authUtils authHelper를 authUtils로 이름 변경
move	이동하다, 이동시키다	• chore: **move** config files to /settings 설정 파일을 /settings로 이동

body

커밋 메시지의 subject는 분량이 50자로 제한되어 있어 많은 내용을 담을 수 없습니다. 따라서 코드 변경 사유와 상세한 설명은 **body**에 서술해야 합니다.

body는 subject와 달리 소문자만을 고집하지 않아도 괜찮습니다. 다음은 컨벤셔널 커밋의 subject와 body 예시입니다.

```
fix: useDeferredValue should reuse previous value        → subject
                                                         body ←
During an urgent update, useDeferredValue should reuse the previous
value. The regression test I added shows that it was reverting to
the initial value instead.
The cause of the bug was trivial: the update path doesn't update the
hook's "memoizedState" field. Only the mount path.
```

커밋 메시지 작성법은 팀이나 프로젝트에 따라 다를 수 있습니다. 커밋 메시지에 자주 사용되는 표현을 살펴보겠습니다. 다음은 깃^{Git}을 활용하는 실무 상황에 필요한 표현을 정리한 표입니다. **동사**와 **전치사**에 유의하기 바랍니다.

표 2-3 주요 Git 실무 영어

영문	해석
squash the last 3 commits	최근 3개의 커밋을 합치다
push commits to a repository	리포지터리로 커밋을 전달하다
merge a feature branch into the base branch	기능 브랜치를 기본 브랜치에 병합하다
revert a pull request	풀 리퀘스트를 이전 상태로 되돌리다
request a review	검토를 요청하다
comment on a pull request	풀 리퀘스트에 댓글을 남기다
resolve a merge conflict	병합 충돌을 해결하다
rebase onto another branch	다른 브랜치로 리베이스하다
clone a repository	리포지터리를 복제하다
close a pull request without merging it into the branch	풀 리퀘스트를 병합하지 않고 종료하다
fork a repository	리포지터리를 복사하여 자신의 계정에 저장소를 생성하다
checkout a branch	브랜치를 다른 브랜치로 이동하다
stage changes for commit	커밋을 위한 변경 사항을 임시로 저장하다
pull the latest changes	최신 변경 사항을 당겨오다, 원격 저장소에서 최신 코드를 가져오다
cherry-pick a commit	특정 커밋을 선택적으로 적용하다
amend a commit message	커밋 메시지를 수정하다
discard uncommitted changes	커밋되지 않은 변경 사항을 폐기하다

> **NOTE** 리베이스(rebase)는 깃의 브랜치에 변경 사항을 통합하는 방법으로, 머지(merge)와 달리 분리된 베이스(base)를 최신 베이스로 변경하므로 이력을 남기지 않습니다.

어떠한 환경에서든 영문 커밋 메시지는 여러분의 업무 기록을 담는 소중한 일기장이자, 여러분의 역량을 전 세계에 알리는 든든한 헤드헌터가 될 것입니다.

> **? POP QUIZ** 빈칸에 적절한 전치사를 채우세요.

I've pushed the commits _____ the branch we're working on.
Let's merge this branch _____ main.
There have been some updates in the develop branch. I recommend rebasing _____ develop to avoid any conflicts.

정답 1. to 2. into 3. onto

깃허브 기술 토론

개발자들의 보물창고, 깃허브^{Github}는 업무 스킬을 향상시키는 최고의 멘토이자 가장 실용적인 영어 학습 플랫폼입니다. 전 세계 유능한 개발자들이 모인 깃허브의 〈Discussion〉, 〈Pull Requests〉, 〈Issues〉는 실제 개발 환경을 생생하게 반영한 집단 지성의 보고입니다.

깃허브 Discussions의 기술 토론은 웹 환경에서 이루어지는 만큼, 일상 회화나 업무 문서와는 다른 특징을 보입니다. 앞서 〈Chapter.1 개발 현장에서 통하는 영어〉에서 살펴본 것처럼 국내 업무 환경과는 달리 ① **인터넷 약어**는 물론이고 ② **속어 등 비격식적인 표현**을 쓰거나 ③ **주어와 서술어를 생략한 문장 형식**도 심심찮게 볼 수 있습니다.

다음은 웹 서버 개발을 위해 Node.js 기반의 NestJS와 Python 기반의 Django 중 어떠한 프레임워크를 사용할지 토론하는 상황입니다. 위에서 제시한 세 가지 특징이 드러나는지 확인해 보세요.

TL;DR: I'm leaning towards Django for our web backend. **It's been around longer**, has a huge community, and built-in admin is a massive time-saver. Plus, for our project, the ORM in Django seems like a better fit. **Thoughts**?

요약: 저는 웹 백엔드로 Django를 선택하는 것이 더 좋다고 생각합니다. Django는 **더 오랜 역사를 가진** 프레임워크이고, 커뮤니티도 매우 크며, 기본적으로 제공되는 관리자 기능이 개발 시간 절약에 큰 도움이 됩니다.

또한, 우리 프로젝트에서는 Django의 ORM이 더 적합할 것 같습니다. **의견 있으신가요?**

I disagree. NestJS is definitely newer, but it's built on top of Node.js, which makes it more scalable for microservices. We're aiming for a more modern, modular architecture, and I think Nest's built-in support for TypeScript is **a huge win**, especially if we're already using TypeScript in frontend. Django is good but kinda monolithic. **BTW**, Django ORM is fine but TypeORM **in NestJS** is very flexible too.

저는 다르게 생각합니다. NestJS가 더 새롭긴 하지만, Node.js를 기반으로 하고 있어서 마이크로서비스 확장에 더 적합합니다. 우리는 더 모던하고 모듈화된 아키텍처를 목표로 하고 있고, NestJS의 TypeScript 지원은 특히 우리가 프런트엔드에서 이미 TypeScript를 사용하고 있는 상황에서 **큰 장점입니다**. Django도 훌륭하지만, 일체형이고 무겁습니다. **그리고** Django의 ORM도 좋지만, **NestJS의** TypeORM도 매우 유연합니다.

Good points on TypeScript and scalability, but do we really need microservices right now? I mean, we could scale Django with Celery and Redis if needed. And sure, Django is monolithic, but it's also **opinionated**, which means we can move faster with less **boilerplate**. PRs are gonna be easier to review since everyone knows the structure. TypeORM is flexible but I've seen some issues with performance when working with large datasets.

TypeScript와 확장성에 대한 의견은 **좋은 지적입니다**. 하지만 지금 당장 마이크로서비스가 정말 필요할까요? 필요하면 Django도 Celery와 Redis를 사용해 확장할 수 있습니다. 그리고 Django가 일체형이긴 하지만, 덕분에 **의사결정이 적어서** 더 **빠르게 프로젝트를 진행할 수 있습니다**. 코드 구조가 명확해서 PR 리뷰도 더 수월할 것입니다. TypeORM이 유연하긴 하지만, 큰 데이터셋을 처리할 때 성능 이슈를 본 적이 있습니다.

토론에 등장한 주요 표현을 살펴봅시다.

a huge win
의미 큰 장점

특정 기술의 명확한 장점을 강조함. 승리를 뜻하는 영단어 win은 셀 수 있는 명사이므로 앞에 관사 a를 붙입니다.

BTW
분류 약어 원어 By the Way 의미 그런데, 그나저나, 어쨌든

주제를 가볍게 전환함.

in NestJS
의미 NestJS 기반의 용례 be built in ⟨framework⟩

특정 프레임워크나 기술을 사용하여 무언가를 구현할 때는 주로 전치사 in을 사용합니다.

- The software was built **in** NestJS.
  이 소프트웨어는 NestJS 내에서 구축되었다.

- The front-end is written **in** React.
  프런트엔드가 리액트로 작성되었다.

good points
원어 Those are good points on TypeScript and scalability 의미 좋은 포인트들

"Those are good points on TypeScript and scalability(타입스크립트와 확장성 면에서 장점이 있습니다)."에서 주어와 술어인 "Those are"를 생략하고 간단히 표현했습니다. 실무에서는 이처럼 문장의 구성 요소를 생략하는 경우가 자주 있습니다.

opinionated
의미 특정한 방식이나 패턴을 강력하게 권장하는

사전적 의미로 Opinionated는 '독선적인'이라는 다소 부정적인 의미를 갖지만, 소프트웨어 개발에서는 특정한 방식으로 코드를 작성하도록 강력히 권장하는 것을 뜻합니다.

boilerplate
일반적인 의미 보일러플레이트, 표준문안, 상용구   의미 반복되는 코드의 템플릿

소프트웨어 개발에서 boilerplate는 '반복되는 코드의 기본 틀이나 템플릿'을 의미합니다. boilerplate를 활용하면 특정 기능을 구현할 때 매번 처음부터 작성하지 않고, 미리 정해진 형식에 따라 코드를 재사용할 수 있습니다.

프로젝트 개발 문서

프로젝트 개발 문서는 프로젝트의 방향성과 취지를 안내하고, 개발 방법을 제시하는 등대와 같습니다. 일반적으로 제목과 하위 섹션으로 구성되어 계층 구조를 형성하며, 마크다운^{markdown}, .md 형식으로 작성합니다. 예를 들어, 프로젝트 제목은 #(h1, 대제목), 하위 섹션은 ##(h2, 중제목), 섹션 내 소제목은 ###(h3, 소제목), 그보다 낮은 레벨의 제목은 ####(h4, 소소제목)인 식입니다.

프로젝트 개발 문서를 구성하는 요소는 다음과 같습니다.

- **README.md**: 프로젝트의 첫 관문으로 개요와 설치 방법, 사용법 등을 포함
- **CONTRIBUTING.md**: 코드 스타일, 브랜치 관리, PR 작성 방법 등을 안내
- **CHANGELOG.md**: 새로운 기능이 추가되거나 수정된 사항 기록

README.md

오픈소스 프로젝트의 첫인상은 **README**에서 결정된다고 해도 과언이 아닙니다. 오픈소스 리포지터리의 README는 단순한 안내서를 넘어, 프로젝트의 비전, 기술 스택, 사용법을 명확하게 전달하는 중요한 소통 도구이기 때문입니다.

지금부터 개발 문서의 README.md 섹션을 살펴보고, 사례를 통해 분석해 보겠습니다. 리포지터리의 README는 ① **프로젝트 소개**, ② **설치 및 사용법**, ③ **오픈소스 기여 방법**으로 구성되며, 각 섹션은 마크다운의 제목 태그인 #(h1), ##(h2), ###(h3) 등을 활용하는 것이 일반적입니다.

지금부터 머신러닝 오픈소스 플랫폼인 텐서플로 리포지터리의 README 문서를 분석하며, 유용한 영어 표현들을 알아보겠습니다.

다음은 README의 프로젝트 소개 섹션입니다.

> **Tensorflow Repository README.md ①**
>
> TensorFlow is an end-to-end open source platform for machine learning. It has a comprehensive, flexible ecosystem of tools, libraries, and community resources that lets researchers push the state-of-the-art in ML and developers easily build and deploy ML-powered applications.
>
> TensorFlow was originally developed by researchers and engineers working within the Machine Intelligence team at Google Brain to conduct research in machine learning and neural networks. However, the framework is versatile enough to be used in other areas as well.
>
> [번역] TensorFlow는 머신러닝을 위한 종합적인 오픈소스 플랫폼입니다. 이 플랫폼은 다양한 도구와 라이브러리, 커뮤니티 리소스를 통해 연구자들이 최신 머신러닝 기술을 발전시도록 돕고, 개발자들이 손쉽게 ML 기반 애플리케이션을 개발하고 배포할 수 있게 돕습니다.
> TensorFlow는 원래 Google Brain의 머신 인텔리전스 팀에서 머신러닝과 신경망 연구를 위해 개발되었지만, 다양한 분야에도 폭넓게 활용할 수 있습니다.

주요 표현을 살펴봅시다.

end-to-end open source platform
의미 종합적인 오픈소스 플랫폼

'end-to-end'는 완전한 솔루션을 의미하는 기술 용어로, 프로젝트가 처음부터 끝까지 필요한 모든 기능을 제공한다는 것을 뜻합니다.

---

push the state-of-the-art
의미 최신 기술을 발전시키다

'state-of-the-art'는 최첨단 기술을 의미하는 표현입니다. push는 단순히 '밀다'라는 뜻을 넘어 무언가의 경계를 확장하고 한계를 넘어서다라는 의미로 사용되어 '발전시키다'로 의역할 수 있습니다.

ML-powered
의미 머신러닝 기반의, 머신러닝으로 작동하는

흔히 머신러닝(machine learning)은 단어의 초성을 따 ML로 줄여 씁니다. powered는 '~에 의해 작동하는', '~로 구동되는'이라는 의미로, AI-powered(AI로 작동하는)처럼 명사에 하이픈을 붙여 쓰거나, Powered by Android(안드로이드로 구동되는)과 같이 전치사 by를 사용해 구동 주체를 나타냅니다.

🔍 여기서 잠깐 | 복합 형용사

영문 기술 문서에서는 하이픈(-)을 사용해 두 단어를 하나의 개념으로 묶어 형용사처럼 사용하는 경우가 많습니다. 이렇게 두 단어를 결합해 형용사로 사용하는 것을 **복합 형용사**라고 하며, 하이픈을 사용해 복합 형용사를 만드는 과정을 hyphenate라고 합니다.

기술 문서에서 자주 사용되는 복합 형용사는 다음과 같습니다.

- AI-driven AI 기반의
- cloud-based 클라우드 기반의
- real-time 실시간의
- user-friendly 사용자 친화적인

프로젝트 소개에 이어 README.md의 두 번째 구성 요소인 **설치 및 사용법 섹션**을 살펴보겠습니다. 먼저 설치와 관련한 부분입니다.

Tensorflow Repository README.md ②

TensorFlow provides stable Python and C++ APIs, as well as a non-guaranteed backward compatible API for other lang uages.

Keep up-to-date with release announcements and security updates by subscribing to announce@tensorflow.org. See all the mailing lists.

TensorFlow는 안정적인 Python 및 C++ API를 제공하며, 다른 언어들에 대해서는 하위 호환성을 보장하지 않는 API도 함께 제공합니다.

최신 배포 버전과 보안 업데이트를 받아보려면 announce@tensorflow.org를 구독하세요. 전체 메일링 리스트는 여기에서 확인할 수 있습니다.

주요 표현을 살펴보겠습니다.

backward compatible
`의미` 하위 호환 가능한 `반의어` backward incompatible(하위 호환되지 않는)

소프트웨어나 시스템이 새로운 버전에서도 이전 버전과 호환되는, '하위 호환 가능한' 것을 뜻합니다.

release
`의미` 동 공개하다, 명 공개, 공식 배포, 릴리스 `발음` 릴리스

소프트웨어를 배포하거나 정식 버전을 공개한다는 뜻입니다.

subscribe to
`의미` 구독하다, 수신 대기하다

소프트웨어 개발에서 subscribe는 특정 이벤트나 알림을 수신할 준비를 한다는 의미로, listen(듣다)과 의미적으로 유사합니다. 주로 이벤트 기반 시스템 또는 발행-구독(pub/sub - publish/subscribe) 구조에서 자주 사용됩니다. 구독할 대상을 나타낼 때는 전치사 to를 사용합니다.

오픈소스 프로젝트의 기능을 사용하기 위한 설치 및 환경 설정 방법을 안내한 후 간단한 사용 예시를 제공합니다. 텐서플로 README.md의 사용법 안내 섹션을 살펴보겠습니다.

Tensorflow Repository README.md ②

Install

See the TensorFlow install guide for the pip package, to enable GPU support, use a Docker container, and build from source.

To install the current release, which includes support for CUDA-enabled GPU cards (Ubuntu and Windows):

```
$ pip install tensorflow
Other devices (DirectX and MacOS-metal) are supported using
```

```
Device plugins.
```

A smaller CPU-only package is also available:

```
$ pip install tensorflow-cpu
```

To update TensorFlow to the latest version, add --upgrade flag to the above commands.

Nightly binaries are available for testing using the tf-nightly and tf-nightly-cpu packages on PyPi.

Try your first TensorFlow program.

```
>>> import tensorflow as tf
>>> tf.add(1, 2).numpy()
3
>>> hello = tf.constant('Hello, TensorFlow!')
>>> hello.numpy()
b'Hello, TensorFlow!'
```

For more examples, see the TensorFlow tutorials.

설치

pip 패키지 설치, GPU 지원 활성화, Docker 컨테이너 사용, 소스에서 빌드하는 방법에 대해서는 TensorFlow 설치 가이드를 참고하세요.

CUDA 지원 GPU 카드를 사용하는 현재 릴리스를 설치하려면 (Ubuntu 및 Windows):

```
$ pip install tensorflow
다른 장치들(DirectX 및 MacOS-metal)은 디바이스 플러그인을 통해 지원됩
니다.
```

CPU 전용의 더 작은 패키지도 제공됩니다:

```
$ pip install tensorflow-cpu
```

TensorFlow를 최신 버전으로 업데이트하려면, 위 명령어에 --upgrade 플래그를 추가하십시오. 테스트용으로 제공되는 나이틀리 빌드 실행 파일은 PyPi에서 tf-nightly 및 tf-nightly-cpu 패키지를 통해 사용할 수 있습니다.

첫 번째 TensorFlow 프로그램을 시도해 보세요.

```
>>> import tensorflow as tf
>>> tf.add(1, 2).numpy()
3
>>> hello = tf.constant('Hello, TensorFlow!')
>>> hello.numpy()
b'Hello, TensorFlow!'
```

더 많은 예제를 보려면, TensorFlow 튜토리얼을 참고하세요.

주요 표현을 살펴봅시다.

 flag
의미 옵션, 매개변수

flag는 명령어에서 특정 옵션을 활성화하거나 기능을 지정하는 데 사용되는 짧은 문자열. 예를 들어, --upgrade는 TensorFlow를 최신 버전으로 업데이트할 때 사용하는 flag입니다. 주로 명령줄에서 특정 동작을 제어하기 위해 추가하는 선택적 매개변수입니다.

 nightly
의미 나이틀리 빌드(매일 업데이트되는 개발 버전)

nightly는 개발 중인 소프트웨어의 매일 업데이트되는 버전. 코드의 최신 개발 상태를 반영합니다.

binary
의미 ① 실행 파일 ② 이진법

컴파일되어 CPU가 이해할 수 있는 기계어로 변환된 프로그램. 예를 들어, TensorFlow의 nightly binaries는 컴파일된 실행 파일로 바로 실행할 수 있는 상태의 파일입니다.

마지막으로, README.md의 오픈소스 기여 방법에 대한 섹션을 살펴봅시다. 일반적으로 오픈소스 기여 방법 섹션에서는 커뮤니티 행동 강령, 깃허브 이슈, 풀리퀘스트 작성 방식 및 개발용 브랜치에 대한 정보를 안내합니다.

Tensorflow Repository README.md ③

Contribution guidelines

If you want to contribute to TensorFlow, be sure to review the contribution guidelines. This project adheres to TensorFlow's code of conduct. By participating, you are expected to uphold this code.

We use GitHub issues for tracking requests and bugs, please see TensorFlow Forum for general questions and discussion, and please direct specific questions to Stack Overflow.

The TensorFlow project strives to abide by generally accepted best practices in open-source software development.

기여 가이드라인

TensorFlow에 기여하고자 한다면, 기여 가이드라인을 반드시 검토해 주시기 바랍니다. 이 프로젝트에 참여하는 모든 분들은 TensorFlow의 행동 강령을 준수해야 합니다.

저희는 GitHub 이슈를 통해 요청 및 버그를 추적합니다. 일반적인 질문과 토론은 TensorFlow 포럼을 참고해 주시고, 구체적인 질문은 Stack Overflow로 문의해 주시기 바랍니다.

TensorFlow 프로젝트는 오픈소스 소프트웨어 개발에서 일반적으로 인정되는 모범 사례를 준수하기 위해 노력하고 있습니다.

주요 표현은 다음과 같습니다.

code of conduct
의미 행동 강령

여기서 code는 개발자들이 작성하는 프로그래밍 코드와는 다른 의미로, 규범 또는 강령을 의미합니다. 이때 code는 셀 수 있는 명사이며, 행동 강령이 여러 개인 경우에는 "Codes of conduct"와 같이 복수형으로 표현합니다.

반면, 개발자들이 작성하는 프로그램의 소스 코드는 셀 수 없는 명사이므로 "I wrote many codes"가 아닌 "I wrote a lot of code"와 같이 표현해야 합니다.

open-source
의미 오픈소스

공식 문서에서 open-source는 하이픈(-)을 포함하여 표기해야 합니다. open-source는 오픈소스 소프트웨어를 나타내는 복합어이며 마찬가지로, front-end, back-end와 같은 복합어도 공식 문서에서 하이픈을 사용해야 합니다.

CONTRIBUTING.md

기여 가이드 contribution guidelines 는 개발자에게 프로젝트의 기여 방법과 절차를 안내하는 문서입니다. 일반적으로 브랜치, 커밋 메시지 컨벤션, 이슈/풀 리퀘스트 제출 작성 방식 등을 안내합니다. 키워드를 나열하거나, 단순히 기술하는 간단한 문서이니 가벼운 마음으로 읽어보세요.

Tensorflow Repository Contribution-guidlines

\# Contributing Guidelines

Thanks for your interest in contributing!

To keep the project maintainable and scalable, please follow these guidelines when contributing.

\#\# Branch Naming Convention

Please use the following format for naming your branches:

- `feat/` for new features

- `fix/` for bug fixes
- `chore/` for maintenance and tooling
- `docs/` for documentation changes
- `test/` for test-related changes
- `refactor/` for code refactoring

Examples

- `feat/user-authentication`
- `fix/login-button-not-working`
- `docs/update-readme`

Commit Message Convention

We follow the Conventional Commits specification. Please refer to the documentation for more details.: https://www.conventionalcommits.org

-

Pull requests

Please follow the pull request templates defined in `.github/PULL_REQUEST_TEMPLATE.md`. Make sure to include the relevant issue number in the PR description.

기여 가이드라인

프로젝트 기여에 관심을 가져 주셔서 감사합니다. 프로젝트의 원활한 유지 보수를 위해 아래의 가이드라인을 따라 주시기 바랍니다.

브랜치 네이밍 규칙

브랜치 이름은 다음 형식을 따라 주세요:

- `feat/` : 새로운 기능 추가
- `fix/` : 버그 수정
- `chore/` : 유지 보수 및 툴링 관련 작업
- `docs/` : 문서 관련 변경
- `test/` : 테스트 관련 변경
- `refactor/` : 코드 리팩토링

예시

- feat/user-authentication
- fix/login-button-not-working

- docs/update-readme
-
커밋 메시지 규칙

본 프로젝트는 Conventional Commits 명세를 따릅니다. 자세한 내용은 다음 링크를 참고해 주세요 : https://www.conventionalcommits.org

-
Pull Request

PR을 생성할 때는 `.github/PULL_REQUEST_TEMPLATE.md`에 정의된 템플릿을 따라 주세요.

PR 설명에 관련 이슈 번호도 반드시 포함해 주세요.

CHANGELOG.md

변경 로그^{changelog}는 프로젝트에서 일어난 모든 중요한 변경 사항을 기록하는 문서입니다. 개발자 또는 사용자는 변경 로그를 통해 새로운 기능 추가 및 기존 기능 변경 또는 버그 수정 등 프로젝트의 업데이트 내역을 파악할 수 있습니다.

예를 들어 특정 빌드 버전에 문제가 발생하면, 변경 사항을 추적하여 문제의 원인을 빠르게 찾고 해결할 수 있습니다.

지금부터 CHANGELOG.md 문서 예시를 통해, 실무에 자주 등장하는 표현들을 알아보겠습니다.

CHANGELOG.md

Changelog

All notable changes to this project will be documented in this file.

The format is based on [Keep a Changelog](https://keepachangelog.com/en/1.0.0/), and this project adheres to [Semantic Versioning](https://semver.org/).

[Unreleased]

Added
- New user authentication feature with OAuth2 support.

- Initial implementation of real-time notifications.

Changed
- Updated the API documentation to reflect new authentication endpoints.
- Refactored the payment processing module for improved performance.

Fixed
- Resolved a bug where the app would crash during user registration.
- Fixed an issue with timezone conversion in calendar events.

Deprecated
- Old authentication method (Basic Auth) will be removed in future releases.

[1.1.0] – 2024-10-17

Added
- Added support for file uploads in the profile settings page.
- Integrated new analytics tracking for user activities.

Changed
- Improved database query performance for large datasets.
- Updated the homepage layout for better user experience.

Removed
- Removed deprecated API endpoints related to old user roles.

변경 로그

이 프로젝트의 모든 중요한 변경 사항은 이 파일에 문서화됩니다.

형식은 [Keep a Changelog](https://keepachangelog.com/en/1.0.0/)을 기반으로 하며, 이 프로젝트는 [의미적 버전 관리](https://semver.org/)을 준수합니다.

[미발행]

추가
- OAuth2 지원을 포함한 새로운 사용자 인증 기능.
- 실시간 알림 기능의 초기 구현.

변경
- 새로운 인증 엔드포인트를 반영하여 API 문서를 업데이트.
- 성능 향상을 위해 결제 처리 모듈을 리팩터링.

수정
- 사용자 등록 중 앱이 충돌하는 버그 해결.
- 캘린더 이벤트의 시간대 변환 문제 해결.

폐기 예정

- 기존 인증 방식은 향후 릴리스에서 제거될 예정.

[1.1.0] - 2024-10-17

추가
- 프로필 설정 페이지에서 파일 업로드 지원 추가.
- 사용자 활동 분석을 위한 새로운 추적 기능 **통합**.

변경
- 대용량 데이터셋에 대한 데이터베이스 쿼리 성능 개선.
- 사용자 경험을 개선하기 위해 홈페이지 레이아웃 업데이트.

제거
- 기존 사용자 역할과 관련된 API 엔드포인트 제거.

다음은 주요 표현입니다.

---

documented
`의미` 문서화된 `비슷한 표현` logged, recorded

명사로는 '문서', 동사로는 '어떤 내용을 문서나 파일에 기록/문서화하다'라는 의미입니다.

- This feature needs to be **documented** clearly for future developers.
  이 기능은 후속 개발자를 위해 명확하게 문서화되어야 합니다.

 여기서 잠깐 문서, 기록과 관련한 표현

개발 현장에서 문서화와 기록은 생각보다 중요합니다. 관련한 표현도 다양한데, 상황에 따라 미묘한 의미 차이가 있으니 구분하여 숙지해 두는 것이 좋습니다.

	documented	logged	recorded
의미	(주로 파일에) 문서화된	(시스템이나 장부에) 기록된	(소리, 영상 등으로) 기록된
설명	공식적인 보고서, 문서 등으로 정리해서 남긴 기록	주로 시스템 이벤트나 오류 등을 시간 순으로 일지나 로그에 남기는 기록.	일반적인 기록 행위. 소리, 영상, 데이터를 주관적 해석 없이 그대로 저장.

| 용례 | 요구사항, API 명세, 코드 변경사항, README, JIRA | 서버 로그, 에러 로그, 액세스 로그 | 회의, 데모 |

예문

- The API changes were properly **documented** in the internal wiki.
  API 변경 사항은 내부 위키에 제대로 문서화되었다.
- The system automatically **logged** all failed login attempts.
  시스템은 실패한 로그인 시도를 모두 자동으로 로그에 기록했다.
- Our last sprint review was **recorded** for remote team members.
  지난 스프린트 리뷰는 원격 팀원을 위해 녹화되었다.

---

 semantic versioning
　　　의미　의미적 버전 관리

의미에 따라 버전 번호를 부여하는 체계. 의미적 버전 관리의 형식은 다음과 같습니다.

- **주버전**: 이전 버전과 호환되지 않는 변경 사항
- **부버전**: 호환성을 유지하면서 새로운 기능 추가
- **수정버전**: 버그 수정이나 사소한 변경

- Our project follows **semantic versioning** to clearly indicate compatibility.
  우리 프로젝트는 호환성을 명확히 하기 위해 의미적 버전 관리를 따릅니다.

> NOTE　'의미적 버전 관리를 따른다'는 표현에는 동사 follow를 사용합니다.

---

 authentication
　　　의미　인증

로그인할 때 ID와 비밀번호를 입력하여 신원을 확인하듯, 사용자 본인이 맞는지 확인하는 과정.

🔍 여기서 잠깐   authentication vs. authorization

authentication과 authorization은 비슷하지만 다른 의미로, 특히 개발 문서에서는 용법을 구분하여 사용해야 합니다.

	authentication	authorization
의미	인증	인가
설명	사용자가 누구인지 신원을 확인하는 과정	인증된 사용자에게 권한을 부여하는 과정
사용처	로그인, 지문 인식, 2단계 인증	권한 설정, 리소스 접근 제한, 역할 기반 접근 제어(RBAC)

---

deprecated

의미 권장되지 않거나 곧 제거되는   **비슷한 표현** obsolete, phased out   **발음** [데]프러케이티드

기능이나 API가 현재 작동하지만, 더 이상 유지보수하지 않거나 곧 다른 방식으로 대체될 예정인 것. 주로 'be deprecated'와 같이 수동태 형태로 사용합니다.

- This API method is **deprecated** and will be removed in a future release. Please use the updated method instead.
  이 API 메서드는 더 이상 사용되지 않으며, 향후 릴리스에서 제거될 예정입니다. 대신 업데이트된 메서드를 사용해 주세요.

🔍 여기서 잠깐   제거되는 기능에 관련한 표현

소프트웨어 개발 현장에서 deprecated, obsolete, phased out은 어떤 기능이 더 이상 사용되지 않는다는 의미입니다. 세 표현은 매우 유사하지만 의미와 어감에 미묘한 차이가 있어 숙지해 두는 것이 좋습니다.

	deprecated	obsolete	phased out
의미	(공식적으로) 사용 중단 권고된	(완전히 제거되어) 더 이상 사용하지 않는	(계획에 따라) 점진적으로 종료되는
설명	아직 작동되지만 권장하지 않는	더 이상 사용하지 않는 낡은 기술, 대체 기술로 완전히 넘어간	순차적, 점진적 퇴출 과정

integrated
의미 통합된, 연동된

여러 개의 독립적인 부분을 결합하여 하나의 더 큰 시스템에서 작동하도록 만드는 것을 뜻합니다.

- **Integrated** new analytics tracking for user activities.
  사용자 활동 분석을 위한 새로운 추적 기능 통합

자주 쓰는 표현

- added 새로운 기능이나 요소가 추가
- changed 기존 기능이 변경되거나 수정
- fixed 버그 수정
- deprecated 향후 버전에서 제거될 기능을 미리 알림
- removed 기존 기능 제거
- unreleased 아직 배포되지 않은 변경 사항

> **NOTE** CHANGELOG에는 추가, 변경, 수정과 관련한 표현을 명확히 사용해야 합니다.

스택 오버플로 질문 및 답변

스택 오버플로 Stack Overflow 는 전 세계 개발자들이 모여 질문과 답변을 통해 실무 문제를 해결하는 온라인 사수 커뮤니티이자, 개발자가 실무에 직면하는 문제를 해결해 나가는 데 필요한 양질의 표현을 담고 있는 훌륭한 영어 교과서입니다.

효과적으로 질문하기 위해서는 문제 상황을 명확하고 구체적으로 설명해야 합니다. 이를 위해서는 개발자들이 사용하는 전문 용어를 확실하게 이해하고, 코드가 어떠한 맥락에서 이렇게 작성되었는지 영어로 설명할 수 있어야 합니다.

지금부터 스택 오버플로에서 효과적으로 질문하고 답변할 때 유용한 영어 표현들을 예시와 함께 익혀보겠습니다.

스택 오버플로 첫 번째 사례

Q. What does "flag" mean in a programming context, and how can it be used in decision-making logic?
I understand that a "flag" in normal conversation refers to something like a banner or a signal, but in many of the programming tutorials I've read, "flag" seems to refer to something different. It seems to be used in decision-making or condition-checking code, but I'm not exactly sure how it works or why it's used.

Q. 프로그래밍 맥락에서 "flag"는 무엇을 의미하며, 의사결정 로직에서 어떻게 사용하나요? 일반적인 대화에서 "flag"는 깃발이나 신호 같은 것을 의미한다는 것을 알고 있지만, 다수의 프로그래밍 튜토리얼에서는 "flag"의 의미가 다르게 사용되는 것 같습니다. 주로 의사결정이나 **조건 확인 코드**에서 사용되는 것 같은데, 정확히 어떻게 작동하는지 또는 왜 사용하는지 잘 모르겠네요.

A. In everyday English, a flag is a symbol or signal that communicates some kind of information. For instance, raising a flag at a beach might signal that it's safe to swim.

Similarly, in programming, a flag is typically a boolean variable used to indicate a specific condition or state within the program.

To recap,
— Everyday English: A flag is a symbol or signal.
— Programming context: A flag is a boolean value (either True/False or 1/0) that indicates whether a certain condition has been met.

Example in Python:

```python
flag = False

if some_condition:
    flag = True   # If the condition is met, set the flag to True

if flag:
    print("Condition met, proceeding with the next step.")
```

> While flags are handy, overusing them can make code harder to follow. It's generally better to use meaningful variable names instead of generic "flag" names.

A. 일상적인 영어에서 flag는 정보를 전달하는 상징이나 신호를 뜻합니다. 예를 들어, 해변의 깃발은 수영이 안전하다는 뜻입니다.

이와 마찬가지로, 프로그래밍에서 flag는 일반적으로 프로그램 내에서 특정 조건이나 상태를 나타내는 불리언 변수를 뜻합니다.

요약하면,
- 일상적인 영어: flag는 상징 또는 신호를 뜻합니다.
- 프로그래밍 맥락: flag는 특정 조건이 충족되었는지를 나타내는 불리언 값(참/거짓 또는 1/0)입니다.

파이썬 코드 예시:

```python
flag = False

if some_condition:
    flag = True   # 조건이 충족되면, 플래그를 True로 설정하세요.

if flag:
  print("Condition met, proceeding with the next step.")
```

Flag는 유용한 개념이지만, 과도하게 사용하면 코드를 따라 가기 어려워질 수 있습니다. 일반적으로 "flag"와 같은 일반적인 이름 대신, 의미 있는 변수 이름을 사용하는 것이 더 좋습니다.

다음은 주요 표현을 정리한 것입니다.

condition-checking
 조건 확인

소프트웨어 관련 문서에서 '조건 확인'은 condition과 checking을 hyphenate하여 하나의 개념으로 사용함

within the program

의미 프로그램 내에

프로그래밍에서 프로그램이나 함수, 반복문, 조건문의 내적 매커니즘을 표현할 때는 주로 전치사 in, inside, within를 사용함

	in	inside	within
의미	프로그램 내부에 위치하거나, 내부 매커니즘에서 실행됨	'in'과 동일하지만, 내부와 외부의 경계를 구체적으로 명시함	특정 범위, 제한된 공간 내부에서 동작이 일어남
예문	This function is called in the program.	The loop runs inside the main function.	This condition is checked within the loop.

 if the condition is met

의미 조건이 충족되면

조건이 참이 되는 상황을 표현. 다음과 같이 표현할 수도 있습니다.

- when the condition is satisfied 조건이 만족되면
- once the condition is fulfilled 조건이 충족되면
- if the condition holds true 조건이 참이면
- assuming the condition is true 조건이 참이라고 가정하면

스택 오버플로 두 번째 사례

Q. How can I automate rolling updates for Kubernetes deployments?

I'm working on a CI/CD pipeline and want to automate rolling updates for my Kubernetes deployments. Is there a recommended way to handle this through Helm or other tools to ensure zero downtime?

Q. Kubernetes 배포의 롤링 업데이트를 어떻게 자동화할 수 있을까요?

저는 CI/CD 파이프라인을 구축 중이며, Kubernetes 배포를 위한 롤링 업데이트를 자동

화하고자 합니다. Helm이나 다른 도구를 통해 무중단 배포를 보장하면서 자동화하기 위해 추천하는 방법이 있을까요?

A. You can automate rolling updates for Kubernetes deployments using Helm or Kubernetes'native capabilities:

1. Kubernetes Native Rolling Updates:
Update your deployment's image tag.

```
spec:
  containers:
  - name: my-app
      image: my-app-image:latest
```

Kubernetes will handle the rolling update, replacing pods incrementally.

2. Best Practices:
- Use readiness and liveness probes to ensure that Kubernetes only routes traffic to healthy pods during the update.
- For safer deployments, try canary deployments, where you gradually route traffic to the new version.

This setup ensures zero downtime while following rolling update best practices.

A. Kubernetes 배포의 롤링 업데이트는 Helm이나 Kubernetes의 기본 기능을 활용해 자동화할 수 있습니다.

1. Kubernetes 기본 롤링 업데이트:
배포의 이미지 태그를 업데이트하세요.

```
spec:
  containers:
  - name: my-app
      image: my-app-image:latest
```

Kubernetes가 롤링 업데이트를 처리하며, pod를 점진적으로 교체합니다.

2. 모범 사례:
- Readiness probe와 Liveness probe를 설정하여, 업데이트 중에도 Kubernetes가 정상적인 파드에만 트래픽을 전달하도록 합니다.
- 더 안전한 배포를 원한다면, 신규 버전에 점진적으로 트래픽을 보내는 카나리 배포를 고려해 보세요.

이러한 구성은 롤링 업데이트의 모범 사례를 따르면서 무중단 배포를 가능하게 합니다.

불친절한 API 문서는 클라이언트로 하여금 API 요청에 필요한 파라미터와 그에 대한 응답 형식을 이해하기 어렵게 만들어 혼란과 비용을 야기합니다.

주요 표현을 살펴보세요.

downtime
의미 다운타임

시스템이나 서비스가 정상적으로 작동하지 않는 시간, 즉 가동 중단 시간

rolling updates
의미 롤링 업데이트

시스템의 모든 인스턴스를 한 번에 업데이트하지 않고, 일부 인스턴스부터 점진적으로 새로운 버전으로 교체하는 배포 방식

native
의미 기본적으로 포함된

소프트웨어나 시스템에 기본으로 포함되어 있는 기능. 외부 도구나 추가 플러그인 없이 사용할 수 있는 것을 의미합니다.

best practices
의미 모범 사례

특정 작업이나 프로세스를 가장 효과적으로 수행하는 방법

route
의미 명 경로, 길 통 트래픽이나 데이터를 특정 경로로 전달하다 발음 루트, 라우트(영국)

네트워크에서 요청이 특정 목적지로 전달되는 경로나, 웹 애플리케이션에서 URL 경로

canary deployments
의미 카나리 배포

새로운 소프트웨어 버전을 배포하기 전에, 문제가 없는지 검증하기 위해 일부 사용자에게 먼저 배포하는 버전

API 문서

API Application Programming Interface 문서는 개발자들이 특정 애플리케이션과 소통하기 위해 인터페이스를 이해하고 사용하도록 돕는 개발 문서입니다. API 문서를 통해 사용 방법, 기능, 입력값 및 출력값, 발생할 수 있는 오류와 그 처리 방법 등을 파악할 수 있습니다.

팀 및 타사 개발자들과 원활하게 협업하기 위해서는 API 문서를 명확하고 체계적으로 작성해야 합니다. 불친절한 API 문서는 클라이언트로 하여금 요청에 필요한 파라미터와 그에 대한 응답 형식을 이해하기 어렵게 만들어 혼란과 비용을 야기합니다.

지금부터 예시를 통해 API 문서에 자주 등장하는 표현들을 알아보겠습니다.

API 문서 첫 번째 사례

API 문서 ①

GET /api/users/{id}

Description:
This API endpoint retrieves the details of a specific user by their ID. An authorization

token is required in the header for secure access.

Request Parameters:

− id (path, integer, required): The ID of the user to retrieve. Example: 123

Response:

− 200 OK: Successfully retrieved user details.
  Example:
  {
    "id": 123,
    "name": "John Doe",
    "email": "johndoe@example.com"
  }

− 404 Not Found: User does not exist.
  Example:
  {
    "error": "User not found"
  }

Headers:

− Authorization: Bearer {token}

Error Handling:

− 404 Not Found: Returned when the requested user does not exist.

GET /api/users/{id}

설명:

이 API 엔드포인트는 특정 사용자 ID로 사용자의 세부 정보를 가져옵니다. 보안 접속을 위해 헤더에 인증 토큰이 필요합니다.

요청 파라미터:

− id (path, 정수형, 필수): 가져올 사용자의 ID. 예시: 123

응답:

− 200 OK: 성공적으로 사용자 세부정보를 가져옴.
  예시:
  {
    "id": 123,
    "name": "John Doe",
    "email": "johndoe@example.com"

      }
    – 404 Not Found: 사용자가 존재하지 않음.
      예시:
      {
        "error": "User not found"
      }
    헤더:
    – Authorization: Bearer {token}

    <u>오류 처리:</u>
    – 404 Not Found: 요청한 사용자가 존재하지 않을 때 반환됩니다.

다음은 주요 표현들입니다.

 retrieve
　　　　　`의미` (데이터를) 가져오다, 검색하다　`반의어` fetch, get

데이터베이스나 <u>API에서 특정 데이터를 요청할 때</u> 자주 사용되는 표현. 외부 시스템에서 데이터를 검색하거나 가져오는 것을 표현합니다.

- This API endpoint **retrieves** the details of a specific user by their ID.
  이 API 엔드포인트는 사용자 ID로 특정 사용자의 정보를 가져옵니다.

 details
　　　　　`의미` <u>세부사항</u>　`유의어` specifics

명사로 사용될 경우 '<u>세부 사항</u>'이나 '<u>정보</u>'를 의미. 셀 수 있는 명사이므로 복수형으로 사용합니다.

- Successfully retrieved product **details**.
  제품의 세부사항을 성공적으로 가져왔습니다.

handling

 처리

소프트웨어에 문제가 발생했을 때, 프로그램을 안정적으로 동작을 유지할 수 있도록 해당 문제를 감지하고 처리하는 작업

- The application has robust error **handling** to manage unexpected inputs.
  애플리케이션은 예상치 못한 입력을 처리하기 위한 강력한 오류 처리 기능을 가지고 있습니다.

API 문서 두 번째 사례

API 문서 ②

POST /api/products

Description:
This API endpoint creates a new product. The request body must include the product details, and an authorization token is required in the header for secure access.

Request Parameters:
- name (body, string, required): The name of the product to create. Example: "Wireless Mouse"
- price (body, number, required): The price of the product. Example: 29.99
- description (body, string, optional): A brief description of the product. Example: "Ergonomic wireless mouse with 2-year battery life"

Request Body:
{
  "name": "Wireless Mouse",
  "price": 29.99,
  "description": "Ergonomic wireless mouse with 2-year battery life"
}

Response:
- 201 Created: The product has been successfully instantiated.
  Example:
  {
   "id": 456,
   "name": "Wireless Mouse",

```
    "price": 29.99,
    "description": "Ergonomic wireless mouse with 2-year battery life"
  }
```

- 400 Bad Request: The request is invalid, usually due to missing required parameters or incorrect data format.

  Example:
```
  {
    "error": "Missing required field: price"
  }
```

Headers:
– Authorization: Bearer {token}

Error Handling:
– 400 Bad Request: Returned when the request body is missing required fields or contains invalid data.

POST /api/products

설명:
이 API 엔드포인트는 새로운 제품을 생성합니다. 요청 본문에 제품의 세부 정보를 포함해야 하며, 보안 접속을 위해 헤더에 인증 토큰이 필요합니다.

요청 파라미터:
– name (본문, 문자열, 필수): 생성할 제품의 이름. 예시: "무선 마우스"
– price (본문, 숫자, 필수): 제품의 가격. 예시: 29.99
– description (본문, 문자열, 선택): 제품에 대한 간단한 설명. 예시: "인체공학적 디자인의 2년 배터리 수명 무선 마우스"

요청 본문:
```
{
  "name": "무선 마우스",
  "price": 29.99,
  "description": "인체공학적 디자인의 2년 배터리 수명 무선 마우스"
}
```

응답:
– 201 Created: 제품이 성공적으로 인스턴스화되었습니다.
  예시:
```
  {
    "id": 456,
```

```
    "name": "무선 마우스",
    "price": 29.99,
    "description": "인체공학적 디자인의 2년 배터리 수명 무선 마우스"
}
```
- 400 Bad Request: 요청이 유효하지 않음. 주로 필수 파라미터가 누락되었거나 데이터 형식이 잘못된 경우 발생.

예시:
```
{
"error": "필수 필드 누락: price"
}
```

헤더:
- Authorization: Bearer {token}

오류 처리:
- 400 Bad Request: 요청 본문에 필수 필드가 누락되었거나 잘못된 데이터가 포함된 경우 반환됩니다.

in the header
`의미` 헤더에

전치사 in은 공간이나 영역 내에 존재하는 것을 의미합니다. 따라서 헤더(header), 보디(body), URL 경로 등 논리적 영역의 내부를 표현할 때 전치사 in을 사용합니다.

- The product details must be included **in** the request body.
  제품 세부 정보는 요청 본문에 포함되어야 합니다.

- The user ID is specified **in** the URL path.
  사용자 ID는 URL 경로에 명시됩니다.

instantiated
`의미` 인스턴스화된

객체나 항목을 생성한다는 의미. 클래스나 데이터베이스 항목을 인스턴스화하면 실제로 메모리에 할당되어 존재하게 됩니다. 주로 객체 지향 프로그래밍에서 클래스를 인스턴스로 변환하는 과정에 사용합니다.

- The class has been **instantiated** with default values.
  해당 클래스가 기본 값으로 인스턴스화되었습니다.

missing
의미 누락된

API 문서에서 필수 매개변수(parameter)나 필드(field)가 포함되지 않은 경우에 사용. API 요청이 필수적인 매개변수를 누락하면, 서버는 클라이언트에게 400 Bad Request와 함께 오류를 반환합니다.

- The request is invalid, usually due to **missing** required parameters.
  요청이 유효하지 않습니다. 일반적으로 필수 매개변수 누락으로 인해 발생합니다.

자주 쓰는 표현

- **request** 클라이언트가 서버에 요청을 보낼 때 사용하는 형식
- **response** 서버가 클라이언트에게 반환하는 데이터
- **endpoint** 특정 기능을 수행하는 API의 URL
- **status code** 서버의 응답 상태를 나타내는 코드
- **parameter** API 요청 시 전달하는 매개변수 값
- **header** 요청 또는 응답에 대한 추가 정보를 포함

> **NOTE** API 문서를 작성할 때는 요청, 응답, 상태 코드 등에 대한 표현을 명확하게 해야 합니다.

깃허브 이슈

깃허브 이슈issues는 버그를 보고하거나, 새로운 기능을 제안하거나, 개선 사항을 논의하는 중요한 기능입니다. 글로벌 개발자들과 협력하는 프로젝트에서, 깔끔하고 이해하기 쉬운 이슈를 작성하는 것은 커뮤니케이션 능력을 뽐낼 수 있는 훌륭한 기회입니다.

깃허브 이슈의 제목은 핵심을 짧고 명확하게 전달해야 하며, 제목 앞에 내용을 암시하는 태그tag를 붙입니다. 리포지터리 폴더 내 '.github' 폴더에서 GitHub 이슈 템플릿을 정의할 수 있습니다. 버그 리포트와 기능 요청 이슈의 템플릿을 하나씩 살펴보겠습니다.

버그 리포트

버그 리포트 bug report 는 말 그대로 소프트웨어에 발생한 문제를 보고하는 역할로, 제목 앞에 **Bug**라고 태그를 붙입니다. 제목 아래에는 버그를 겪은 환경과 재현 방법을 상세히 설명합니다. 버그 리포트의 템플릿은 다음과 같습니다.

1. **문제 설명:** 발생한 문제에 대한 구체적인 설명을 작성합니다.
2. **환경:** 운영체제(OS), 브라우저, 모바일 기기 등 문제를 겪은 환경을 명시합니다.
3. **재현 방법:** 버그를 재현할 수 있는 단계별 절차를 상세히 설명합니다.
4. **예상되는 결과 vs 실제 결과:** 기대했던 동작과 실제로 발생한 동작을 비교합니다.
5. **관련 코드 또는 로그:** 문제와 관련된 코드 스니펫이나 오류 로그가 있다면 함께 첨부합니다.

템플릿을 참고해서 다음 사례를 살펴보세요. 예상치 못한 결과가 발생했음을 보고하는 버그 리포트입니다.

Bug Report

Title:
Bug: Unexpected behavior when filtering results by date

Description:
There seems to be an issue with the date filter functionality on the search page. When filtering by date, the results are not displayed as expected. Specifically, selecting a date range does not filter the results correctly. I noticed this behavior after the latest update (v1.5.2).

Execution Environment:
– Operating System: macOS Sonoma (14.4.1)
– Browser: Chrome 129.0
– Device: Laptop
– Additional Info: (e.g., any browser extensions, screen resolution, etc.) N/A

Steps to Reproduce:
1. Go to the search page.
2. Enter a search query (e.g., "product").

3. Set a date range (e.g., from 2023-01-01 to 2023-12-31).
4. Click on the "Filter" button.

Expected Result:
The search results should display only the items within the selected date range.

Actual Result:
All items are displayed, regardless of the selected date range.

Code Snippet:

```javascript
// dateFilter.js
function applyDateFilter(results, startDate, endDate) {
  return results.filter(item => {
      const itemDate = new Date(item.date);
      return itemDate >= startDate && itemDate <= endDate;
  });
}
```

The above code looks correct, but the issue may lie elsewhere in the filtering logic or the way dates are being compared.

제목:
버그: 날짜별 필터링 시 예상치 못한 동작 발생

설명:
검색 페이지에서 날짜 필터 기능에 문제가 있는 것 같습니다. 날짜 범위를 선택할 때 결과가 올바르게 표시되지 않습니다. 특히 날짜 범위를 설정해도 결과가 정확히 필터링되지 않는 문제가 발생합니다. 이 현상은 최신 업데이트(v1.5.2) 이후부터 발생한 것 같습니다.

실행 환경:
- 운영체제: macOS Sonoma (14.4.1)
- 브라우저: Chrome 129.0
- 장치: 노트북
- 추가 정보: (예: 브라우저 확장 프로그램, 화면 해상도 등) 해당 없음

재현 단계:
1. 검색 페이지로 이동합니다.
2. 검색어 입력 (예: "product").
3. 날짜 범위를 설정 (예: 2023-01-01 ~ 2023-12-31).
4. "필터" 버튼을 클릭합니다.

예상 결과:
선택한 날짜 범위 내의 항목들만 검색 결과에 표시되어야 합니다.

실제 결과:
선택한 날짜 범위와 상관없이 모든 항목이 표시됩니다.

코드 스니펫:

```javascript
// dateFilter.js
function applyDateFilter(results, startDate, endDate) {
  return results.filter(item => {
      const itemDate = new Date(item.date);
      return itemDate >= startDate && itemDate <= endDate;
  });
}
```

위 코드는 올바르게 보이지만, 필터링 로직이나 날짜 비교 방식에 이슈가 있는 것 같습니다.

다음은 주요 표현을 정리한 것입니다.

unexpected behavior
의미 예상치 못한 동작

behavior는 사람이 수행하는 물리적 행동뿐만 아니라 프로그램의 동작 및 수행 결과를 의미합니다. unexpected behavior는 버그 리포트나 이슈 설명에서 자주 등장하는 표현이니 숙지해 두세요.

N/A
분류 약어 원어 Not Applicable 의미 해당 없음

N/A는 'Not Applicable'의 약어로, 주어진 정보가 현재 상황에 해당하지 않을 때 사용합니다. 예시에서는 실행 환경에서 별도로 추가 정보를 제공할 필요가 없거나, 해당 사항이 없음을 표현하기 위해 사용했습니다.

steps to reproduce
의미 재현 단계

문제를 다시 발생시키기 위해 필요한 절차에 대한 설명. 버그를 재현할 때는 동사 reproduce(재생산하다)를 사용해 'reproduce a bug(버그를 재현하다)'와 같이 표현할 수 있습니다.

code snippet
의미 코드 조각

문제를 설명하는 데 도움이 될 만한 짧은 코드 블록. 예시에서는 날짜 필터링 함수 applyDateFilter 자체에는 문제가 없다는 것을 표현하기 위해 사용했습니다.

기능 제안

깃허브 이슈의 기능 제안feature request은 새로운 기능을 제안하거나, 개선 사항을 논의하는 문서입니다. 제목 앞에 **Feature Request**라는 태그를 붙입니다. 제목 아래에는 제안할 기능과 개선 사항이 가져올 효과를 명확하게 기술합니다. 기능 제안의 템플릿은 다음과 같습니다.

---

1. **제안할 기능 설명:** 추가하고자 하는 기능에 대한 간단하고 명확한 설명을 작성합니다.
2. **필요성:** 해당 기능이 왜 필요한지, 어떤 문제를 해결할 수 있는지 또는 얼마나 개선할 수 있는지 설명합니다.
3. **기대 효과:** 이 기능이 구현되었을 때 예상되는 이점이나 기대되는 결과를 설명합니다.
4. **관련 자료:** 기능 구현에 참고할 수 있는 자료나 예시(디자인, 코드 스니펫 등)를 첨부합니다.

지금부터 글로벌 개발자 커뮤니티에서 사용되는 깃허브 이슈의 기능 제안 사례를 통해, 이슈 작성 시 유용한 영어 표현들을 익혀보겠습니다.

다음은 프로덕트 개선을 위한 기능을 제안하는 이슈 문서입니다. 기능 개발의 명분justification과 기대 효과expected outcome를 명확하게 제시하여, 추가적인 개발 리소스 투입의 필요성을 설득력 있게 전달합니다.

Feature Request

Title:
Feature Request: Dark Mode Support for User Dashboard

Feature Description:
Implement a dark mode option for the user dashboard, allowing users to switch between light and dark themes. The dark mode should be easy to toggle from the settings menu and apply globally across the entire dashboard interface.

Justification:
Dark mode has become a widely requested feature among users, especially those who work in low-light environments or prefer a visually less-straining interface. Offering dark mode would improve accessibility and reduce eye strain for users, enhancing overall user satisfaction and aligning with modern UI standards.

Expected Outcome:
Once dark mode is implemented, users will have the option to enable it from the settings. The interface colors will adjust accordingly, providing a consistent dark theme across all pages of the dashboard. This feature will enhance user experience by offering visual flexibility and customization.

References:
Design : Figma UI

제목:
기능 요청: 사용자 대시보드를 위한 다크 모드 지원

기능 설명:
사용자가 대시보드에서 라이트 및 다크 테마를 전환할 수 있도록 다크 모드 옵션을 구현합니다. 다크 모드는 설정 메뉴에서 쉽게 전환할 수 있어야 하며, 대시보드 인터페이스 전반에 걸쳐 전역적으로 적용되어야 합니다.

명분:
다크 모드는 어두운 환경에서 작업하거나 시각적 부담이 적은 인터페이스를 선호하는 사용자들 사이에서 널리 요청되는 기능입니다. 다크 모드를 제공함으로써 서비스 접근성을 높이고 사용자들의 눈의 피로를 줄여, 전반적인 사용자 만족도를 향상시키고 현대적인 UI 표준에 부합할 수 있습니다.

기대 효과:
다크 모드가 구현되면 사용자는 설정 메뉴에서 이를 활성화할 수 있습니다. 인터페이스 색상은 다크 테마로 조정되며, 대시보드의 모든 페이지에서 일관된 다크 테마가 적용됩니다. 이 기능은 시각적 유연성과 사용자 맞춤화를 제공하여 사용자 경험을 향상시킬 것입니다.

> 참고 자료:
> 디자인 : Figma UI

주요 표현을 살펴보겠습니다.

toggle
`의미` `통` 전환하다, `명` 전환 `발음` 토글

켜기/끄기, 활성화/비활성화, 라이트 모드/다크 모드 등 두 가지 설정이나 보기 사이를 전환하는 동작. UI 디자인에서 토글은 주로 버튼이나 스위치 형태로 제공됩니다.

less-straining
`의미` 시각적 부담이 적은

strain은 잡아당기거나 압력을 가해 물체에 자극을 주는 행위를 의미합니다. less-straining은 '자극을 덜어주는'으로 직역할 수 있으며, 주로 사용자가 눈의 피로를 덜 느끼는 환경을 설명합니다.

implement
`의미` ① (기능을) 구현하다 ② (계획을) 실행하다

코드를 작성하거나 기능을 추가하여 특정 요구 사항을 충족하는 과정. 개발자의 핵심 업무는 무언가를 구현하는 것이기 때문에, 커밋 메시지나 영어 문서에서 자주 사용되는 동사입니다.

깃허브 풀 리퀘스트

풀 리퀘스트 Pull Request, PR 는 코드 변경 사항을 공유하고 팀원들의 피드백을 받아 프로젝트에 반영하기 위한 개발의 핵심적인 과정입니다. 풀 리퀘스트를 통해 개발한 결과를 다른 팀원들에게 알리고 피드백을 받는 것은 글로벌 개발자로 성장하기 위한 필수적인 역량입니다.

깃허브 이슈와 마찬가지로 리포지터리 폴더 내 .github 폴더에서 GitHub 풀 리퀘스트 템플릿을 정의할 수 있습니다. 일반적으로 사용되는 템플릿 구조는 다음과 같습니다.

> 1. **변경 사항 설명:** 구현된 기능이나 수정된 사항에 대한 구체적인 설명을 작성합니다.
> 2. **관련 이슈:** 해결된 이슈 번호나 관련된 이슈를 연결합니다.
> 3. **테스트:** 변경 사항이 어떻게 테스트되었는지, 혹은 테스트가 필요한 부분을 설명합니다.
> 4. **코드 스타일 및 가이드라인 준수 여부:** 코드가 프로젝트의 스타일 가이드라인을 준수했는지 확인합니다.
> 5. **추가적인 설명:** 추가로 논의해야 할 사항이나 코드 리뷰에서 주목할 부분이 있다면 명시합니다.

풀 리퀘스트의 제목은 변경 사항의 목적을 짧고 명확하게 전달해야 하며, **WIP**^{Work In Progress}와 같은 태그를 제목 앞에 붙여 작업 중인 상태를 표시할 수 있습니다. 본문에서는 수정된 코드와 구현한 기능, 해결된 문제 등을 명확하게 설명하고, 관련된 이슈를 언급하는 것이 좋습니다.

풀 리퀘스트 첫 번째 사례

다음은 의존성^{dependencies}을 캐싱하여 빌드 시간을 최적화하는 풀 리퀘스트입니다. 주요 표현을 살펴보겠습니다.

> **Pull Request ①**
>
> **Title:**
> CI: Optimize build time by caching dependencies
>
> **Description:**
> This Pull Request optimizes the CI pipeline by introducing caching for dependencies in the build process. Previously, each build would reinstall all dependencies, leading to longer build times.

By caching the dependencies, subsequent builds will reuse the cached packages unless changes are detected, significantly reducing the overall build time.

Key changes include:
- Configured dependency caching in the .github/workflows/ci.yml file.
- Updated the Node.js version to the latest LTS release for improved compatibility.
- Added a step to clear cache if any changes are made to package-lock.json to ensure cache integrity.

Related Issue:
Closes #89 - Enhancement: Reduce CI build time

Test:
- The CI build time was tested before and after the caching implementation.
- Before: Average build time was 10 minutes.
- After: Average build time was reduced to 4 minutes.
- Verified that dependencies are correctly restored from cache when no changes are detected.
- Confirmed that the cache is invalidated and rebuilt when package-lock.json is updated.

Code Style & Guidelines Compliance:
All changes follow the project's guidelines for CI configuration, and the .yml file was validated using the GitHub Actions Linter.

Additional Notes:
- No breaking changes were introduced.
- Future improvement: Consider adding dependency version management to further optimize the cache hit rate.

제목:
CI: 의존성 캐싱으로 빌드 시간 최적화

설명:
이 풀 퀘스트는 빌드 과정에서 의존성 캐싱을 도입하여 CI 파이프라인을 최적화합니다. 이전에는 매 빌드마다 모든 의존성을 재설치해야 했고, 이로 인해 빌드 시간이 길어졌습니다.
의존성을 캐싱함으로써 이후 빌드에서 변경 사항이 감지되지 않으면 캐시된 패키지를 재사용하여 전체 빌드 시간을 대폭 단축할 수 있습니다.

주요 변경 사항:
- .github/workflows/ci.yml 파일에 의존성 캐싱 설정 추가
- Node.js 버전을 최신 장기 지원 버전으로 업데이트하여 호환성 향상

- 캐시 무결성을 보장하기 위해 package-lock.json 파일에 변경이 있을 경우 캐시를 삭제하는 단계 추가

관련 이슈:
#89 - CI 빌드 시간 단축을 위한 개선 사항 해결

테스트:
- 캐싱 구현 전후의 CI 빌드 시간을 테스트함
- 이전: 평균 빌드 시간 10분
- 이후: 평균 빌드 시간 4분으로 단축
- 변경 사항이 없을 때 캐시에서 의존성이 올바르게 복원되는지 확인
- package-lock.json이 업데이트되면 캐시가 무효화되고 재빌드되는지 확인

코드 스타일 및 가이드라인 준수:
모든 변경 사항은 프로젝트의 CI 설정 가이드라인을 따르며, .yml 파일은 GitHub Actions Linter로 검증되었습니다.

추가 참고 사항:
- 하위 호환되지 않는 변경 사항은 도입되지 않았습니다.
- 향후 개선 사항: 캐시 적중률을 더욱 최적화하기 위해 의존성 버전 관리 추가를 고려할 수 있습니다.

주요 표현을 살펴보세요.

LTS(Long Term Support)
의미 장기 지원

소프트웨어의 장기 지원 버전. 일반적으로 LTS 버전은 기능 추가보다는 장기적인 보안 안정성에 중점을 두고, 버그 수정 및 보안 패치가 지속적으로 제공됩니다.

clear cache
의미 캐시를 지우다

소프트웨어 개발이나 운영에서 캐시를 지우는 과정을 설명할 때 동사 Clear를 사용합니다.

restore
`의미` 복구/복원하다

소프트웨어에서 데이터를 이전 상태로 되돌리는 작업.

invalidate
`의미` 무효화하다

소프트웨어에서 주로 캐시와 관련된 상황에서 특정 데이터를 더 이상 유효하지 않게 만드는 작업을 의미. 캐시된 데이터가 더 이상 유효하지 않거나 최신 상태가 아닐 때, 해당 데이터를 무효화합니다.

compliance
`의미` (가이드라인을) 준수하다

소프트웨어 개발에서 코드 스타일, 프로젝트 규칙, 보안 규정 등을 지키는 것.

introduce
`의미` ① 소개하다 ② (새로운 기능이나 변경 사항을)도입하다

일상에서 introduce는 '새로운 것을 소개하다'라는 의미지만, 소프트웨어 개발에서는 '새로운 기능이나 변경 사항을 시스템에 도입하다'라는 뜻으로 사용됩니다.

풀 리퀘스트 두 번째 사례

다음은 데이터 동기화 중 서버 연결이 끊기면 앱이 비정상적으로 종료되는 문제를 해결하기 위한 풀 리퀘스트입니다.

Pull Request ②

Title:
Fix: Gracefully handle server disconnections during data sync

Description:
This Pull Request addresses an issue where unexpected server disconnections

during the data synchronization process caused the application to crash. The fix ensures that the application can detect and handle server disconnections gracefully, allowing it to retry the sync process without interrupting the user experience.

Key changes include:
- Implemented a disconnection handler that pauses the sync process when a server disconnection is detected.
- Added a retry mechanism with exponential backoff to avoid overwhelming the server with repeated requests.
- Ensured the sync process resumes automatically once the connection is re-established.

Related Issue:
Closes #145 – Bug: App crashes on server disconnection during sync

Test:
- Tested data synchronization with simulated server disconnections to verify that the app resumes without issues.
- Confirmed the exponential backoff mechanism works as expected under heavy load.

Code Style & Guidelines Compliance:
All changes conform to the project's existing guidelines and have passed all CI checks.

Additional Notes:
- No breaking changes introduced.
- Future enhancement: Consider adding a manual sync option for users in case automatic retry fails.

제목:
버그 수정: 데이터 동기화 중 서버 연결 끊김을 안정적으로 처리

설명:
이 Pull Request는 데이터 동기화 과정에서 예상치 못한 서버 연결 끊김이 발생할 때 애플리케이션이 크래시되는 문제를 해결합니다. 수정 사항은 애플리케이션이 서버 연결 끊김을 감지하고 안정적으로 처리하여 사용자 경험을 방해하지 않고 동기화 프로세스를 재시도할 수 있도록 합니다.

주요 변경 사항:
- 서버 연결 끊김을 감지하면 동기화 프로세스를 일시 중단하는 연결 끊김 처리기를 구현했습니다.

- 서버에 반복적인 요청으로 과부하를 주지 않기 위해 지수적 백오프를 적용한 재시도 메커니즘을 추가했습니다.
- 연결이 다시 확립되면 동기화 프로세스가 자동으로 재개되도록 보장했습니다.

관련 이슈:
#145 해결 - 버그: 동기화 중 서버 연결 끊김 시 앱 크래시 발생

테스트:
- 서버 연결 끊김을 시뮬레이션하여 데이터 동기화가 문제없이 재개되는지 확인했습니다.
- 고부하 상황에서 지수적 백오프 메커니즘이 예상대로 작동하는지 검증했습니다.

코드 스타일 및 가이드라인 준수 여부:
모든 변경 사항은 프로젝트의 기존 가이드라인을 준수하며, 모든 CI 체크를 통과했습니다.

추가 사항:
- 깨지는 변경 사항은 없습니다.
- 향후 개선 사항: 자동 재시도가 실패할 경우 사용자가 수동으로 동기화를 실행할 수 있는 옵션을 추가하는 것을 고려해보세요.

다음 주요 표현을 살펴보세요.

gracefully
의미 안정적으로 **용례** graceful shutdown(안정적 종료), grace period(유예 기간)

예외 상황이 발생했을 때 시스템의 비정상적 종료를 막고 안정적으로 오류를 처리하는 맥락을 나타냄

handle
의미 (오류, 예외를) 처리하다, 다루다

문제를 어떻게 관리하고 복구할지 설명할 때 자주 사용하는 동사

retry mechanism
의미 재시도 메커니즘

네트워크 통신에서 연결이 일시적으로 끊어졌을 때, 실패한 요청을 다시 시도하는 로직과 메커니즘을 설명할 때 사용

resume
의미 (중단된 작업을) 다시 시작하다, 재개하다

일시 중단된 프로세스를 이어서 실행함

exponential backoff
의미 지수적 백오프　**발음** 엑스포[넨]셜

데이터 요청 시 서버에 과부하를 최소화하기 위해 시간 간격을 점차 늘려가며 재요청하는 방식. 발음할 때는 첫 음절을 '엑'과 가깝게, 강세는 세 번째 음절인 '넨'에 둡니다.

요점 정리

- 온라인 **기술 토론**에는 인터넷 약어, 비격식적 문체와 주어, 동사를 생략한 축약형 표현이 자주 등장합니다.
- 프로젝트 **개발 문서**는 일반적으로 마크다운 형식으로 작성하며, README.md에는 '프로젝트 소개', '설치 및 간단한 사용법', '기여 방법' 등을 포함합니다.
- 이슈의 제목은 핵심을 짧고 명확하게 전달해야 하며, 제목 앞에 **태그**를 붙이는 것이 좋습니다.
- 팀원과 동료들에게 개발한 결과를 알리고 피드백을 받기 위해 **풀 리퀘스트**의 템플릿을 직접 정의 및 작성해 보기를 권장합니다.
- CHANGELOG를 통해 모든 중요 변경 사항들을 기록해두면, 과거의 변경 사항을 추적할 수 있습니다.
- 스택 오버플로(Stack Overflow)는 전 세계 개발자들에게 직접적으로 개발 노하우를 전수 받는 온라인 사수 커뮤니티입니다.
- API 문서를 작성할 때는 요청(request), 응답(response), 상태 코드(status code) 등 동작을 명확하게 설명할 수 있어야 합니다.

2.2 개발 문서로 배우는 분야별 필수 표현

IT 업계의 기술 트렌드는 그 어떤 업계보다 빨리 바뀝니다. 한 해에도 수많은 라이브러리와 프레임워크가 탄생하고, 직무별로 다양한 오픈소스 개발 도구를 활용하죠. 한 발 앞서가는 개발자가 되려면 신기술이 출시되었을 때 개발 문서를 빠르게 독해할 수 있어야 합니다. 다양한 오픈소스 개발 문서를 통해 직무별 개발 지식을 배우고, 개발 문서를 원활하게 읽기 위해 반드시 필요한 표현을 배워 보세요.

프런트엔드의 절대 강자, 리액트

리액트 React는 페이스북, 인스타그램으로 유명한 메타 Meta에서 개발하고 유지보수 중인 오픈소스 JavaScript 라이브러리로 가장 인기 있는 프런트엔드 개발 도구 중 하나입니다.

2011년 페이스북은 방대한 데이터를 효율적으로 유지 보수하기 위해 뉴스피드 News Feed에 리액트를 처음 적용했습니다. 이후 2013년, 페이스북은 리액트를 오픈소스로 공개하며 리액트 생태계를 폭발적으로 성장시켜왔습니다.

빈번한 데이터 변화로 안정적인 웹 페이지 리렌더링 rerendering이 필요한 현대 웹 프런트엔드에서, 리액트는 가상 virtual DOM을 활용해 필요한 DOM Document Object Model 요소만 효율적으로 업데이트하여 빠르고 안정적인 성능을 자랑합니다. 또한 프런트엔드 요소를 컴포넌트화하여 코드 재사용성과 생산성을 크게 개선하고, JSX를 활용해 자바스크립트 코드 내에서 HTML 레이아웃을 정의할 수 있습니다. 이외에도 자바스크립트로 안드로이드와 iOS 앱을 동시에 개발하는 리액트 네이티브 React Native 프로젝트를 대중화했습니다.

지금부터 리액트의 공식 개발 문서를 통해 IT 업계의 주요 표현을 살펴보겠습니다.

리액트 개발 문서 1

React Document ①

React is a JavaScript library for building user interfaces.

- **Declarative:** React makes it painless to create interactive UIs. Design simple views for each state in your application, and React will efficiently update and render just the right components when your data changes. Declarative views make your code more predictable, simpler to understand, and easier to debug.
- **Component-Based:** Build encapsulated components that manage their own state, then compose them to make complex UIs. Since component logic is written in JavaScript instead of templates, you can easily pass rich data through your app and keep state out of the DOM.
- **Learn Once, Write Anywhere:** We don't make assumptions about the rest of your technology stack, so you can develop new features in React without rewriting existing code. React can also render on the server using Node and power mobile apps using React Native.

A Simple Component

React components implement a render() method that takes input data and returns what to display. This example uses an XML-like syntax called JSX. Input data that is passed into the component can be accessed by render() via this.props.

JSX is optional and not required to use React. Try the Babel REPL to see the raw JavaScript code produced by the JSX compilation step.

A Stateful Component

In addition to taking input data (accessed via this.props), a component can maintain internal state data (accessed via this.state). When a component's state data changes, the rendered markup will be updated by re-invoking render().

A Component Using External Plugins

React allows you to interface with other libraries and frameworks. This example uses remarkable, an external Markdown library, to convert the 〈textarea〉's value in real time.

리액트는 사용자 인터페이스를 만들기 위한 JavaScript 라이브러리입니다.

선언형: React는 상호작용이 많은 UI를 만들 때 생기는 어려움을 줄입니다. 애플리케이션의 각 상태에 대한 간단한 뷰만 설계하세요. 그럼 React는 데이터가 변경됨에 따라 적절한 컴포넌트만 효율적으로 갱신하고 렌더링합니다. 선언형 뷰는 코드를 예측 가능하고 디버그하기 쉽게 만들어 줍니다.

컴포넌트 기반: 스스로 상태를 관리하는 캡슐화된 컴포넌트를 만드세요. 그리고 이를 조합해 복잡한 UI를 만들어보세요. 컴포넌트 로직은 템플릿이 아닌 JavaScript로 작성됩니다. 따라서 다양한 형식의 데이터를 앱 안에서 손쉽게 전달할 수 있고, DOM과는 별개로 상태를 관리할 수 있습니다.

한 번 배워서 어디서나 사용하기: 기술 스택의 나머지 부분에는 관여하지 않기 때문에, 기존 코드를 다시 작성하지 않고도 React의 새로운 기능을 이용해 개발할 수 있습니다. React는 Node 서버에서 렌더링을 할 수도 있고, React Native를 이용하면 모바일 앱도 구동할 수 있습니다.

간단한 컴포넌트
React 컴포넌트는 render( )라는 메서드를 구현하는데, 이것은 데이터를 입력받아 화면에 표시할 내용을 반환하는 역할을 합니다. 이 예제에서는 XML과 유사한 문법인 JSX를 사용합니다. 컴포넌트로 전달된 데이터는 render( ) 안에서 this.props를 통해 접근할 수 있습니다. React를 사용하기 위해서 JSX가 꼭 필요한 것은 아닙니다. JSX를 컴파일한 JavaScript 코드를 확인하려면 Babel REPL을 이용해보세요.

상태를 가지는 컴포넌트
컴포넌트는 this.props를 이용해 입력 데이터를 다루는 것 외에도 내부적인 상태 데이터를 가질 수 있습니다. 이는 this.state로 접근할 수 있습니다. 컴포넌트의 상태 데이터가 바뀌면 render( )가 다시 호출되어 마크업이 갱신됩니다.

외부 플러그인을 사용하는 컴포넌트
React는 유연하며 다른 라이브러리나 프레임워크를 함께 활용할 수 있습니다. 이 예제에서는 외부 마크다운 라이브러리인 remarkable을 사용해 〈textarea〉의 값을 실시간으로 변환합니다.

주요 표현을 살펴보겠습니다.

 declarative
 선언적인

소프트웨어에서 선언형 프로그래밍(declarative programming)은 프로그램이 어떻게(how) 동작하는지가 아닌, 무엇(what)을 하는지에 관점을 두는 프로그래밍 스타일입니다.

- **Declarative** programming is a non-imperative style of programming in which programs describe their desired results without explicitly listing commands or steps that must be performed. 출처 Wikipedia
선언적 프로그래밍은 명령어가 수행되어야 하는 단계를 명시적으로 나열하지 않고 프로그래밍이 원하는 결과를 기술하는 명령적이지 않은 프로그래밍 스타일입니다.

component
의미 몡 컴포넌트, 요소, 부품

프로그램에 사용되는 독립적인 구성 단위(module). 재사용에 특화되어 더 큰 프로그램에 사용됩니다.

- Reusability is one of the key factors to design great **components**.
  재사용성은 훌륭한 컴포넌트를 설계하는 핵심 요소 중 하나입니다.

predictable
의미 예측 가능한

입력과 조건이 같으면 항상 동일한 결과를 출력하는 코드를 나타내는 표현. 예측 가능한 코드는 프로그램의 신뢰도, 안정성과 밀접한 관련이 있습니다.

- Functional programming tends to be more **predictable** and easier to test than object-oriented programming.
  함수형 프로그래밍은 객체 지향 프로그래밍보다 더 예측 가능하고 테스트하기 쉬운 경향이 있습니다.

encapsulate
의미 동 캡슐화하다

객체 지향 프로그래밍에서 데이터와 메서드(method)를 하나의 컴포넌트로 묶는 것을 의미. 자바, 파이썬, 자바스크립트의 클래스(class)가 대표적인 캡슐화 수단입니다.

- **Encapsulation** is used to hide the values or state of a structured data object inside a class, preventing unauthorized parties' direct access to them.
  캡슐화는 값이나 구조화된 데이터 오브젝트를 클래스 안에 숨겨 승인되지 않은 당사자가 이들에 접근하는 것을 방지합니다.

power
일반적인 의미 몡 ① 힘, 능력, 권력, ② 동력, (동력으로 사용되는) 전기, ③ 거듭제곱 동 작동시키다, 동력을 공급하다 용례 powered by 〈something〉

소프트웨어에서 'powered by 〈something〉'은 '~에 의해 동작하는, ~로 작동되는'이라는 의미입니다.

- **Powered** by Android 안드로이드로 구동됨

interface
 인터페이스, 접속기 ⑧ 접속하다, 연결시키다

동사 interface는 UI, API와 같이 통신 및 접속을 위한 지점 또는 인터페이스를 통한 접속 행위를 의미

- The user **interface** and design need to be consistent across all devices.
  사용자 인터페이스와 디자인은 모든 기기에서 일관되어야 합니다.

리액트 개발 문서 2

React Document ②

Rendering Elements
Elements are the smallest building blocks of React apps. An element describes what you want to see on the screen:

```
const element = <h1>Hello, world</h1>;
```

Unlike browser DOM elements, React elements are plain objects, and are cheap to create. React DOM takes care of updating the DOM to match the React elements.

Components and Props
Components let you split the UI into independent, reusable pieces, and think about each piece in isolation. This page provides an introduction to the idea of components.
Conceptually, components are like JavaScript functions. They accept arbitrary inputs (called "props") and return React elements describing what should appear on the screen.

Function and Class Components
The simplest way to define a component is to write a JavaScript function:

```
function Welcome(props) {
  return <h1>Hello, {props.name}</h1>;
}
```

This function is a valid React component because it accepts a single "props" (which stands for properties) object argument with data and returns a React element. We call such components "function components" because they are literally JavaScript functions.

요소 렌더링
요소는 리액트 앱의 가장 작은 단위입니다. 요소는 화면에 표시할 내용을 기술합니다:

```
const element = <h1>Hello, world</h1>;
```

브라우저 DOM과 달리 리액트 요소는 일반 객체이며 쉽게 생성할 수 있습니다. 리액트 DOM은 리액트 요소와 일치하도록 DOM을 업데이트합니다.

Components와 Props
컴포넌트를 통해 UI를 재사용 가능한 개별적인 여러 조각으로 나누고, 각 조각을 개별적으로 살펴볼 수 있습니다. 이 페이지에서는 컴포넌트의 개념을 소개합니다. 개념적으로 컴포넌트는 JavaScript 함수와 유사합니다. "props"라고 하는 임의의 입력을 받은 후, 화면에 어떻게 표시되는지를 기술하는 React 요소를 반환합니다.

함수와 클래스 컴포넌트
컴포넌트를 정의하는 가장 간단한 방법은 자바스크립트 함수를 작성하는 것입니다.

```
function Welcome(props) {
  return <h1>Hello, {props.name}</h1>;
}
```

이 함수는 데이터를 가진 하나의 "props" (props는 속성을 나타내는 데이터입니다) 객체 인자를 받은 후 리액트 요소를 반환하므로 유효한 리액트 컴포넌트입니다. 이러한 컴포넌트는 자바스크립트 함수이기 때문에 말 그대로 "함수 컴포넌트"라고 호칭합니다.

주요 표현을 살펴보겠습니다.

on the screen
　　의미　부 스크린에

화면(screen)에는 전치사 on을 사용합니다. 비슷한 맥락으로 화면으로 상호작용하는 서비스, 소셜 미디어, 애플리케이션 등에도 전치사 on을 사용합니다.

- I found some useful content **on Instagram**.
  인스타그램에서 유용한 콘텐츠를 찾았습니다.

---

 plain
　　의미　형 ① 있는 그대로의, 꾸미지 않은, 보통의, ② 명백한, 분명한

특별한 기능이나 조치가 추가되지 않은 있는 그대로의, 일반적인 것

- VanillaJS refers to using **plain** JavaScript without libraries.
  VanillaJS는 라이브러리 없이 일반 자바스크립트를 사용하는 것을 말합니다.

---

 reusable
　　의미　형 재사용 가능한

주로 작성한 코드나 컴포넌트를 다른 곳에 재사용하는 상황을 표현할 때 사용

- Please make **reusable** components so that we can import them later.
  나중에 불러올 수 있도록 재사용 가능한 컴포넌트를 만들어주세요.

---

 accept
　　의미　동 받아들이다, 수락하다, 인정하다

함수나 컴포넌트에 데이터를 전달할 때는 동사 pass를, 함수나 컴포넌트 입장에서 데이터를 전달받을 때는 동사 accept를 사용합니다.

- This function **accepts** string parameters only.
  이 함수는 문자열 매개변수만 받습니다.

> **❓ POP QUIZ** 다음 빈칸에 적절한 단어를 고르세요.

For security reasons, passwords should never be stored in _____ text; instead, they should be hashed using a secure algorithm.

A. encrypted

B. encoded

C. plain

D. compressed

정답 C. plain

Node.js 기반 백엔드 프레임워크, NestJS

Node.js는 구글의 오픈소스 자바스크립트 엔진인 V8을 활용해, 웹 브라우저에서만 사용되던 자바스크립트를 웹 브라우저 밖으로 확장했습니다.

Node.js는 비동기 I/O^{Input/Output}에 특화된 모델을 통해 높은 성능과 확장성을 요구하는 서버 애플리케이션을 구축하는 데 널리 사용되고 있습니다. 그러나 Node.js만으로는 대규모 웹 서버를 개발하는 데 필요한 기능이나 패턴을 처음부터 직접 구현해야 하는 경우가 많습니다. 이로 인해 Node.js 기반의 서버 애플리케이션은 코드 복잡성이 증가하고, 유지보수의 어려움을 겪는 경우가 종종 발생합니다.

이러한 문제를 해결하기 위해 등장한 것이 바로 **NestJS**입니다. NestJS는 Node.js의 성능, 확장성, 그리고 비동기 I/O 모델의 장점을 그대로 유지하면서도, 개발자가 더 쉽게 구조화된 애플리케이션을 설계하고 개발할 수 있도록 돕습니다. 또한, TypeScript의 강력한 타입 시스템과 의존성 주입^{Dependency Injection, DI} 같은 설계 패턴을 활용하여, 대규모 서버 애플리케이션에서도 높은 유지보수성과 확장성을 제공합니다.

지금부터 공식 개발 문서를 통해 NestJS가 어떠한 특징을 갖는지 확인하고, 백엔드 개발 문서에 등장하는 주요 영어 표현들을 살펴보겠습니다.

NestJS 개발 문서 1

NestJS Document ①

Introduction

Nest(NestJS) is a framework for building efficient, scalable Node.js server-side applications. It uses progressive JavaScript, is built with and fully supports TypeScript(yet still enables developers to code in pure JavaScript) and combines elements of OOP(Object Oriented Programming), FP(Functional Programming), and FRP(Functional Reactive Programming).

Under the hood, Nest makes use of robust HTTP Server frameworks like Express (the default) and optionally can be configured to use Fastify as well!

Nest provides a level of abstraction above these common Node.js frameworks (Express/Fastify), but also exposes their APIs directly to the developer. This gives developers the freedom to use the myriad of third-party modules which are available for the underlying platform.

Philosophy

In recent years, thanks to Node.js, JavaScript has become the "lingua franca" of the web for both front and backend applications. This has given rise to awesome projects like Angular, React and Vue, which improve developer productivity and enable the creation of fast, testable, and extensible frontend applications. However, while plenty of superb libraries, helpers, and tools exist for Node (and server-side JavaScript), none of them effectively solve the main problem of - Architecture.

Nest provides an out-of-the-box application architecture which allows developers and teams to create highly testable, scalable, loosely coupled, and easily maintainable applications. The architecture is heavily inspired by Angular.

Installation

To get started, you can either scaffold the project with the Nest CLI, or clone a starter project (both will produce the same outcome).

To scaffold the project with the Nest CLI, run the following commands. This will create a new project directory, and populate the directory with the initial core Nest files and supporting modules, creating a conventional base structure for your project. Creating a new project with the Nest CLI is recommended for first-time users. We'll continue with this approach in First Steps

소개

Nest(NestJS)는 효율적이고 확장 가능한 Node.js 서버사이드 애플리케이션을 구축하기 위한 프레임워크입니다. 최신 자바스크립트를 사용하며, TypeScript로 구축되었고 이를 완벽히 지원합니다. 또한, 순수 자바스크립트로도 개발이 가능하며, OOP(객체 지향 프로그래밍), FP(함수형 프로그래밍), FRP(함수형 반응형 프로그래밍)의 요소들을 결합한 구조를 가지고 있습니다.

Nest는 내부적으로 Express와 같은 강력한 HTTP 서버 프레임워크를 사용하며, 옵션으로 Fastify를 사용할 수 있도록 설정할 수도 있습니다!

Nest는 이러한 일반적인 Node.js 프레임워크(Express/Fastify) 위에 하나의 추상화를 제공하지만, 동시에 이들 API를 개발자가 직접 사용할 수 있도록 노출합니다. 이를 통해 개발자는 기반 플랫폼을 위한 다양한 서드파티 모듈을 자유롭게 활용할 수 있습니다.

철학

최근 몇 년간 Node.js 덕분에 자바스크립트는 프론트엔드와 백엔드 애플리케이션 모두에서 "웹의 공통 언어"가 되었습니다. 이에 따라 Angular, React, Vue와 같은 훌륭한 프로젝트들이 등장하여 개발자의 생산성을 향상시키고, 빠르고, 테스트 가능하며, 확장 가능한 프론트엔드 애플리케이션을 제작할 수 있게 되었습니다. 그러나 Node.js(서버사이드 자바스크립트)에는 훌륭한 라이브러리, 도우미, 도구들이 많이 존재함에도 불구하고, **아키텍처 문제**를 효과적으로 해결하는 것은 많지 않았습니다.

Nest는 즉시 사용할 수 있는 애플리케이션 아키텍처를 제공하여 개발자와 팀이 매우 테스트 가능하고, 확장 가능하며, 느슨하게 결합된, 쉽게 유지 보수할 수 있는 애플리케이션을 만들 수 있도록 합니다. 이 아키텍처는 Angular에서 크게 영감을 받았습니다.

설치

시작하려면, Nest CLI를 사용하여 프로젝트를 자동으로 생성하거나, 스타터 프로젝트를 클론할 수 있습니다(두 방법 모두 동일한 결과를 제공합니다).

Nest CLI로 프로젝트를 생성하려면, 아래 명령어를 실행하세요. 이 명령어는 새로운 프로젝트 디렉터리를 생성하고, 초기 핵심 Nest 파일과 지원 모듈로 디렉터리를 채워 프로젝트의 기본 구조를 형성합니다. Nest CLI로 새 프로젝트를 생성하는 것이 처음 사용자에게 권장되며, 이 방법으로 시작하여 'First Steps'로 계속 진행할 것입니다.

다음은 주요 표현들입니다.

under the hood
의미 🎓 내부적으로, 보이지 않는 곳에서

보이지 않는 시스템의 내부 동작이나 기술적 세부 사항을 설명할 때 사용하는 비유적 표현. 직역하면 '후드 아래'라는 뜻입니다.

- **Under the hood**, this framework uses a custom rendering engine.

  이 프레임워크는 내부적으로 커스텀 렌더링 엔진을 사용합니다.

out-of-the-box

의미 　형　 기본 제공의, 즉시 사용 가능한

특별한 설정이나 추가 조정 없이 바로 사용할 수 있는 상태. 소프트웨어나 도구에서 기본적으로 제공되는 기능을 설명할 때 자주 사용됩니다.

- This library comes with **out-of-the-box** support for authentication.

  이 라이브러리는 기본적으로 인증 기능을 지원합니다.

 scaffold

의미 　형　 비계 　동　 기본 구조를 생성하다, 초기 틀을 잡다

건축에서 비계는 건물을 지을 때 임시로 설치하는 구조물입니다. 소프트웨어 개발에서 scaffold는 프로젝트의 기본 구조 또는 초기 설정을 자동으로 생성해 빠르게 처리하는 것을 뜻합니다.

- Use the CLI to **scaffold** your project with a basic folder structure.

  CLI를 사용해 프로젝트의 기본 폴더 구조를 자동으로 생성하세요.

 populate

의미 　동　 채우다, 데이터를 입력하다

일반적으로 배열, 객체 또는 데이터베이스에 데이터를 채우는 것을 의미합니다. 데이터를 특정 필드나 항목에 넣는 과정을 설명할 때 자주 사용됩니다.

- The script will automatically **populate** the database with sample data.

  스크립트가 자동으로 데이터베이스에 샘플 데이터를 채울 것입니다.

NestJS 개발 문서 2

NestJS Document ②

First steps

In this set of articles, you'll learn the core fundamentals of Nest. To get familiar with the essential building blocks of Nest applications, we'll build a basic CRUD application with features that cover a lot of ground at an introductory level.

Language

We're in love with TypeScript, but above all – we love Node.js. That's why Nest is compatible with both TypeScript and pure JavaScript. Nest takes advantage of the latest language features, so to use it with vanilla JavaScript we need a Babel compiler.

We'll mostly use TypeScript in the examples we provide, but you can always switch the code snippets to vanilla JavaScript syntax (simply click to toggle the language button in the upper right hand corner of each snippet).

Prerequisites

Please make sure that Node.js (version >= 16) is installed on your operating system.

Setup

Setting up a new project is quite simple with the Nest CLI. With npm installed, you can create a new Nest project with the following commands in your OS terminal:

```
$ npm i -g @nestjs/cli
$ nest new project-name
```

Hint

To create a new project with TypeScript's stricter feature set, pass the --strict flag to the nest new command.

Platform

Nest aims to be a platform-agnostic framework. Platform independence makes it possible to create reusable logical parts that developers can take advantage of across several different types of applications.

첫 단계

이 일련의 글에서는 Nest의 핵심 기초를 배우게 됩니다. Nest 애플리케이션의 기본 구성 요소에 익숙해지기 위해, 기본적인 CRUD 애플리케이션을 구축하며, 입문 수준에서 다양한 기능을 다룰 것입니다.

언어

우리는 TypeScript를 사랑하지만, 무엇보다도 Node.js를 사랑합니다. 그래서 Nest는 TypeScript와 순수 자바스크립트 모두와 호환됩니다. Nest는 최신 언어 기능을 활용하므로, 순수 자바스크립트로 사용할 때는 Babel 컴파일러가 필요합니다.

우리는 예제에서 주로 TypeScript를 사용할 예정이지만, 언제든지 코드 스니펫을 순수 자바스크립트 문법으로 전환할 수 있습니다 (각 코드 스니펫의 오른쪽 상단에 있는 언어 버튼을 클릭하여 전환하세요).

필수 조건
Node.js(버전 16 이상)가 운영체제에 설치되어 있는지 확인하세요.

설정
Nest CLI로 새 프로젝트를 설정하는 것은 매우 간단합니다. npm이 설치되어 있다면, 운영체제 터미널에서 다음 명령어로 새 Nest 프로젝트를 생성할 수 있습니다.

힌트
타입스크립트의 더 엄격한 기능 세트로 새 프로젝트를 만들려면, `nest new` 명령어에 ――strict 플래그를 추가하세요.

플랫폼
Nest는 플랫폼에 구애받지 않는 프레임워크를 목표로 합니다. 플랫폼 독립성 덕분에 여러 유형의 애플리케이션에서 개발자가 재사용할 수 있는 논리적 부분을 만들 수 있습니다.

CRUD
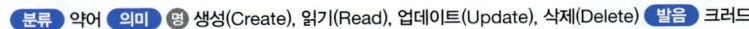 분류 약어 의미 명 생성(Create), 읽기(Read), 업데이트(Update), 삭제(Delete) 발음 크러드

데이터베이스나 애플리케이션의 기본적인 데이터 조작 작업을 나타내는 약어. 대부분의 애플리케이션이 CRUD 작업을 중심으로 이루어집니다.

- This application allows users to perform **CRUD** operations on their profiles.
  이 애플리케이션은 사용자가 프로필에서 CRUD 작업을 수행할 수 있게 해 줍니다.

---

code snippets
 의미 명 코드 스니펫

간단한 코드 조각. snippet은 작은 정보 조각을 뜻합니다. 개발 문서나 튜토리얼에서 자주 등장합니다.

- Please refer to the **code snippets** below for the implementation details.
  구현 세부 사항은 아래 코드 스니펫을 참조하세요.

---

on your operating system
 의미 부 운영체제에서

일반적으로 운영체제 앞에는 전치사 on을 사용합니다.

- Make sure the software is properly installed **on your operating system**.
  해당 소프트웨어가 운영체제에 제대로 설치되었는지 확인하세요.

> [NOTE] OS 내부의 터미널을 뜻할 때는 'in your OS terminal'과 같이 전치사 in을 사용합니다.

agnostic
의미 형 구애받지 않는 **용례** platform-agnostic, device-agnostic, language-agnostic

개발 문서에서 agnostic은 특정 기술, 언어, 시스템 또는 플랫폼에 의존하지 않는다는 의미

- This library is **platform-agnostic**, meaning it can run on any operating system.
  이 라이브러리는 플랫폼에 구애받지 않으며, 어떤 운영체제에서도 실행될 수 있습니다.

❓ POP QUIZ 다음 빈칸에 가장 적절한 단어를 고르세요.

Modern web frameworks often provide a CLI tool to automatically _____ a basic project structure, including default folders, configuration files, and example code.

A. compile
B. scaffold
C. deploy
D. lint

정답 B. scaffold

인프라 관리를 더 간편하게, 쿠버네티스

쿠버네티스 Kubernetes 이름의 어원은 배의 키잡이, 조종사를 의미하는 그리스어에서 유래되었습니다. 어원처럼 쿠버네티스는 컨테이너화된 애플리케이션의 자동 배포 deployment, 스케일링 scaling 및 관리를 위한 시스템으로, 구글의 15년 넘는 서비스 운영 노하우가 담긴 컨테이너 오케스트레이션 container orchestration 플랫폼입니다.

쿠버네티스는 컨테이너화한 애플리케이션의 상태를 체크하고, 트래픽에 따라 서버를 유연하게 조정하며, 끊김 없는 서비스를 제공할 수 있도록 다양한 솔루션을 제공합니다.

🔍 여기서 잠깐 | 컨테이너화

프로그램에서 **컨테이너화(containerized)**는 프로그램 및 애플리케이션이 컨테이너(container)라는 독립된 환경으로 패키징 되어, 운영체제 수준에서 가상(virtualization) 환경으로 분리하는 것을 의미합니다.

도커(Docker)가 대표적인 컨테이너화 솔루션의 예입니다. 도커를 활용하면 Linux, Windows, Mac 어떤 운영체제에서든 안정적으로 서비스를 운영 및 배포할 수 있습니다.

쿠버네티스는 2014년 오픈소스로 공개된 이후로 빠르게 성장하며, 대규모 IT 플랫폼의 필수 시스템 중 하나로 자리 잡았습니다. 지금부터 쿠버네티스 공식 문서를 읽고 주요 표현을 학습해 보겠습니다.

쿠버네티스 개발 문서 1

Kubernetes Document ①

Production-Grade Container Orchestration
Kubernetes, also known as K8s, is an open-source system for automating deployment, scaling, and management of containerized applications.
It groups containers that make up an application into logical units for easy management and discovery. Kubernetes builds upon 15 years of experience of running production workloads at Google, combined with best-of-breed ideas and practices from the community.

Planet Scale
Designed on the same principles that allow Google to run billions of containers a week, Kubernetes can scale without increasing your operations team.

Never Outgrow
Whether testing locally or running a global enterprise, Kubernetes flexibility grows with you to deliver your applications consistently and easily no matter how complex your need is.

Run k8s anywhere

Kubernetes is open source giving you the freedom to take advantage of on-premises, hybrid, or public cloud infrastructure, letting you effortlessly move workloads to where it matters to you.

운영 수준의 컨테이너 오케스트레이션

K8s라고도 알려진 쿠버네티스는 컨테이너화된 애플리케이션을 자동으로 배포, 스케일링 및 관리해주는 오픈소스 시스템입니다.

애플리케이션을 구성하는 컨테이너들의 쉬운 관리 및 발견을 위해서 컨테이너들을 논리적인 단위로 그룹화합니다. 쿠버네티스는 Google에서 15년간 프로덕션 워크로드 운영한 경험을 토대로 구축되었으며, 커뮤니티에서 제공한 최상의 아이디어와 방법들이 결합되어 있습니다.

행성 규모 확장성

Google이 일주일에 수십억 개의 컨테이너들을 운영하게 해준 원칙들에 따라 디자인되었기 때문에, 쿠버네티스는 운영팀의 규모를 늘리지 않고도 확장될 수 있습니다.

무한한 유연성

지역적인 테스트든지 글로벌 기업 운영이든지 상관없이, 쿠버네티스의 유연성은 사용자의 복잡한 니즈를 모두 수용하기 때문에 사용자의 애플리케이션들을 끊김 없이 쉽게 전달할 수 있습니다.

k8s를 어디서나 실행

쿠버네티스는 오픈소스로서 온-프레미스, 하이브리드, 또는 퍼블릭 클라우드 인프라스트럭처를 활용하는 데 자유를 제공하며, 워크로드를 사용자에게 중요한 곳으로 손쉽게 이동시켜 줄 수 있습니다.

> **NOTE** 참고로 종종 쿠버네티스를 K8s라고 표기하기도 하는데, 이는 K와 s 사이에 8글자가 있다는 뜻입니다.

주요 표현을 살펴보세요.

---

scale
의미 통 규모(크기)를 변경하다, 명 규모

---

scale은 일상에서 저울, 눈금, 등급 등 다양한 뜻이 있지만, IT 업계에서는 주로 scale up(규모나 크기를 키우다), scale down(규모나 크기를 축소하다)과 같이 규모나 크기를 조정함을 의미합니다.

- The auto-**scaling** configuration doesn't work as expected.
  오토 스케일링 설정이 예상대로 작동하지 않습니다.

deployment
`의미` `명` 배포

기기에서 애플리케이션이 작동하도록 제공하는 프로세스

- Can we simplify the current **deployment** process?
  현재 배포 프로세스를 단순화할 수 있을까요?

 containerize
`의미` `동` 컨테이너화하다

프로세스, 코드, 컴퓨팅 자원 등을 위한 독립적으로(independent) 격리된(isolated) 환경을 구성하는 것

- You can run applications in isolated runtime environments by **containerizing** them.
  애플리케이션을 컨테이너화하여 격리된 런타임 환경에서 실행할 수 있습니다.

 best-of-breed
`의미` `형` 최상의, 최상의 솔루션을 적용한

'해당 카테고리 또는 상황에서 최고인'이라는 뜻

- This is the **best-of-breed** approach to solve the issue.
  이것은 문제를 해결하기 위한 최상의 접근 방식입니다.

 on-premises
`의미` `형` (내부 인프라에 소프트웨어를 직접 설치하고 관리하는) 온프레미스 방식인, `명` 온프레미스

인프라는 관리하지 않고 서비스만 사용하는 Software-as-a-Service (SaaS)와는 달리, 인프라까지 함께 내부 인프라로 관리하는 방식이나 소프트웨어

- We cannot handle the **on-premises** software due to the lack of resources.
  리소스 부족으로 인해 온프레미스 소프트웨어를 처리할 수 없습니다.

workload

의미 형 워크로드, 업무량, 작업량

프로그램이 처리하는 작업량. 쿠버네티스에서 workload는 작업량이라는 사전적 의미보다는 '파드 (pod)라는 집합 내에서 구동되는 애플리케이션'이라는 의미를 갖습니다.

- The program is out of order due to the excessive **workload**.
  프로그램이 과도한 작업량으로 인해 작동하지 않습니다.

쿠버네티스 개발 문서 2

Kubernetes Document ②

Kubernetes provides you with:

— **Service discovery and load balancing** Kubernetes can expose a container using the DNS name or using their own IP address. If traffic to a container is high, Kubernetes is able to load balance and distribute the network traffic so that the deployment is stable.

— **Storage orchestration** Kubernetes allows you to automatically mount a storage system of your choice, such as local storages, public cloud providers, and more.

— **Automated rollouts and rollbacks** You can describe the desired state for your deployed containers using Kubernetes, and it can change the actual state to the desired state at a controlled rate. For example, you can automate Kubernetes to create new containers for your deployment, remove existing containers and adopt all their resources to the new container.

— **Automatic bin packing** You provide Kubernetes with a cluster of nodes that it can use to run containerized tasks. You tell Kubernetes how much CPU and memory (RAM) each container needs. Kubernetes can fit containers onto your nodes to make the best use of your resources.

— **Self-healing** Kubernetes restarts containers that fail, replaces containers, kills containers that don't respond to your user-defined health check, and doesn't advertise them to clients until they are ready to serve.

— **Secret and configuration management** Kubernetes lets you store and manage sensitive information, such as passwords, OAuth tokens, and SSH keys. You can deploy and update secrets and application configuration without rebuilding your container images, and without exposing secrets in your stack configuration.

쿠버네티스는 다음을 제공한다.

- **서비스 디스커버리와 로드 밸런싱** 쿠버네티스는 DNS 이름을 사용하거나 자체 IP 주소를 사용하여 컨테이너를 노출할 수 있다. 컨테이너에 대한 트래픽이 많으면, 쿠버네티스는 네트워크 트래픽을 로드밸런싱하고 배포하여 배포가 안정적으로 이루어질 수 있다.
- **스토리지 오케스트레이션** 쿠버네티스를 사용하면 로컬 저장소, 공용 클라우드 공급자 등과 같이 원하는 저장소 시스템을 자동으로 탑재할 수 있다.
- **자동화된 롤아웃과 롤백** 쿠버네티스를 사용하여 배포된 컨테이너의 원하는 상태를 서술할 수 있으며 현재 상태를 원하는 상태로 설정한 속도에 따라 변경할 수 있다. 예를 들어 쿠버네티스를 자동화해서 배포용 새 컨테이너를 만들고, 기존 컨테이너를 제거하고, 모든 리소스를 새 컨테이너에 적용할 수 있다.
- **자동화된 빈 패킹**(bin packing) 컨테이너화된 작업을 실행하는데 사용할 수 있는 쿠버네티스 클러스터 노드를 제공한다. 각 컨테이너가 필요로 하는 CPU와 메모리(RAM)를 쿠버네티스에게 지시한다. 쿠버네티스는 컨테이너를 노드에 맞추어서 리소스를 가장 잘 사용할 수 있도록 해준다.
- **자동화된 복구**(self-healing) 쿠버네티스는 실패한 컨테이너를 다시 시작하고, 컨테이너를 교체하며, '사용자 정의 상태 검사'에 응답하지 않는 컨테이너를 죽이고, 서비스 준비가 끝날 때까지 그러한 과정을 클라이언트에 보여주지 않는다.
- **보안과 구성 관리** 쿠버네티스를 사용하면 암호, OAuth 토큰 및 SSH 키와 같은 중요한 정보를 저장하고 관리 할 수 있다. 컨테이너 이미지를 재구성하지 않고 스택 구성에 시크릿을 노출하지 않고도 시크릿 및 애플리케이션 구성을 배포 및 업데이트 할 수 있다.

주요 표현을 살펴보세요.

 load balance
의미 명 부하 분산, 로드 밸런스 통 부하를 분산시키다

시스템이나 애플리케이션에 가해지는 부하 및 트래픽을 분산시키는 것

- We can manage the application stably thanks to the best **load balance** solution.
최고의 로드밸런싱 솔루션 덕분에 안정적으로 애플리케이션을 관리할 수 있습니다.

mount

의미 동 탑재하다, 파일 시스템에 업로드하다

외장 하드, USB 등 외부 스토리지를 시스템 디렉터리 구조에 업로드하는 작업

- We've encountered some errors while **mounting** this external storage.

  이 외부 저장소를 마운트하는 동안 몇 가지 오류가 발생했습니다.

 rollout

의미 명 (소프트웨어나 서비스의) 출시, 공개

프로젝트, 서비스를 사용자가 사용할 수 있도록 출시하는 것

- It's time to discuss the **rollout** plan.

  출시 계획을 논의할 때입니다.

> NOTE 반대로, 데이터베이스를 이전 상태로 되돌리거나 복구하는 것을 rollback이라고 합니다.

 cluster

일반적인 의미 명 무리, 모음

높은 가용성을 위해 하나의 시스템처럼 동작하는 서버 및 리소스 그룹. 쿠버네티스에서 클러스터는 컨테이너화 된 애플리케이션을 운영하는 노드(Node), 또는 워커 머신(worker machine)의 집합을 뜻합니다.

- Provisioning Kubernetes **clusters** could be tricky for newbies.

  초보자에게 쿠버네티스 클러스터 프로비저닝(공급)은 까다로울 수 있습니다.

 user-defined

 의미 형 사용자 정의된

시스템이나 프레임워크가 자체적으로 정의한 기능이나 시스템이 아닌 사용자가 정의한 것

- **User-defined** function

  사용자 정의 함수

advertise
일반적인 의미 〔통〕 광고하다, 알리다 **소프트웨어에서 의미** (통신할 수 있도록) 드러내다, 보이다

IT 시스템에서 다른 대상과 상호작용 할 수 있도록 시스템이나 애플리케이션을 노출하는 것

- The service is not ready to be **advertised**.
  서비스를 드러낼 준비가 되지 않았습니다.

스마트폰부터 자동차까지, 안드로이드

그리스어로 '인간'을 뜻하는 안드로^{andro}와 '형태'라는 의미를 더하는 접미사 이드 $^{-id}$를 결합한 파생어인 안드로이드^{Android}는 문자 그대로 '인간과 닮은 로봇'이라는 의미입니다. 안드로이드는 모바일 애플리케이션 개발의 거의 표준으로 자리잡은 운영체제로, 2008년 구글에 의해 처음 출시된 이후, 안드로이드는 꾸준한 발전을 거듭하며 수많은 전자기기 뿐만 아니라, Android Automotive OS와 같은 차량 내장 운영체제로도 사용되고 있습니다.

모바일 앱 개발에 관심 있다면, 언제든지 안드로이드 스튜디오$^{Android\ Studio}$를 통해 안드로이드 애플리케이션을 개발할 수 있습니다. 프로그래밍 언어로는 주로 자바^{Java}와 코틀린^{Kotlin}을 사용하며, 구글 플레이$^{Google\ Play}$ 스토어와 같은 플랫폼을 통해 전 세계 사용자에게 배포할 수 있습니다.

안드로이드는 리눅스^{Linux} 커널을 기반으로 동작하여 하드웨어 추상화, 메모리 관리, 프로세스 관리, 네트워킹 등 시스템의 기본적인 기능을 제공합니다. 또한 오픈 소스 프로젝트이기 때문에, 누구든지 시스템을 커스터마이징하고 새로운 기능을 추가할 수 있습니다.

지금부터 공식 개발 문서를 통해 안드로이드의 기본적인 개념을 익히고, 주요 표현을 살펴보겠습니다.

안드로이드 개발 문서 1

Android 개발 문서 ①

Why is Android development Kotlin-first?

We reviewed feedback that came directly from developers at conferences, our Customer Advisory Board (CAB), Google Developer Experts (GDE), and through our developer research. Many developers already enjoy using Kotlin, and the request for more Kotlin support was clear. Here's what developers appreciate about writing in Kotlin:

Expressive and concise: You can do more with less. Express your ideas and reduce the amount of boilerplate code. 67% of professional developers who use Kotlin say Kotlin has increased their productivity.

Safer code: Kotlin has many language features to help you avoid common programming mistakes such as null pointer exceptions. Android apps that contain Kotlin code are 20% less likely to crash.

Interoperable: Call Java-based code from Kotlin, or call Kotlin from Java-based code. Kotlin is 100% interoperable with the Java programming language, so you can have as little or as much of Kotlin in your project as you want.

Structured Concurrency: Kotlin coroutines make asynchronous code as easy to work with as blocking code. Coroutines dramatically simplify background task management for everything from network calls to acc essing local data.

안드로이드 개발은 왜 코틀린 우선 지원일까요?

우리는 컨퍼런스에서 직접 받은 개발자들의 피드백, 고객 자문 위원회(CAB), Google Developer Experts(GDE), 그리고 개발자 연구를 통해 얻은 의견을 검토했습니다. 많은 개발자들이 이미 코틀린을 사용하는 것을 즐기고 있으며, 더 많은 코틀린 지원을 요청하고 있습니다. 다음은 개발자들이 코틀린으로 코딩할 때 특히 만족하는 점들입니다.

표현력과 간결함: 적은 코드로 더 많은 것을 할 수 있습니다. 아이디어를 더 쉽게 표현하고 반복적인 보일러플레이트 코드를 줄일 수 있습니다. 코틀린을 사용하는 전문 개발자의 67%는 코틀린이 생산성을 높여주었다고 언급했습니다.

안전한 코드: 코틀린은 널 포인터 예외와 같은 일반적인 프로그래밍 오류를 방지할 수 있도록 여러 언어 기능을 제공합니다. 코틀린 코드를 포함한 안드로이드 앱은 충돌 가능성이 20% 적습니다.

상호 운용성: 코틀린에서 자바 기반 코드를 호출하거나, 자바 기반 코드에서 코틀린을 호출할

> 수 있습니다. 코틀린은 자바 프로그래밍 언어와 100% 상호 운용되므로, 프로젝트에서 원하는 만큼 코틀린을 사용할 수 있습니다.
>
> **구조적 동시성:** 코틀린의 코루틴은 비동기 코드를 동기 코드만큼 쉽게 다룰 수 있게 해줍니다. 코루틴은 네트워크 호출부터 로컬 데이터 접근까지 모든 백그라운드 작업 관리를 획기적으로 간소화합니다.

주요 표현을 살펴보세요.

crash
의미 동 충돌하다, 중단되다 명 충돌, 중단

프로그램이나 시스템이 오류로 인해 갑자기 작동을 멈추거나 중단될 때 사용되는 표현. 서버 및 애플리케이션이 예기치 않게 종료될 때도 주로 사용됩니다.

- The application **crashed** due to a memory leak.
  메모리 누수로 인해 애플리케이션이 중단되었습니다.

interoperable
의미 형 상호운용 가능한

서로 다른 시스템이나 소프트웨어가 원활하게 소통하고, 데이터를 주고받을 수 있는 상태. 예를 들어 안드로이드에서 작동하는 시스템이 iOS에서도 작동 가능할 때, interoperable 하다고 할 수 있습니다.

- The system is **interoperable** with several other platforms.
  이 시스템은 여러 다른 플랫폼과 상호운용이 가능합니다.

concurrency
의미 명 동시성

여러 작업이 동시에 실행될 때 사용. 멀티태스킹, 비동기 I/O 작업, 멀티스레딩, 데이터베이스 동시 작업 등에 자주 활용되며, 형용사로는 concurrent를 사용합니다.

- This framework handles **concurrency** efficiently, allowing multiple tasks to run at the same time.
  이 프레임워크는 동시성을 효율적으로 처리하여 여러 작업이 동시에 실행되도록 합니다.

asynchronous
의미 형 비동기적인 발음 에이[싱]크러너스

작업이 순차적으로 실행되지 않고 동시에 실행되며, 각 작업의 완료를 기다리지 않고 다음 작업을 처리하는 방식

- The **asynchronous** function continues to execute without waiting for the previous task to complete.
  비동기 함수는 이전 작업이 완료되기를 기다리지 않고 계속 실행됩니다.

안드로이드 개발 문서 2

Android Document ②

Install Android Studio on your computer if you haven't done so already. Check that your computer meets the system requirements required for running Android Studio (located at the bottom of the download page). If you need more detailed instructions on the setup process, refer to the Download and install Android Studio codelab.

In this codelab, you create your first Android app with a project template provided by Android Studio. You use Kotlin and Jetpack Compose to customize your app. Note that Android Studio gets updated and sometimes the UI changes so it is okay if your Android Studio looks a little different than the screenshots in this codelab.

Prerequisites
Basic Kotlin knowledge

What you'll need
The latest version of Android Studio.
In Android Studio, a project template is an Android project that provides the blueprint for a certain type of app. Templates create the structure of the project and the files needed for Android Studio to build your project. The template that you choose provides starter code to get you going faster.

아직 설치하지 않았다면, 컴퓨터에 Android Studio를 설치하세요. Android Studio를 실행하기 위한 시스템 요구 사항이 충족되는지 확인하십시오(다운로드 페이지 하단에 위치). 설치 과정에 대한 자세한 설명이 필요하면, Download and install Android Studio codelab을 참고하세요.

이 codelab에서는 Android Studio에서 제공하는 프로젝트 템플릿을 사용하여 첫 번째 Android 앱을 만듭니다. Kotlin과 Jetpack Compose를 사용하여 앱을 커스터마이즈하게 됩니다. Android Studio는 종종 업데이트되며 UI가 변경되기도 하므로, 이 codelab의 스크린샷과 약간 다를 수 있지만 괜찮습니다.

사전 요구 사항
기본적인 Kotlin 지식

필요한 것
최신 버전의 Android Studio
Android Studio에서 프로젝트 템플릿은 특정 유형의 앱을 위한 청사진을 제공하는 Android 프로젝트입니다. 템플릿은 프로젝트의 구조와 Android Studio가 프로젝트를 빌드하는 데 필요한 파일들을 생성합니다. 선택한 템플릿은 빠르게 시작할 수 있도록 기본 코드를 제공합니다.

주요 표현은 다음과 같습니다.

on your computer
  컴퓨터에서

일반적으로 컴퓨터와 관련된 작업이나 실행 환경을 설명할 때는 전치사 on을 사용합니다. 전치사 on은 데이터 저장 장치 및 서버에서 실행되는 상황에도 사용합니다.

- The files are stored **on the SSD** and the database runs **on a cloud server**.
  파일은 SSD에 저장되어 있으며, 데이터베이스는 클라우드 서버에서 실행됩니다.

meets the system requirements
  충족하다

동사 meet는 특정 기준, 요구 사항, 조건 등을 만족시킨다는 의미로 사용됩니다.

- If the condition is **met**
  조건문이 만족되면

- Make sure your computer **meets** the system requirements before installation.
  설치 전에 컴퓨터가 시스템 요구 사항을 충족하는지 확인하세요.

prerequisites
의미 명 전제 조건, 사전 요구 사항

어떤 작업이나 학습을 시작하기 전에 반드시 준비되어야 하는 요구 사항이나 조건. 설치 및 구성 과정, 커리큘럼 등에 자주 등장하는 표현입니다.

- Please ensure you have completed the **prerequisites** before starting the installation.
  설치를 시작하기 전에 사전 요구 사항을 완료했는지 확인하세요.

blueprint
의미 명 청사진, 설계도

소프트웨어 개발에서 프로젝트의 전체적인 구조와 아키텍처를 표현

- The **blueprint** for the application outlines all the core modules and their interactions.
  애플리케이션의 청사진은 핵심 모듈들과 그 상호 작용을 개요로 설명합니다.

하드웨어와 매끄럽게 통합된 운영체제, iOS

iOS는 애플^{Apple}에서 개발한 모바일 운영체제로, 아이폰^{iPhone}, 아이패드^{iPad}, 애플 워치$^{Apple\ Watch}$와 같은 디바이스에서 애플리케이션을 개발하고 실행하기 위한 운영체제입니다. iOS는 2007년 아이폰과 함께 처음 출시되었으며, 이후로 지속적인 업데이트를 통해 모바일 사용자 경험을 선도하고 있습니다.

iOS 운영체제에서 동작하는 애플리케이션을 개발하려면, Xcode 통합 개발 환경^{IDE}을 통해 **스위프트**^{Swift} 또는 **Objective-C** 언어로 애플리케이션을 개발할 수 있습니다. 스위프트는 애플이 2014년에 처음 도입한 프로그래밍 언어로, Objective-C에 비해 안정적이고 간결한 코딩을 지원합니다. iOS를 타겟으로 개발한 애플리케이션은 앱 스토어$^{App\ Store}$를 통해 전 세계 사용자에게 배포됩니다.

iOS는 유닉스^{Unix}를 기반으로 설계되었으며, 뛰어난 하드웨어와 소프트웨어의 통합과 연동성을 자랑합니다. 따라서 iOS 앱들은 스마트폰과 태블릿 등 다양한 애플사의 기기에서 일관된 사용자 경험을 제공합니다.

지금부터 스위프트 공식 개발 문서를 통해 기본 개념을 학습하고, 개발 문서 내 주요 영어 표현들을 살펴보겠습니다.

스위프트 개발 문서 1

Swift Document ①

Swift is a powerful and intuitive programming language for all Apple platforms. It's easy to get started using Swift, with a concise-yet-expressive syntax and modern features you'll love. Swift code is safe by design and produces software that runs lightning-fast.

Modern
Swift is the result of the latest research on programming languages, combined with decades of experience building software that runs on billions of devices. Named parameters are expressed in a clean syntax that makes APIs in Swift easy to read and maintain.
Even better, you don't even need to type semi-colons. Inferred types make code cleaner and less prone to mistakes, while modules eliminate headers and provide namespaces.
To best support international languages and emoji, strings are Unicode-correct and use a UTF-8-based encoding to optimize performance for a wide variety of use cases. Memory is managed automatically using tight, deterministic reference counting, keeping memory usage to a minimum without the overhead of garbage collection.
You can even write concurrent code with simple, built-in keywords that define asynchronous behavior, making your code more readable and less error prone.

스위프트는 모든 Apple 플랫폼에서 사용할 수 있는 강력하고 직관적인 프로그래밍 언어입니다. 스위프트는 간결하면서도 표현력 있는 문법과 매력적인 현대적 기능 덕분에 쉽게 시작할 수 있습니다. 스위프트 코드는 설계부터 안전하게 작성되며, 매우 빠르게 실행되는 소프트웨어를 만들어냅니다.

현대적
스위프트는 최신 프로그래밍 언어 연구 결과와 수십 년간 수십억 대의 기기에서 실행된 소프트웨어 개발 경험을 결합한 결과입니다. 명명된 매개변수는 깔끔한 문법으로 표현되어, 스위프트의 API를 쉽게 읽고 유지 관리할 수 있습니다.
심지어 세미콜론을 입력할 필요도 없습니다. 추론된 타입은 코드를 더욱 깔끔하게 만들고 실수를 줄이며, 모듈은 헤더 파일을 제거하고 네임스페이스를 제공합니다.

국제 언어와 이모지를 가장 잘 지원하기 위해, 문자열은 유니코드를 준수하며 다양한 용도의 성능 최적화를 위해 UTF-8 기반 인코딩을 사용합니다. 메모리는 자동으로 관리되며, 엄격하고 결정론적인 참조 카운팅을 통해 메모리 사용을 최소화하면서도 가비지 컬렉션의 오버헤드를 덜어줍니다.

또한 간단한 내장 키워드를 사용해 비동기 동작을 정의함으로써, 더 읽기 쉽고 오류가 적은 동시성 코드를 작성할 수 있습니다.

주요 표현을 살펴보세요.

in Swift
의미 🔹 Swift로, Swift에서 **용례** be written in Swift

어떤 프로그램이 특정 언어로 작성되었음을 표현할 때는 전치사 in을 사용합니다.

- This function is written **in Swift**.
  이 함수는 Swift로 작성되었다.

deterministic
의미 🔹 결정론적인, 예측 가능한

같은 입력에 대해 항상 같은 출력을 내는 시스템 또는 프로그램. 결정론적인 시스템은 결과를 예측 가능하며, 동일한 입력에 대해 예외가 없습니다.

- A **deterministic** algorithm will always produce the same result given the same input.
  결정론적인 알고리즘은 동일한 입력에 대해 항상 동일한 결과를 산출합니다.

overhead
의미 🔹 오버헤드, 부가 비용

시스템이나 프로그램에서 작업을 수행하는 데 소모되는 추가적인 자원이나 시간, 비용. 효율성을 저해하는 요인으로 자주 언급됩니다.

- Using too many libraries can cause significant **overhead** in terms of memory and performance.
  너무 많은 라이브러리를 사용하면 메모리와 성능 면에서 상당한 오버헤드가 발생할 수 있습니다.

error prone
 오류가 발생하기 쉬운

특정 코드나 시스템이 실수나 오류가 발생할 가능성이 높음을 표현

- Manual memory management can be very **error prone**.
  수동 메모리 관리는 오류가 발생하기 쉽습니다.

스위프트 개발 문서 2

Swift Document ②

For-In Loops
You use the for-in loop to iterate over a sequence, such as items in an array, ranges of numbers, or characters in a string.
This example uses a for-in loop to iterate over the items in an array:

```
let names = ["Anna", "Alex", "Brian", "Jack"]
for name in names {
    print("Hello, \(name)!")
}
// Hello, Anna!
// Hello, Alex!
// Hello, Brian!
// Hello, Jack!
```

You can also iterate over a dictionary to access its key-value pairs. Each item in the dictionary is returned as a (key, value) tuple when the dictionary is iterated, and you can decompose the (key, value) tuple's members as explicitly named constants for use within the body of the for-in loop.
In the code example below, the dictionary's keys are decomposed into a constant called animalName, and the dictionary's values are decomposed into a constant called legCount.

```
let numberOfLegs = ["spider": 8, "ant": 6, "cat": 4]
for (animalName, legCount) in numberOfLegs {
    print("\(animalName)s have \(legCount) legs")
}
// cats have 4 legs
// ants have 6 legs
// spiders have 8 legs
```

The contents of a Dictionary are inherently unordered, and iterating over them doesn't guarantee the order in which they will be retrieved.

For-In 반복문

For-In 반복문을 사용하여 배열의 항목, 숫자의 범위, 문자열의 문자와 같은 시퀀스를 반복합니다.

다음 예시는 배열의 항목을 반복하기 위해 For-In 반복문을 사용하는 예시입니다:

```
let names = ["Anna", "Alex", "Brian", "Jack"]
for name in names {
    print("Hello, \(name)!")
}
// Hello, Anna!
// Hello, Alex!
// Hello, Brian!
// Hello, Jack!
```

딕셔너리를 반복하여 키-값 쌍에 접근할 수도 있습니다. 딕셔너리를 반복할 때 각 항목은 (key, value) 튜플로 반환되며, 이 (key, value) 튜플의 멤버들을 For-In 반복문 본문 내에서 명시적으로 이름 붙인 상수로 분해하여 사용할 수 있습니다.

다음 코드 예시에서, 딕셔너리의 키는 animalName이라는 상수로, 값은 legCount이라는 상수로 분해됩니다.

```
let numberOfLegs = ["spider": 8, "ant": 6, "cat": 4]
for (animalName, legCount) in numberOfLegs {
    print("\(animalName)s have \(legCount) legs")
}
// cats have 4 legs
// ants have 6 legs
// spiders have 8 legs
```

딕셔너리의 내용은 본질적으로 순서가 없으며, 이를 반복할 때 항목이 반환되는 순서를 보장하지 않습니다.

다음은 주요 표현입니다.

iterate over
의미 동 순회하다

반복문(loop) 구조에서 리스트, 배열, 컬렉션 등의 자료 구조의 각 요소를 하나씩 처리할 때

- The function **iterates over** each item in the list.
  이 함수는 리스트의 각 항목을 순회합니다.

explicitly
의미 부 명시적으로, 명확하게 implicitly(암시적으로)

코드에서 어떤 동작이나 의도를 숨기지 않고, 프로그래머나 컴파일러가 쉽게 이해할 수 있도록 직접적으로 표현하는 방식

- The API key must be passed **explicitly** in the request header.
  API 키는 요청 헤더에 명시적으로 전달되어야 합니다.

sequence
의미 명 시퀀스, 순서가 있는 배열

순서대로 배열된 데이터나 작업
- The data is processed in a specific **sequence**.
  데이터는 특정 순서대로 처리됩니다.

 decompose
의미 동 분해하다, 나누다

복잡한 문제나 시스템을 작은 구성 요소나 단위로 분해하거나, 객체의 요소들을 나눌 때 사용합니다.
- We can **decompose** this function into smaller, more manageable parts.
  이 함수를 더 작고 관리하기 쉬운 부분으로 분해할 수 있습니다.

 unordered
의미 형 순서가 없는   용례 unordered list, unordered collection

자료구조의 내부 요소를 특정 순서 없이 나열하는 것
- A set is an **unordered** collection of unique elements.
  Set은 순서가 없는 유일한 요소들의 집합입니다.

❓ POP QUIZ 다음 빈칸에 적절한 전치사를 채우세요.

The for loop _____ Python is commonly used to iterate over lists, dictionaries, and other iterable objects.

 in

머신러닝 플랫폼, 텐서플로

텐서플로 TensorFlow는 구글이 개발한 오픈소스 머신러닝 라이브러리로, 데이터 학습과 예측 모델을 구축하기 위한 다양한 도구를 제공합니다. 처음에는 딥러닝 연구를 목표로 설계되었지만, 현재는 다양한 분야에서 머신러닝 모델을 개발하고 배포하는 데 널리 활용되고 있습니다.

이름에서 알 수 있듯이, 텐서^{Tensor}는 이 라이브러리의 핵심 개념입니다. 텐서는 다차원 배열을 의미하며, 머신러닝에서 다루는 숫자, 이미지, 텍스트 등의 데이터를 수학적으로 표현하는 기본 단위입니다. 텐서플로는 이러한 텐서들이 다양한 연산을 통해 흐르는^{flow} 과정을 효율적으로 처리하는 데 중점을 둔 라이브러리입니다.

텐서플로를 사용하면 파이썬을 비롯한 여러 프로그래밍 언어로 머신러닝 모델을 간편하게 학습시키고 구축할 수 있습니다. 특히 복잡한 계산 과정을 간단하게 추상화하여, 데이터 전처리부터 모델 학습 그리고 예측까지 머신러닝 프로세스 전반을 체계적으로 관리할 수 있도록 돕습니다.

지금부터 텐서플로의 공식 개발 문서를 살펴보며, 머신러닝과 관련된 주요 개념과 영어 표현들을 배워 보겠습니다.

텐서플로 개발 문서 1

Tensorflow Document ①

Prepare and load data for successful ML outcomes
Data can be the most important factor in the success of your ML endeavors. TensorFlow offers multiple data tools to help you consolidate, clean and preprocess data at scale:
– Standard datasets for initial training and validation
– Highly scalable data pipelines for loading data
– Preprocessing layers for common input transformations
– Tools to validate and transform large datasets
Additionally, responsible AI tools help you uncover and eliminate bias in your data to produce fair, ethical outcomes from your models.

Build and fine-tune models with the TensorFlow ecosystem
Explore an entire ecosystem built on the Core framework that streamlines model construction, training, and export. TensorFlow supports distributed training, immediate model iteration and easy debugging with Keras, and much more. Tools

like Model Analysis and TensorBoard help you track development and improvement through your model's lifecycle.

To help you get started, find collections of pre-trained models at TensorFlow Hub from Google and the community, or implementations of state-of-the art research models in the Model Garden. These libraries of high level components allow you to take powerful models, and fine-tune them on new data or customize them to perform new tasks.

Deploy models on-device, in the browser, on-prem, or in the cloud
TensorFlow provides robust capabilities to deploy your models on any environment – servers, edge devices, browsers, mobile, microcontrollers, CPUs, GPUs, FPGAs. TensorFlow Serving can run ML models at production scale on the most advanced processors in the world, including Google's custom Tensor Processing Units (TPUs). If you need to analyze data close to its source to reduce latency and improve data privacy, the LiteRT framework lets you run models on mobile devices, edge computing devices, and even microcontrollers, and the TensorFlow.js framework lets you run machine learning with just a web browser.

데이터 준비 및 로드: 성공적인 머신러닝 결과를 위한 핵심 요소
데이터는 머신러닝 프로젝트의 성공에 있어 가장 중요한 요소가 될 수 있습니다. TensorFlow 는 데이터를 대규모로 통합, 정제, 전처리할 수 있는 다양한 도구를 제공합니다.
– 초기 학습 및 검증을 위한 표준 데이터셋
– 데이터를 로드하기 위한 대규모 확장 가능한 데이터 파이프라인
– 일반적인 입력 변환을 위한 전처리 레이어
– 대규모 데이터셋을 검증하고 변환하는 도구
또한 책임 있는 AI 도구는 데이터의 편향을 발견하고 제거하여, 공정하고 윤리적인 모델 결과를 도출하는 것을 돕습니다.

TensorFlow 생태계를 통한 모델 구축 및 파인튜닝
모델 구성, 학습, 배포를 간소화하는 Core 프레임워크를 기반으로 한 생태계 전반을 탐색해 보세요. TensorFlow는 Keras를 통해 분산 학습, 즉각적인 모델 반복 및 쉬운 디버깅을 지원하며, 그 외에도 다양한 기능을 제공합니다. Model Analysis 및 TensorBoard와 같은 도구는 모델의 라이프사이클 전반에 걸쳐 개발과 개선을 추적할 수 있도록 돕습니다.
시작을 돕기 위해, TensorFlow Hub에서는 Google과 커뮤니티가 제공하는 사전 학습된 모델 모음을 찾을 수 있으며, Model Garden에서 최신 연구 모델의 구현을 확인할 수 있습니다. 이 고급 컴포넌트 라이브러리를 통해 강력한 모델을 새 데이터로 세부 조정하거나 새로운 작업을 수행하도록 커스터마이징할 수 있습니다.

모델을 디바이스, 브라우저, 온프레미스 또는 클라우드에 배포
TensorFlow는 서버, 엣지 디바이스, 브라우저, 모바일, 마이크로컨트롤러, CPU, GPU, FPGA

등 다양한 환경에 모델을 배포할 수 있는 강력한 기능을 제공합니다. TensorFlow Serving은 Google의 맞춤형 텐서 처리 장치(TPU)를 포함한 세계에서 가장 발전된 프로세서에서 대규모로 머신러닝 모델을 실행할 수 있습니다.

만약 지연 시간을 줄이고 데이터 프라이버시를 개선하기 위해 데이터 소스 가까이에서 분석이 필요하다면, LiteRT 프레임워크를 통해 모바일 장치, 엣지 컴퓨팅 장치, 심지어 마이크로컨트롤러에서도 모델을 실행할 수 있으며, TensorFlow.js 프레임워크를 통해 웹 브라우저만으로도 머신러닝을 실행할 수 있습니다.

주요 표현은 다음과 같습니다.

preprocessing

기계 학습에서 데이터가 모델에 입력되기 전에 데이터를 정리하고 필요한 형식으로 변환하는 작업

- **Preprocessing** helps clean and prepare data for model training.
  전처리는 데이터를 정리하고 모델 훈련을 위해 준비하는 데 도움이 됩니다.

fine-tune

모델의 성능을 향상시키기 위해 이미 훈련된 모델이나 시스템을 특정 작업에 맞게 세부적으로 조정하는 것을 의미. fine(미세한)과 tune(조정하다) 사이를 하이픈으로 이어 복합 동사로 사용합니다.

- You can **fine-tune** a pre-trained model for a specific task.
  사전 훈련된 모델을 특정 작업에 맞게 미세 조정할 수 있습니다.

pre-trained

모델이 특정 데이터셋에서 이미 훈련되었음을 나타냄

- **Pre-trained** models can save time by reusing previous learning.
  사전 훈련된 모델은 이전 학습을 재사용하여 시간을 절약할 수 있습니다.

🔍 여기서 잠깐 　 접두사 pre-

영어의 접두사 pre-는 명사, 형용사, 동사 앞에 자유롭게 붙일 수 있고, 해당 단어에 시간적으로 앞서 '미리', '먼저'라는 의미를 더합니다. 개발 현장에서 접두사 pre-가 붙은 어휘는 precomplie(사전 컴파일), preload(사전 로드)와 같은 예가 있습니다.

- To improve performance, the framework will **precompile** templates before runtime. 성능 향상을 위해 프레임워크는 실행 전에 템플릿을 사전 컴파일합니다.
- The browser will **preload** the video to ensure smooth playback.
  브라우저는 원활한 재생을 위해 동영상을 사전 로드할 것입니다.

---

latency
 지연 시간

데이터가 전송되거나 요청이 처리되는 데 걸리는 시간, 즉 시스템의 반응 속도. 실시간 처리가 중요한 환경에서는 낮은 latency를 성능의 중요한 요소로 여깁니다.

- Reducing **latency** is critical for real-time applications.
  실시간 애플리케이션에서는 지연 시간을 줄이는 것이 중요합니다.

텐서플로 개발 문서 2

TensorFlow Document ②

quickstart for beginners

This short introduction uses Keras to:

1. Load a prebuilt dataset.
2. Build a neural network machine learning model that classifies images.
3. Train this neural network.
4. Evaluate the accuracy of the model.

This tutorial is a Google Colaboratory notebook. Python programs are run directly in the browser—a great way to learn and use TensorFlow. To follow this tutorial, run the notebook in Google Colab by clicking the button at the top of this page.

1. In Colab, connect to a Python runtime: At the top-right of the menu bar, select CONNECT.
2. To run all the code in the notebook, select Runtime 〉 Run all. To run the code cells one at a time, hover over each cell and select the Run cell icon.

Set up TensorFlow

Import TensorFlow into your program to get started:

```
import tensorflow as tf
print("TensorFlow version:", tf.__version__)
```

If you are following along in your own development environment, rather than Colab, see the install guide for setting up TensorFlow for development.

텐서플로 2 초급자를 위한 빠른 시작 가이드
이 간단한 소개에서는 케라스를 사용하여 다음을 수행합니다:
1. 미리 준비된 데이터셋을 불러옵니다.
2. 이미지를 분류하는 신경망 머신러닝 모델을 만듭니다.
3. 이 신경망을 훈련시킵니다.
4. 모델의 정확도를 평가합니다.
이 튜토리얼은 구글 코랩 노트북입니다. 파이썬 프로그램을 브라우저에서 직접 실행할 수 있어 텐서플로를 배우고 사용하는 데 매우 유용합니다. 이 튜토리얼을 따라하려면, 이 페이지 상단의 버튼을 클릭하여 구글 코랩에서 노트북을 실행하세요.
1. 코랩에서 파이썬 런타임에 연결하기: 메뉴 바의 오른쪽 상단에서 CONNECT를 선택하세요.
2. 노트북의 모든 코드를 실행하려면 Runtime 〉 Run all을 선택하세요. 코드 셀을 하나씩 실행하려면 각 셀 위에 마우스를 올리고 Run cell 아이콘을 선택하세요.

텐서플로 설정
텐서플로를 프로그램에 불러와 설정을 시작합니다:

```
import tensorflow as tf
print("TensorFlow version:", tf.__version__)
```

코랩이 아닌 자체 개발 환경에서 따라 하고 있다면, 개발을 위한 텐서플로 설정 방법은 설치 가이드를 참조하세요.

다음 주요 표현을 살펴보세요.

quickstart
의미 명 빠른 시작, 간단한 시작

새로운 도구 및 프레임워크를 빠르게 시작하고 설정하기 위해 최소한의 단계로 기본적인 사용법을 제공하는 튜토리얼

- Follow the **quickstart** guide to set up the environment.
  빠른 시작 가이드를 따라 환경을 설정하세요.

classify
의미 동 분류하다

데이터를 특정 카테고리나 그룹으로 묶어 구분함. 머신러닝에서는 모델이 입력된 데이터를 다양한 클래스나 레이블(label)로 나누는 것을 표현할 때 사용합니다.

- This model **classifies** images into different categories.
  이 모델은 이미지를 다양한 카테고리로 분류합니다.

in the browser
의미 부 브라우저에서

브라우저 내부에서 일어나는 동작을 설명할 때는 전치사 in을 사용합니다. 전치사 in은 파일 및 데이터베이스와 같이 데이터를 담는 시스템 앞에도 사용됩니다.

- You can store the data **in a database**, and save the document in a file.
  데이터를 데이터베이스에 저장하고, 문서는 파일에 저장하세요.

one at a time
의미 부 한 번에 하나씩

한 번에 하나의 동작만을 처리하는 프로그램을 표현할 때 쓰임

- Run the code **one at a time** to see the output for each step.
  각 단계의 출력을 보기 위해 코드를 한 번에 하나씩 실행하세요.

 import

의미 동 불러오다 **용례** import ⟨package⟩ into ⟨system⟩

외부 패키지나 라이브러리를 현재 코드에 불러오는 작업. 패키지를 불러와 적용하는 대상 앞에는 전치사 into를 사용합니다.

- **Import** the pip package into your program to use the API.
  pip 패키지를 프로그램에 가져와서 API를 사용하세요.

❓ POP QUIZ 다음 빈칸에 적절한 단어를 고르세요.

Before feeding raw data into a machine learning model, proper _____ is essential to clean, normalize, and transform the data into a suitable format.

A. training
C. preprocessing
B. prediction
D. compilation

정답 C. preprocessing

블록체인에 기록되는 자동 프로그램, 스마트 컨트랙트

블록체인^{blockchain}은 쉽게 말해 전 세계가 공유하는 장부입니다. 한번 추가된 기록은 바꿀 수 없으며, 새로운 기록을 추가하거나 기존 기록을 업데이트하려면 기록을 검증하는 사람들에게 비용을 지불해야 합니다. 여기서 장부의 기록을 검증하는 사람들을 채굴자^{miner}, 비용을 지불해 장부를 업데이트하는 것을 트랜잭션^{transaction}이라고 합니다.

> **NOTE** 채굴자(miner)라는 표현은 주로 작업 증명(proof of work) 합의 시스템에서 사용하는 단어로, 지분 증명(proof of stake) 합의 시스템에서는 주로 검증자(validator)라는 표현을 사용합니다.

스마트 컨트랙트^{smart contract}는 합의된 내용을 블록체인에 기록하는 것으로, 조건이 충족되면 자동으로 합의된 내용을 실행합니다. 예를 들어 A가 B에게 특정 금액을 예치하고 B는 오늘부터 1년 후에 이 금액을 인출할 수 있다고 하면, B는 예치된 금액을 1년 안에 절대로 인출할 수 없습니다.

스마트 컨트랙트 작성을 위한 대표적 프로그래밍 언어인 **솔리디티**[Solidity]는 'payable'이라는 키워드를 함수에 붙이면 해당 함수를 통해 자산이나 결제 대금을 암호화폐로 받을 수 있죠.

스마트 컨트랙트를 활용하면는 결제 솔루션이나 결제 대행사[Payment Gateway, PG]의 도움 없이 코드 그 자체로 자산을 주고받을 수 있어, 생활에 많은 변화를 불러올 것으로 예상됩니다. 이미 디지털 자산 소유권[NFT]이나 조직 운영 방식[DAO]에도 새로운 개념을 제시하며 혁신적인 기술로 주목받은 바 있습니다.

지금부터 대표적 블록체인 중 하나인 **이더리움**[Ethereum]과 스마트 컨트랙트 언어 중 하나인 솔리디티와 함께, IT 업계의 주요 단어와 표현을 살펴보겠습니다.

이더리움 개발 문서

Ethereum Document

Smart contracts digitize agreements by turning the terms of an agreement into computer code that automatically executes when the contract terms are met.

Automatic execution
One of the most significant benefits smart contracts have over regular contracts is that the outcome is automatically executed when the contract conditions are realized. There is no need to wait for a human to execute the result. In other words: smart contracts remove the need for trust.
For example, you could write a smart contract that holds funds in escrow for a child, allowing them to withdraw funds after a specific date. If they try to withdraw the funds before the specified date, the smart contract won't execute. Or, you could write a contract that automatically gives you a digital version of a car's title when you pay the dealer.

Predictable outcomes
The human factor is one of the biggest points of failure with traditional contracts.

For example, two individual judges may interpret a traditional contract in different ways. Their interpretations could lead to different decisions getting made and disparate outcomes.

Smart contracts remove the possibility of different interpretations. Instead, smart contracts execute precisely based on the conditions written within the contract's code. This precision means that given the same circumstances, the smart contract will produce the same result.

Public record

Smart contracts are also useful for audits and tracking. Since Ethereum smart contracts are on a public blockchain, anyone can instantly track asset transfers and other related information. You can check to see that someone sent money to your address, for example.

스마트 컨트랙트는 계약 조건이 충족되면 자동으로 실행되는 컴퓨터 코드로 합의된 조건을 디지털화 합니다.

자동 실행

스마트 컨트랙트가 일반적인 계약에 비해 갖는 가장 중요한 이점 중 하나는 계약 조건이 달성되면 결과가 자동으로 실행된다는 것입니다. 계약 당사자는 결과가 실행될 때까지 기다릴 필요가 없습니다. 즉, 스마트 컨트랙트는 신뢰의 필요성을 제거합니다.

예를 들어, 자녀를 위해 에스크로에 자금을 보관하는 스마트 컨트랙트를 작성하여 특정 날짜 이후에 자금을 인출하도록 할 수 있습니다. 자녀가 지정된 날짜 이전에 자금을 인출하려고 하면 스마트 컨트랙트는 실행되지 않습니다.

예측 가능한 결과

인적 요인는 전통적인 계약에서 가장 큰 실패 요인 중 하나입니다. 예를 들어, 두 명의 개별적인 판사들은 전통적인 계약을 서로 다른 방식으로 해석할 수 있습니다. 그들의 해석은 다른 결정을 내리고 전혀 다른 결과를 초래할 수 있습니다.

스마트 컨트랙트는 다른 해석의 가능성을 제거합니다. 대신에, 스마트 컨트랙트는 계약 코드에 작성된 조건에 따라 정확하게 실행됩니다. 이러한 정확성은 스마트 컨트랙트가 동일한 상황에서 동일한 결과를 만든다는 것을 의미합니다.

공개 기록

스마트 컨트랙트는 감사 및 추적에도 유용합니다. 이더리움 스마트 컨트랙트는 공용 블록체인에 있기 때문에 누구든지 즉각적으로 자산 전송 및 기타 관련 정보를 추적할 수 있습니다. 예를 들어, 귀하의 주소로 누군가 자금을 송금했는지 확인할 수 있습니다.

주요 표현은 다음과 같습니다.

digitize
의미 동 디지털화하다

컴퓨터, 인터넷과 같은 정보 기술을 활용해 대상을 디지털화하는 것을 의미

- The plan is to **digitize** all the content, and put them on the service.
  모든 콘텐츠를 디지털화하여 서비스에 올릴 계획입니다.

execute
의미 동 실행하다, 수행하다 **유의어** run

함수, 명령, 프로그램 등을 실행하는 것을 의미

- **Execute** the program and see the result.
  프로그램을 실행하고 결과를 확인하세요.

realize
의미 동 ① 깨닫다 ② 실현하다, ③ (조건을) 달성하다 ④ (자산을) 현금화하다

realize의 일반적인 의미는 '깨닫다'지만, '주어진 조건을 달성하다', '실현하다', '현금화하다'라는 뜻으로도 사용됩니다.

- Given the current progress, we cannot **realize** our final plans by the end of this month.
  현재 진행 상황을 감안하면, 이번 달 말까지 최종 계획을 실현할 수 없습니다.

interpret
의미 동 ① 해석하다 ② 설명하다 ③ 통역하다

프로그래밍에서는 주로 인간이 작성한 프로그래밍 언어를 컴퓨터가 이해할 수 있는 언어로 변환하거나, 코드 및 명령문을 해석하는 것을 의미

- The low performance should not be **interpreted** as a wrong choice of framework.
  낮은 성능이 잘못된 프레임워크 선택으로 해석되면 안 됩니다.

audit
의미 | 통 (품질, 안정성, 보안성 등을) 감사하다 | 명 감사 | 용례 security audit

스마트 컨트랙트의 보안성을 철저히 감독하고 검사하기 위한 보안 감사를 security audit이라고 합니다.

- The paid security **audit** was conducted 2 months ago.
  유료 보안 감사가 2개월 전에 수행되었습니다.

> NOTE 스마트 컨트랙트는 코드로 자산을 관리하고 입출금할 수 있기 때문에 보안이 매우 중요합니다.

솔리디티 개발 문서

Solidity

Solidity is an object-oriented, high-level language for implementing smart contracts. Smart contracts are programs which govern the behaviour of accounts within the Ethereum state.

Solidity is a curly-bracket language designed to target the Ethereum Virtual Machine (EVM). It is influenced by C++, Python and JavaScript. You can find more details about which languages Solidity has been inspired by in the language influences section.

Solidity is statically typed, supports inheritance, libraries and complex user-defined types among other features.

With Solidity you can create contracts for uses such as voting, crowdfunding, blind auctions, and multi-signature wallets.

When deploying contracts, you should use the latest released version of Solidity. Apart from exceptional cases, only the latest version receives security fixes. Furthermore, breaking changes as well as new features are introduced regularly. We currently use a 0.y.z version number to indicate this fast pace of change.

Translations

Community contributors help translate this documentation into several languages. Note that they have varying degrees of completeness and up-to-dateness. The English version stands as a reference.

You can switch between languages by clicking on the flyout menu in the bottom-left corner and selecting the preferred language.

솔리디티는 스마트 컨트랙트를 구현하기 위한 객체 지향 고급 언어입니다. 스마트 컨트랙트는 이더리움 상태 내에서 계정의 동작을 제어하는 프로그램입니다.

솔리디티는 EVM(이더리움 가상 머신)을 대상으로 설계된 중괄호 언어입니다. 솔리디티는 C++, 파이썬 및 자바스크립트의 영향을 받았습니다. 솔리디티가 영감을 받은 언어에 대한 자세한 내용은 언어 영향 섹션에서 확인할 수 있습니다.

솔리디티는 정적 타입되어 상속, 라이브러리 및 복잡한 사용자 정의 타입 등을 기타 기능으로 지원합니다.

솔리디티를 사용하면 투표, 크라우드 펀딩, 블라인드 경매(응찰자 정보가 비공개되는 경매) 및 다중 서명 지갑을 위한 컨트랙트를 생성할 수 있습니다.

컨트랙트를 배포할 때는 솔리디티의 최신 릴리스 버전을 사용해야 합니다. 예외적인 경우를 제외하면 최신 버전에만 보안 수정이 적용됩니다. 또한 하위 호환되지 않는 변경 사항과 새로운 기능이 정기적으로 도입됩니다. 현재 우리는 이러한 빠른 변화 속도를 나타내기 위해 0.y.z 버전 번호를 사용합니다.

커뮤니티 기여자들은 이 문서를 여러 언어로 번역하는 것을 돕고 있습니다. 언어별로 완성도와 최신화된 정도가 각기 다르다는 점을 유의하시기 바랍니다. 영어 버전은 참고용입니다.

왼쪽 아래 모서리에 있는 플라이아웃(드롭다운) 메뉴를 클릭하고 선호하는 언어를 선택하여 언어 간에 전환할 수 있습니다.

주요 표현을 살펴보세요.

govern
의미 동 ① 운영하다, (법률 및 규칙에 따라) 관리하다 ② 지배하다, 통치하다

국가를 운영하는 정부(government)처럼, 스마트 컨트랙트로 규정된 규칙에 의해 시스템이나 조직을 운영하고 관리하는 것을 동사로 govern, 명사로 governance라고 합니다.

- A decentralized autonomous organization(DAO) is an entity **governed** by a community without central leadership.

  DAO는 중앙화된 리더십 없이 커뮤니티에 의해 관리되는 독립체입니다.

virtual machine
의미 명 가상 머신

가상화된 컴퓨터 시스템 및 리소스. 물리적 컴퓨터 없이도 프로그램을 실행하거나 애플리케이션을 배포할 수 있습니다.

- The service enables you to create and run **virtual** machines in the cloud.
  이 서비스를 사용하면 클라우드에서 가상 머신을 만들고 실행할 수 있습니다.

---

statically typed
의미 형 정적으로 타입된 **반의어** dynamically typed

자료형이 명시적으로 선언되어 컴파일 시 자료형을 결정하거나 체크하는 것을 정적 타입(static type)이라고 합니다. 반대로, 자료형을 프로그램 실행 시(runtime)에 결정하는 것을 동적 타입(dynamic type)이라고 합니다.

- Go is a **statically typed** language designed by Google.
  Go는 Google에서 설계한 정적 타입 언어입니다.

---

multi-signature
의미 명 다중 서명 **준말** multisig

스마트 컨트랙트를 호출하거나 블록체인과 통신하기 위한 트랜잭션(transaction)을 발생시키기 위해 다수의 계정으로부터 서명이 필요한 설계 방식

- Thanks to the **multi-signature** wallet, we can manage our assets more securely.
  다중 서명 지갑 덕분에 자산을 보다 안전하게 관리할 수 있습니다.

---

breaking change
의미 명 (하위 호환되지 않는) 변경

이전 버전과 호환되지 않는 중요한 변경 및 수정 사항

- Please note that this release includes some **breaking changes**.
  이 릴리스에는 몇 가지 주요 변경 사항이 포함되어 있습니다.

bottom-left corner

의미 구 왼쪽 아래

영어로 모서리를 표현할때는 한국과 반대로 (위/아래)-(오른쪽/왼쪽) 순서로 언급합니다. 예를 들어 왼쪽 위는 top-left corner, 오른쪽 아래는 bottom-right corner 입니다.

- You can find the drop-down menu in the **bottom-left corner** of the screen.
  화면의 왼쪽 하단 모서리에서 드롭다운 메뉴를 찾을 수 있습니다.

POP QUIZ 다음 빈칸에 적절한 단어를 고르세요.

Removing a public method or changing its signature in a widely-used library without backward compatibility is considered a _____.

A. patch update　　　　　　　　B. malfunction
C. performance tweak　　　　　　D. breaking change

정답 D. breaking change

📝 요점 정리

- **리액트**는 컴포넌트화된 프런트엔드 요소를 활용해 코드 재사용성과 생산성을 크게 개선했으며, JSX를 활용해 자바스크립트 코드 내에서 HTML 레이아웃을 정의할 수 있습니다.
- **NestJS**는 강력한 타입 시스템과 의존성 주입 같은 설계 패턴을 활용하여, 대규모 서버 애플리케이션에서도 높은 유지보수성과 확장성을 제공합니다.
- **쿠버네티스**는 컨테이너화된 애플리케이션의 자동 배포, 스케일링 및 관리를 위한 구글의 컨테이너 오케스트레이션 플랫폼입니다.
- **안드로이드**는 스마트폰 등 다양한 모바일 기기와 차량용 애플리케이션을 개발하고 실행하는 운영체제입니다.
- **iOS**는 애플이 개발한 모바일 운영체제로, 아이폰, 아이패드, 애플워치 등 애플 기기에서 앱 개발과 실행을 위해 사용됩니다.
- **텐서플로**는 구글이 개발한 오픈소스 머신러닝 라이브러리로, 데이터 학습과 예측 모델 구축을 위한 도구를 제공합니다.
- **블록체인**은 전 세계가 공유하는 공공 장부로, 한번 추가된 기록은 절대 변경할 수 없습니다.
- **스마트 컨트랙트**는 블록체인에 합의된 내용을 기록하고, 조건이 충족되면 자동으로 실행됩니다.

선배의 노하우

- 번역기 덕분에 영어를 몰라도 개발 지식 습득이 가능하다고 생각할 수 있습니다. 하지만 업무 생산성을 높이고, 나아가 글로벌 커리어를 쌓으려면 개발 공부에는 반드시 영어 실력이 뒷받침되어야 합니다.
- 오픈소스 프로젝트에 기여해보고 싶었지만 영어 코멘트 작성이 막막해서 주저한 적이 있다면, 지금부터라도 '짧은 문장으로 커밋 메시지 쓰기', '이슈 읽고 요약하기' 같은 작은 연습부터 해보세요.
- 나만의 오픈소스 프로젝트를 시작하고 README 등 문서를 영어로 작성해 보세요. Docusaurus와 같은 마크다운 기반 웹사이트 빌더를 활용하면 커리어에 도움이 됩니다.

고민 상담소 영어, 꼭 해야 돼요? 번역기 있는데도?

> 한글로 콘텐츠 번역도 잘되고 국내 블로그만으로도 충분히 개발 공부가 가능한데, 영어 공부가 개발자 역량 향상에 도움이 될까요?

해외 취업을 희망하는 개발자에게 영어 공부가 필수적인 것은 당연하지만, 해외 취업을 희망하지 않는다면 영어 공부의 효용에 대해 의문을 가질 수 있습니다. 요즘은 번역기의 성능이 좋아져 영어로 공개된 개발 문서를 한글로 금방 번역할 수도 있고, 국내 블로그에서도 고급 정보를 충분히 얻을 수 있기 때문이죠.

영어 학습의 핵심 가치는 정보 습득에도 있지만, 특히 개발자라면 교류할 수 있는 대상을 확대하고와 자기 PR의 가치를 높이는 데 더 큰 의미가 있다고 생각합니다. 5000만 인구의 대한민국을 넘어 80억 전 세계로 교류 대상을 넓히면, 독특한 관점으로 문제를 창의적으로 해결하는 천재급 인재들의 놀라운 인사이트를 엿볼 수 있습니다. 영어는 여러분의 활동 반경을 넓히는 가장 가성비 좋은 수단입니다.

또한 다른 나라의 개발자들이 작성한 코드를 분석하고 토론 중심의 커뮤니케이션 방식을 익히면, 실무에 필요한 생각의 재료에 다양성을 불어 넣을 수 있습니다. 프로그래밍은 수학 문제와 유사합니다. 문제를 해결하려면 다양한 레퍼런스를 머릿속에 담아 두어야 합니다. 코딩 테스트를 준비하기 위해 다양한 알고리즘 문제를 풀어보는 것처럼, 전 세계의 스마트한 개발자들이 문제를 해결하는 방식을 학습해 두면 실무의 문제 해결에 큰 도움이 됩니다.

마지막으로 영어를 잘하는 개발자는 자신의 아이디어와 코드를 전 세계 개발자들과 공유하고 협업할 수 있게 되며, 이는 내 커리어 가치 향상으로 자연스럽게 이어집니다. 리액트, 텐서플로와 같은 인기 오픈소스 프로젝트의 핵심 기여자가 된다면, 국내 기업으로 이직을 고려할 때 훌륭한 이력이 될 수 있습니다.

Chapter 3. Challenge
글로벌 기업 취업 준비 노하우

이번 장에서 배울 내용

이번 장은 먼저 글로벌 IT 기업의 채용 프로세스에 대한 이해부터 인사 담당자의 눈길을 사로잡는 영문 이력서 작성법과 링크드인 프로필 꾸미기까지, 성공적인 취업을 위한 실용적인 팁을 소개합니다. 해외 취업을 위한 영어 표현들을 확인해 보세요.

3.1 서류 전형을 위한 지원서 및 프로필 작성

취업의 첫 번째 관문은 이력서와 자기소개서 작성입니다. 한국과 글로벌 IT 업계의 이력서 형식과 작성 방식은 다소 다릅니다. 사진, 가족 관계와 같은 개인정보를 최소화하고, 지원하는 역할에 대한 경력과 스킬을 한 눈에 파악할 수 있도록 짧게 작성하는 것이 중요합니다.

글로벌 IT 기업의 채용 프로세스는 한국과 어떻게 다를까?

한국에서 일반적인 채용 프로세스만을 경험해 왔다면 글로벌 기업의 프로세스는 낯설고 어렵게 느껴질 수 있습니다.

필자가 개인적으로 경험한 글로벌 IT 기업의 채용 프로세스는 매우 입체적이면서도 차가울 정도로 합리적이었습니다. 당시는 생각도 영어로 하려 노력할 정도로 공부에 한창이었지만, 구직을 준비하면서는 실수도 많이 하며 몸으로 부딪히는 수밖에 없었습니다.

채용 프로세스는 물론 기업마다 다르고, 직책이나 직무에 따라서도 차이가 있을 것입니다. 하지만 일반적인 틀을 알아두면 글로벌 기업의 채용 문화와 요구사항을 짐작하기 수월할 거예요. 앞서 경험한 사람들의 노하우를 흡수하고 대비한다면 해외 취업 준비 과정에서 겪을 뼈아픈 시행착오를 줄일 수 있을 것입니다.

글로벌 IT 기업은 특정 시기에 대규모로 신입 사원을 채용하는 공채의 개념이 따로 없으며, 회사별로 공개된 채용 공고 open positions를 보고 자신의 기술 및 경력 수준에 맞게 지원하는 수시 채용이 일반적입니다.

글로벌 IT 기업은 채용 프로세스의 각 단계에서 조금씩 다른 능력과 자질을 요구하지만, 채용 전반의 과정에서 특히 문제 해결 방식, 팀워크, 조직 문화와의 적합성을 중점적으로 평가합니다. 채용 프로세스는 기업마다 다르지만, 제가 경험했던 일반적인 글로벌 IT 기업의 채용 절차는 다음과 같습니다.

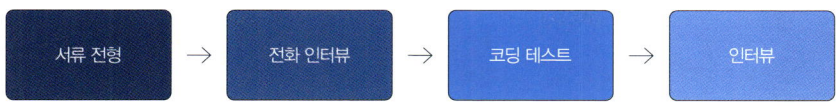

서류 전형

준비물: 이력서, 커버레터, 추천서

일반적으로 서류 전형에서는 지원자의 직무 관련 성과와 문제 해결 능력을 평가하기 위해 이력서 resume를 요구합니다. 이력서 외 선택 사항으로는 커버레터 cover letter 라는 서류를 요구하기도 합니다.

이력서를 작성할 때 한국과 다른 점은 ① **나이, 성별 등 개인적인 정보를 기재하지 않아도 되고, ② 같은 맥락에서 사진을 첨부하지 않아도 되며, ③ 추천서와 레퍼런스 체크를 중요하게 여긴다**는 것입니다.

국내 기업이 이력서에 생년월일, 병역 정보 등을 기재하도록 요구하는 경우가 많은 반면 글로벌 기업은 차별 없는 채용을 위한 관습으로 이력 외 사적인 정보를 요구하지 않습니다. 때때로 개인정보가 포함된 이력서가 자동으로 반려되는 경우가 있으니, 문화적인 차이를 이해하는 것이 중요합니다.

한편 레퍼런스 체크 reference check 란, 지원자의 전 직장 재직자를 통해 서류 전형의 후반 단계에서는 실무 능력과 인성을 교차 검증하는 과정입니다. 국내에서는 다소 형식적인 절차지만 글로벌 기업에서는 레퍼런스 체크가 매우 중요합니다. 지원자에게 이전 직장의 상사 또는 동료 연락처를 요구하는 경우가 흔하니, 이직을 준비하면서 직장 상사 및 동료에게 미리 레퍼런스 체크에 대해 알리고 좋은 평가를 부탁해 두는 것이 좋습니다.

이력서가 경력과 기술 스택을 정리한 사실 중심의 문서라면, 커버레터는 자기소개와 지원 동기 등 지원자가 얼마나 기업과 직무에 적합한지 서술한 설득형 문서입니다. 이력서와 커버레터 작성법에 대해서는 뒤에서 더 자세히 알아보겠습니다.

전화 인터뷰

전화 인터뷰는 보통 채용 프로세스 초기 단계에서 후보자의 기본적인 커뮤니케이션 역량과 실무 지식을 점검하고, 이후 심층 기술 면접으로 초대할 대상을 선별하는 스크리닝screening 단계입니다.

일반적으로 30분에서 1시간 정도 진행되며, 인사팀 채용 담당자와의 간단한 통화를 통해 영어 의사소통 능력을 확인하거나, 실무팀 구성원 1명과 함께 기초적인 기술 질문에 답변하는 방식으로 이루어집니다.

코딩 테스트

코딩 테스트는 기초적인 알고리즘 능력, 문제 해결력, 그리고 실전 코딩 역량을 평가하기 위한 전형입니다. 일반적으로 서류 전형을 통과한 이후 온라인으로 진행됩니다. LeetCode와 같은 코딩 테스트 플랫폼을 활용해 알고리즘 문제를 해결하거나, 구글 미트Google Meet 또는 줌Zoom을 사용해 화면을 실시간으로 공유하며 페어 프로그래밍pair programming을 진행되는 경우도 있습니다.

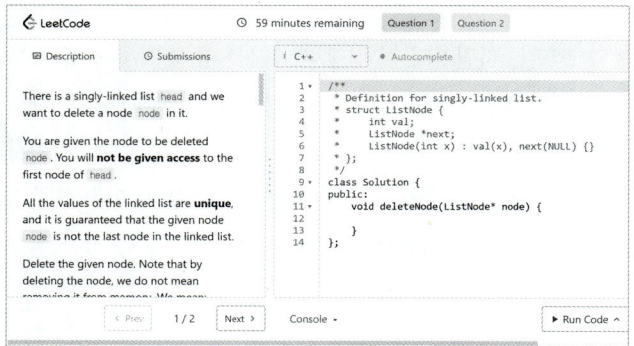

LeetCode의 ONLINE ASSESSMENT 세션에서 모의 코딩 테스트를 해 볼 수도 있습니다.

코딩 테스트의 난이도와 분량은 기업마다 매우 다양하기 때문에 일반화하기는 어렵습니다. 필자의 경험으로 알고리즘 문제는 프로그래밍 기초 역량을 점검하는 데 초점이 있고, 난이도는 국내에 비해 쉬운 편이었습니다.

기업의 규모에 따라서 절차의 복잡도가 다르기도 한데, 대기업의 경우 우수한 지원자를 효율적으로 스크리닝하기 위해 여러 차례 코딩 테스트를 진행하는 경우가 많습니다. 반면 스타트업은 복잡한 코딩 테스트보다 과제 assignment 제출 및 코드 리뷰를 선호하는 경향이 있습니다. 예를 들어, 프런트엔드 개발자라면 API 연동과 UI 구현, 백엔드 개발자라면 웹 서버 및 API 개발을 주제로 과제를 제출하게 하며, 이후 커밋 메시지, 파일명, 코드 구조와 품질까지 꼼꼼하게 검토합니다.

심층 면접

국내에 비해 글로벌 기업은 면접을 다층적으로 구성하는 경향이 있습니다. 회사와 부서의 특성에 따라 방식은 다르지만, 최소 3~4회가 기본이며 각 면접의 인터뷰어 interviewer 는 인사팀, 실무팀, 임원 등 다양한 직군에서 추출됩니다. 보통 약 1시간 동안 일대일로 진행되며, 인터뷰어의 역할에 따라 평가 기준도 달라집니다.

온사이트 인터뷰 on-site interview, 대면 면접 가 있는 경우 하루 종일 여러 명과 인터뷰를 진행하고, 식사를 함께하며 비공식적인 분위기 속에서 지원자의 성향을 파악하는 경우도 있습니다.

이력서 작성법

이력서는 지원자의 기술과 역량을 객관적으로 기재하는 사실 중심의 문서이므로, 간결하고 보기 쉽게 작성하는 것이 중요하다는 점을 숙지하면 별다른 노하우라고 할 것도 없을 정도입니다. 한국의 이력서가 자기소개, 지원동기를 포함하여 스토리텔링 형식으로 전개되는 것과는 차이가 있죠.

사진을 첨부하거나 개인정보를 기재하지 않아도 되고, 수치를 포함한 정량적 성과를 중심으로 작성된 이력서를 선호한다는 특징도 문화적 배경을 이해하면 자연스럽게 납득할 수 있을 것입니다.

이력서 작성법 기본

- 차별을 예방하기 위해 이름과 연락처를 제외한 개인정보, 인적사항을 포함하지 않습니다.
- 핵심 이력을 최근 것부터 역순으로 작성합니다.
- 순서대로 경력 사항, 참여한 프로젝트, 보유한 기술 스택, 학력을 기재합니다.
- 가독성을 고려하여 분량은 1~2 페이지로 요약하고 간결하게 제시합니다.
- 기업에서 요구한 형식과 키워드를 준수하세요.

🔍 여기서 잠깐   요구 사항을 준수해야 하는 이유

Applicant Tracking System(ATS)는 일명 지원자 관리 시스템으로, 채용 및 채용 요구사항을 처리하는 소프트웨어입니다. 최근에는 AI를 활용해 자동화된 시스템을 사용해서 규칙을 준수하지 않는 서류를 필터링하는 경우도 많습니다.

이력서의 형식이 적합한지, 포함해야 하는 키워드가 있는지, 반대로 기재해서는 안 되는 금지 키워드가 제외되어 있는지 등 각 기업이 요구하는 이력서 가이드라인을 반드시 확인하세요. 채용 담당자의 데스크에 오르지도 못한 채 폐기되지 않으려면 서류를 제출하기 전에 이력서가 기업의 가이드라인을 준수하는지 꼼꼼히 점검해야 합니다.

'간결함'과 '구체성'은 인사 담당자가 읽고 싶은 매력적인 이력서의 핵심입니다. 이력서 작성 시 다음과 같은 사항에 유의하세요.

이력서 작성 노하우

- **구체적인 수치**를 제시하여 성과를 강조합니다.
- 모호한 의미의 **형용사는 지양**합니다.

예를 들면 다음과 같습니다.

나쁜 예

- Played a key role in building SaaS products. ⟶ 모호한 표현
  SaaS 제품을 만드는 데 핵심적인 역할을 했습니다.

좋은 예

- <u>Led frontend development</u> of SaaS products, improving First Contentful
  ⟶ 맡은 역할 명시
  Paint(FCP) <u>by 1.2s</u> and increasing weekly active users <u>by 30%</u>.
  ⟶ 구체적 수치 제시
  반응형 웹 애플리케이션의 프런트엔드 개발을 리드하며 FCP(First Contentful Paint)를 1.2초 개선했고, 주간 활성 사용자 수를 30% 증가시켰습니다.

이력서 작성시 주의 사항과 노하우를 기억해 두고, 이력서에 포함되어야 할 항목은 어떤 것이 있는지 살펴보겠습니다.

> 🔍 **여기서 잠깐** | **문화적 차이에 따른 유의사항**
>
> 영미권, 특히 미국과 영국에서는 회사에서 특별히 요청하지 않는 이상 이력서에 사진을 포함하지 않는 것이 일반적입니다. 사진을 요구하는 것이 외모, 성별, 인종으로 인한 고용 차별 문제로 이어질 수 있어 법적으로 금지된 경우도 있습니다.
>
> 또한 이력서 내 개인 정보 노출을 최소화하는 것이 원칙입니다. 일반적으로 결혼 여부, 가족 사항 등은 기재하지 않습니다.

이력서 필수 기재 항목

일반적으로 이력서 resume 는 다음과 같은 항목을 포함합니다.

1. 연락처 정보(contact information)

이름, 이메일, 전화번호 등 필수 연락처 정보를 작성합니다. 사진, 가족 관계 등의 개인정보를 포함하지 않는 것이 일반적입니다.

[Your Name]   [이름]
[City, Country]   [도시, 국가]
[Email Address] · [Phone Number]   [이메일 주소] · [전화번호]
[LinkedIn Profile] · [GitHub Profile]   [링크드인 프로필 주소] · [깃허브 프로필 주소]

2. 직업 요약(professional summary)

이력서 상단에 짧고 간결한 문장으로 자신의 경력과 전문성을 요약합니다. 2~3문장으로 어떤 분야에 강점이 있고, 어떤 성과를 냈는지를 어필해야 합니다. 직업 요약은 채용 담당자들이 가장 먼저 보는 부분이므로, 명확하고 간결하게 커리어 및 직무 역량의 핵심을 전달해야 합니다.

> Results-driven software engineer with over [X years] of experience in building scalable applications, specializing in Python and JavaScript. Proven track record of improving system performance and delivering high-impact solutions. Seeking to contribute my skills to [Company Name] and help drive innovation.
>
> 성과 중심의 소프트웨어 엔지니어로서, [X년] 이상의 경력 동안 파이썬과 자바스크립트를 활용한 확장 가능하고 고성능 애플리케이션 개발에 집중해 왔습니다. 다양한 환경에서 시스템 성능 최적화, 코드 품질 향상, 비즈니스 임팩트가 큰 솔루션 제공 등의 성과를 입증한 바 있습니다. 문제 해결, 클린 아키텍처, 지속적인 학습에 열정을 가지고 있으며, [회사명]에서 이러한 기술력과 혁신적인 사고를 바탕으로 디지털 혁신에 기여하고자 합니다.

3. 경력(work experience)

최근 경력부터 역순으로 작성합니다. 회사명, 직책, 근무 기간을 기재하고, 그 아래 주요 업무와 성과를 구체적이고 숫자로 표현하는 것이 좋습니다.

[The Most Recent Company] - [City]

Software Engineer

[Month, Year] - [Month, Year]

- Led the development of a cloud-based platform, improving server response time by 30% and increasing user satisfaction.
- Collaborated with cross-functional teams to deliver projects 3 months ahead of schedule.
- Designed and implemented RESTful APIs using Python and JavaScript, improving system efficiency and scalability.
- Integrated AWS services to optimize cloud architecture and reduce infrastructure costs.

[가장 최근 근무한 회사] - [도시]

소프트웨어 엔지니어

[입사월, 연도] - [퇴사월, 연도]

- 클라우드 기반 플랫폼 개발을 주도하여 서버 응답 속도를 30% 향상시키고 사용자 만족도 증가에 기여함
- 크로스 기능 팀과의 협업을 통해 프로젝트를 예정보다 3개월 앞당겨 완료
- 파이썬과 자바스크립트로 RESTful API를 설계 및 구현, 시스템 효율성과 확장성 향상
- AWS 서비스 통합을 통해 클라우드 아키텍처를 최적화하고 인프라 비용 절감 실현

4. 기술(skills)

소프트웨어 개발에 활용 가능한 프로그래밍 언어, 프레임워크, 라이브러리 등을 나열합니다. 중요도나 숙련도가 높은 순서대로 나열하는 것이 좋습니다.

Technical Skills
- Languages: Python, JavaScript, HTML, CSS   [프로그래밍 언어]
- Frameworks: React, Django   [프레임워크/라이브러리]
- Tools: Git, Docker, Jenkins, AWS   [개발 도구]
- Databases: MySQL, PostgreSQL, MongoDB   [데이터베이스]
- Cloud: AWS, Azure   [클라우드 플랫폼]
- Methodologies: Agile, Scrum   [개발 방법론]

5. 학력(education)

학력은 마지막 학력부터 기재하며, 학교명, 전공, 졸업 연도 등을 포함하고, 최종 학력만 기재하는 것이 일반적입니다. 글로벌 IT 직군에서는 학력보다는 실무 경험과 스킬을 더 중요하게 평가하기 때문에, 되도록 간단히 기재하는 것이 좋습니다.

> [University Name] - [City]
> Bachelor of Science in Computer Science
> [Month, Year] - [Month, Year]
>
> [대학교명] - [도시]
> 컴퓨터공학 학사
> [입학월, 연도] - [졸업월, 연도]

> **NOTE** 별다른 경력이 없는 신입이라면 학력을 경력보다 먼저 기재합니다.

6. 프로젝트(project)

경력 사항과 별도로, 자신이 참여한 주요 프로젝트를 소개하는 것도 좋은 방법입니다. 특히 참여한 오픈 소스 프로젝트나 개인 프로젝트가 있다면, 구체적으로 작성하여 실력을 어필할 수 있습니다.

시니어 이상의 직급으로 지원한다면 팀원 간의 불화를 해결하거나 팀 전체의 역량을 향상시킨 경험 등을 어필하는 것이 도움이 됩니다.

> Cloud-Based Platform Development
> - Developed a scalable cloud-based platform for [specific industry], handling over 500 users and improving system response times by 30%.
>
> Open Source Contribution to [Open Source Project Name]
> - Contributed to [Open Source Project Name], a widely used [describe project, e.g., "web framework" or "library"], by optimizing database queries, reducing load times by 20% for large-scale deployments.
>
> 클라우드 기반 플랫폼 개발
> - [특정 산업]을 위한 확장 가능한 클라우드 기반 플랫폼을 개발하여 500명 이상의 사용자 처리, 시스템 응답 속도 30% 개선 달성

[오픈소스 프로젝트명] 참여

- 널리 사용되는 [웹 프레임워크/라이브러리]인 [오픈소스 프로젝트명]에 기여하여 데이터베이스 쿼리 최적화를 통해 대규모 환경에서 로딩 시간을 20% 단축

다음은 위 항목과 노하우를 적용해 작성한 이력서입니다. 완성된 이력서를 참고해서 나만의 이력서를 작성해 보세요.

Resume Sample

Jinho Jang
Seoul, South Korea
jinhojang@example.com · +8210 1234 5678
LinkedIn: https://www.linkedin.com/in/jinhojang-example
GitHub Profile: https://github.com/jinhojang-example

Professional Summary
Results-driven software engineer with over 5 years of experience in building scalable applications, specializing in Python and JavaScript. Proven track record of improving system performance and delivering high-impact solutions. Seeking to contribute technical expertise and innovative thinking to Acme Corp.

Work Experience

Geek Haus – San Francisco, USA
Software Engineer
July 2021 - June 2023
- Implemented AWS to optimize cloud infrastructure and reduce operational costs.
- Designed and implemented RESTful APIs using Python and Django, enhancing system efficiency and scalability.
- Set up a CI/CD pipeline with Jenkins

Agoras – Seoul, South Korea
Junior Web Developer
April 2020 - June 2021
- Migrated the legacy jQuery-based web frontend to a modern tech stack using React, Next.js, Tailwind CSS, and Jotai.

- Wrote unit tests and conducted code reviews.
- Participated in agile sprints, ensuring timely delivery of new features.

Education
Global Institute of Technology - New York, USA
Bachelor of Science in Computer Science
March 2016 - February 2020

Technical Skills
- Languages: Python, JavaScript, TypeScript, HTML, CSS
- Frameworks: React, Next.js, Tailwind CSS, Django
- Tools: Git, Docker, Jenkins, AWS
- Databases: PostgreSQL, MongoDB
- Methodologies: Agile, Scrum

Projects
Cloud-Based EdTech SaaS Development
- Developed a scalable cloud-based EdTech platform for teachers, supporting over 500 users and improving system response time by 30%.

Open Source Contribution - OpenDatabase
- Contributed performance improvements by optimizing queries, reducing database load times by 20% for large-scale deployments.

Certifications
- AWS Certified Solutions Architect - Associate
- Certified ScrumMaster (CSM)

Languages
- English (Business-level English proficiency)
- Korean (Native)

장진호
Seoul, South Korea
jinhojang@example.com · +8210 1234 5678
LinkedIn: https://www.linkedin.com/in/jinhojang-example
GitHub Profile: https://github.com/jinhojang-example

프로필 요약
성과 중심의 소프트웨어 엔지니어로서, 확장 가능한 애플리케이션 개발 분야에서 5년 이상의 경력을 보유하고 있으며 파이썬과 자바스크립트에 전문성을 갖추고 있습니다. 시스템 성능 최적화와 실질적인 효과를 입증한 솔루션 제공에 입증된 실적을 바탕으로, 기업의 기술 경쟁력을 실질적으로 향상시킨 경험이 있습니다. Acme Corp.의 기술 혁신을 이끌어가는 데 있어, 저의 전문성과 창의적 문제 해결 능력을 적극적으로 기여하고자 합니다.

경력

Geek Haus - 미국 샌프란시스코
소프트웨어 엔지니어
2021년 7월 - 2023년 6월
- AWS를 도입하여 클라우드 인프라를 최적화하고 운영 비용을 절감했습니다.
- 파이썬과 Django를 활용해 RESTful API를 설계 및 구현하여 시스템 효율성과 확장성을 개선했습니다.
- Jenkins를 활용한 CI/CD 파이프라인 세팅했습니다.

Agoras - 대한민국 서울
신입 웹 개발자
2020년 4월 - 2021년 6월
- 기존 jQuery 기반의 웹 프런트엔드를 리액트, Next.js, Tailwind CSS, Jotai 기술 스택으로 전환하였습니다.
- 단위 테스트를 작성하고 코드 리뷰를 수행했습니다.
- 애자일 스프린트에 적극 참여하여 새로운 기능을 기한 내에 안정적으로 제공했습니다.

학력

Global Institute of Technology - 미국 뉴욕
컴퓨터공학 학사
2016년 3월 - 2020년 2월

기술 스택
- **프로그래밍 언어:** 파이썬, 자바스크립트, 타입스크립트, HTML, CSS
- **프레임워크:** 리액트, Next.js, Tailwind CSS, Django
- **개발 도구:** 깃, 도커, Jenkins, AWS
- **데이터베이스:** PostgreSQL, MongoDB
- **개발 방법론:** 애자일, 스크럼

프로젝트

클라우드 기반 에듀테크 SaaS 개발
- 교사를 위한 확장 가능한 클라우드 기반 에듀테크 플랫폼을 개발하여 500명 이상의 사용자를 지원하고 시스템 응답 시간을 30% 개선했습니다.

오픈소스 기여 - OpenDatabase
- 대규모 배포 환경을 위한 쿼리 최적화를 통해 성능을 개선하고, 데이터베이스 로딩 시간을 20% 단축했습니다.

자격증
- AWS 공인 솔루션스 아키텍트 – 기초 과정
- 공인 스크럼마스터(CSM)

언어
- 영어 (비즈니스 회화 가능)
- 한국어 (모국어)

> 🔍 **여기서 잠깐** | **Resume vs. CV**
>
> **CV(Curriculum Vitae)** 는 라틴어로 '인생의 기록'이라는 뜻입니다. 일반적으로는 학문적, 연구 중심의 포지션에서 요구하는 서류로, 경력과 학력에 대한 상세한 내용을 포함합니다. 주로 연구자, 교수, 학계 관련 직업에 지원할 때 사용됩니다.
>
> 이력서와 CV를 모두 요구하는 기업이 종종 있지만, 두 서류는 목적과 내용에서 차이가 있습니다.
>
> | | Resume | CV |
> | --- | --- | --- |
> | 의미 | 경력 중심의 요약 | 학술적 성과의 상세한 기록 |
> | 길이 | 1~2 페이지 | 제한 없음 |
> | 핵심 | 직무 관련 경험, 핵심 역량, 경력, 프로젝트 중심 요약 | 전체 경력과 논문, 학회 등 학문적 업적 |
> | 용도 | 실무 지원 | 연구직/학계/공공기관, 해외 학술지원 |

커버레터 작성법

커버레터^{cover letter}는 이력서와 달리 영문판 자기소개서에 가깝습니다. 채용 담당자에게 자신의 동기와 직무 적합도를 어필하는 홍보용 서류인 셈이죠. 이력서는 지원자가 무엇을 했는지 보여 준다면, 커버레터는 지원자가 왜 이 직무에 적합한 사람인지 이야기를 통해 설득합니다.

커버레터 작성법 기본

- 지원하는 역할^{role}을 정밀하게 타기팅하여 회사와 직무에 맞춤형으로 작성합니다.
- 지원자가 이 회사에 얼마나 적합한지, 왜 해당 직무에 관심이 있는지를 스토리텔링합니다.
- 일반적으로 1페이지 이내로 작성합니다.
- 자신의 경력과 성과를 소개하되 이력서와 중복되지 않는 내용으로 구성하는 것이 좋습니다.

이력서와 커버레터는 채용 담당자에게 지원자의 직무적 역량과 보유 스킬을 통해 기업에 얼마나 이바지할 수 있는지를 어필한다는 점에서 목적이 같지만, 엄연히 다른 내용과 형식으로 구분됩니다. 커버레터를 작성할 때는 이력서와의 차이점을 기억하면서 중복을 피하고 다양한 강점을 어필하는 것이 좋습니다.

	이력서	커버레터
목적	경력, 테크 스택, 학력 등 객관적인 스펙 요약	자기 소개, 지원 동기, 성과를 스토리로 서술
형식	항목별 나열, 리스트 형식	단락 구성, 비즈니스 레터 형식
내용	• 기술 역량 • 학력 및 자격 • 프로젝트 및 성과	• 왜 이 기업/직무에 지원했는가? • 어떤 역량이 회사에 기여할 수 있는가? • 약점 극복 사례
어조	간결함	개인적이고 설득력 있음

커버레터 핵심 기재 사항

커버레터는 이름 그대로 편지^{letter}로서, 이메일과 유사한 형식으로 작성합니다. 이때 자신이 지원할 회사, 직무, 직급에 걸맞은 사람임을 강조할 수 있도록 맞춤형으로 서술하는 것이 중요합니다. 과거 프로젝트의 성과를 수치로 제시하여 신뢰도를 높이고, 지원하는 회사의 특정 프로젝트나 특징을 언급하여 구체적으로 스스로를 홍보하는 것이 좋습니다.

커버레터는 비교적 형식이 자유롭지만, 짧은 분량 안에 효율적으로 자신을 어필하기 위해 다음과 같은 내용을 포함해야 합니다.

1. 인사말, 도입문

커버레터는 편지 형식을 따릅니다. 채용 담당자의 이름이나 채용팀에게 건네는 인사말 salutation 로 시작하세요. 그러고 나서 지원하는 직무와 회사 이름, 그리고 핵심 강점을 한 줄 정도 기술하여 도입문을 작성하세요. 이때 회사와 직무명을 정확히 기재해야 합니다.

> Dear Hiring Manager,
> I am excited to apply for the Software Engineer position at [Company Name]. With over [X years] of experience in software development, specializing in Python and JavaScript, I am confident in my ability to contribute to your innovative projects.
>
> 채용 담당자님께,
> [회사명]의 소프트웨어 엔지니어 포지션에 지원하게 되어 매우 기쁘게 생각합니다.
> 저는 [X년] 이상의 소프트웨어 개발 경험을 보유하고 있으며, 특히 파이썬과 자바스크립트를 전문적으로 다뤄 왔습니다. 귀사의 혁신적인 프로젝트에 의미 있는 기여를 할 수 있으리라 확신합니다.

2. 이력서에는 없는 지원 동기, 지원하는 회사에 대한 관심

커버레터에는 이력서와 다른 지원자만의 스토리텔링을 보여줄 수 있습니다. 테크 스택을 나열하는 것만으로는 어필하기 어려웠던 동기와 열정, 문화적 적합성을 담아 채용 담당자를 설득하세요. 너무 형식적이거나 추상적인 문구보다는 가독성 있고 자연스러운 표현이 좋습니다.

> I am particularly drawn to [Company Name] for its [mention a specific reason, like innovative culture or a particular project], and I am eager to bring my skills to your team.
>
> 저는 [회사명]의 [혁신적인 기업 문화 / 특정 프로젝트 등 구체적인 이유]에 특히 매력을 느꼈으며, 저의 역량을 귀사 팀에 보태고 싶다는 열정을 가지고 있습니다.

다음은 위 항목과 노하우를 적용해 작성한 커버레터입니다. 완성된 이력서를 참고해서 나만의 커버레터를 작성해 보세요.

Cover Letter Sample

Jinho Jang
Seoul, South Korea
jinhojang@example.com
+82 10-1234-5678
April 16, 2025

Dear Hiring Manager at Acme Corp,

I am writing to express my strong interest in the Software Engineer position at Acme Corp. With over 5 years of experience in developing scalable web applications using Python, JavaScript, and cloud-native technologies, I bring a proven track record of delivering robust solutions, optimizing system performance, and driving infrastructure efficiency.

During my time at Geek Haus in San Francisco, I led the transition of a legacy jQuery-based frontend to a modern tech stack using React, Next.js, Tailwind CSS, and Jotai, resulting in a 30% improvement in server response time and significantly improved user satisfaction. I also designed and implemented RESTful APIs using Python and JavaScript, and integrated AWS services to optimize the cloud infrastructure, which helped reduce operational costs.

Prior to that, I worked as a Junior Software Developer at Agoras in Seoul, where I contributed to the development and maintenance of web applications. My responsibilities included writing unit tests, reviewing code for quality assurance, and collaborating within agile teams to deliver new features efficiently.

What attracts me to Acme Corp is your dedication to building innovative, scalable solutions that make a meaningful impact. I am particularly inspired by your work in cloud-based platforms and your commitment to engineering excellence. I'm eager to bring my skills and mindset to a team that values continuous improvement, clean architecture, and collaborative problem-solving.

Thank you for considering my application. I would welcome the opportunity to further discuss how my background and technical expertise align with your team's goals. I look forward to contributing to Acme Corp's continued success.

Sincerely,
Jinho Jang

장진호
대한민국 서울
jinhojang@example.com
+82 10-1233-5678
2025년 4월 16일

Acme Corp 채용 담당자님께

안녕하세요. 저는 Acme Corp의 소프트웨어 엔지니어 포지션에 깊은 관심을 갖고 이와 같이 지원하게 되었습니다. 파이썬, 자바스크립트, 클라우드 네이티브 기술을 활용하여 확장 가능한 웹 애플리케이션을 개발해 온 5년 이상의 경험을 바탕으로 신뢰성 높은 솔루션을 제공하고, 시스템 성능을 최적화하며, 인프라 효율성을 향상시킨 입증된 경험을 보유하고 있습니다.

샌프란시스코의 Geek Haus에서 근무하는 동안, 기존 jQuery 기반 프런트엔드를 리액트, Next.js, Tailwind CSS, Jotai 기반의 모던 기술 스택으로 전환하는 프로젝트를 주도했습니다. 이를 통해 서버 응답 속도가 크게 개선되었고, 사용자 만족도 또한 향상되었습니다. 또한 파이썬과 자바스크립트를 활용해 RESTful API를 설계 및 구현하고, AWS 서비스를 통합하여 클라우드 인프라를 최적화함으로써 운영 효율을 높였습니다.

이전에는 서울의 Agoras에서 신입 웹 개발자로 근무하며, 웹 애플리케이션 개발 및 유지보수에 기여하였습니다. 이 과정에서 단위 테스트를 작성하고 코드 품질을 검토하였으며, 애자일 팀 내에서 협업을 통해 신규 기능을 효율적으로 제공하는 역할을 수행하였습니다.

제가 Acme Corp에 기여하기를 희망하는 이유는, 실질적인 가치를 창출하는 혁신적이고 확장 가능한 솔루션을 구축하려는 비전과, 기술적 완성도를 중요하게 여기는 기업 문화에 깊이 공감하기 때문입니다. 저는 지속적인 개선과 깔끔한 아키텍처, 그리고 협업 중심의 문제 해결을 중시하는 팀에서 제 기술적 역량과 자기 주도적인 태도로 기여하고 싶습니다.

제 지원서를 검토해 주셔서 감사합니다. 제 배경과 기술 경험이 귀사의 목표에 어떻게 기여할 수 있을지, 더 자세히 이야기 나눌 기회를 가질 수 있기를 바랍니다. Acme Corp의 지속적인 성공에 함께 기여할 수 있기를 기대합니다.

감사합니다.
장진호 드림

링크드인 프로필 작성법

링크드인^{LinkedIn}은 글로벌 IT 기업 취업에 매우 중요한 구인구직 및 소셜 미디어 플랫폼입니다. 아직 국내에서는 링크드인을 활용하는 개발자들이 상대적으로 적지만, 해외에서는 링크드인 프로필이 채용 과정에서 이력서만큼이나 중요합니다.

글로벌 인재를 찾는 리크루터^{recruiter}와 헤드헌터^{headhunter}들은 링크드인을 통해 후보자의 전문성과 경력을 파악합니다.

> **NOTE** 리크루터는 기업 내부의 채용 담당자, 헤드헌터는 채용 전문 기관의 외부 스카우터입니다.

또한 링크드인은 단순히 커리어를 나열한 온라인 이력서가 아니라, 자신을 전문가로서 지속적으로 알리며 팔로우 follow를 통해 네트워크를 형성할 수 있는 중요한 소셜 미디어 플랫폼입니다.

특히 북미의 기업들은 지원자의 기술적 역량만큼이나 지인의 추천 등 **네트워크**나 **레퍼런스**를 중시합니다. 링크드인 프로필을 최신 상태로 업데이트하고 동종 업계에서 친목을 다져 평판을 관리하는 것이 글로벌 취업 시장에서 승률을 높이기 위한 중요한 전략입니다.

링크드인을 잘 활용하면, 글로벌 IT 시장에서의 성공적인 취업 가능성을 폭발적으로 높일 수 있을 것입니다. 지금부터 링크드인의 프로필을 구성하는 주요 섹션을 알아보고, 채용 담당자에게 좋은 인상을 남기는 프로필 작성법을 소개하겠습니다.

이력서와 링크드인 프로필의 차이점

이력서와 링크드인 프로필은 목적이 다소 다릅니다. 이력서는 직무에 맞춰 기술과 경력을 간결하게 작성하는 반면, 링크드인은 커리어를 더 상세하고 다양하게 보여줄 수 있습니다. 참여했던 모든 프로젝트를 기재하고, 성과를 더 구체적으로 설명할 수 있죠. 경력 외에도 추천서 recommendation나 지인들의 기술 보증 skill endorsement 같은 기능을 통해 자신을 신뢰할 수 있는 전문가로 어필할 수 있습니다.

링크드인 프로필과 이력서의 또 다른 점은 **프로필 사진**입니다. 일반적으로 영미권에서는 이력서에 사진을 첨부하지 않지만, 링크드인에서는 프로필 사진을 사용하는 것이 좋습니다. 아무래도 채용 담당자는 사진이 첨부된 프로필을 열람할 가능성이 높기 때문이죠. IT 기업 역시 다른 기업과 마찬가지로 전문적인 인상을 선호하기 때문에 지나치게 캐주얼하거나 익살스러운 셀카보다는 깔끔하고 자신감 있는 모습으로 어필하는 것이 좋습니다.

첫인상을 결정짓는 프로필

매력적인 첫인상을 위해 링크드인 프로필은 [헤드라인headline]과 [About] 섹션에 특히 신경써야 합니다.

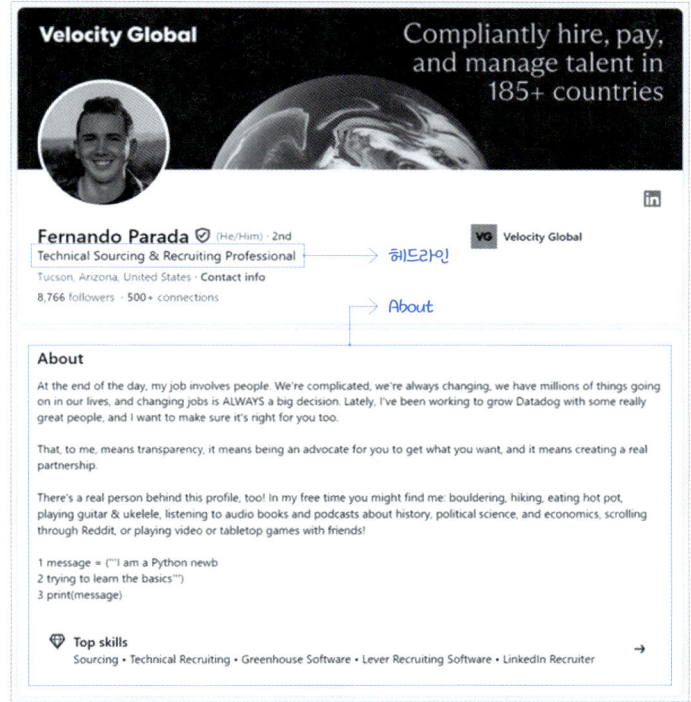

[헤드라인]은 프로필과 함께 노출되기 때문에, 채용 담당자의 눈에 가장 먼저 띕니다. 따라서 헤드라인에는 자신의 보유 기술과 강점을 명확하게 담아내는 것이 중요합니다.

> 구체적이면서 전문성이 드러나는 헤드라인
> - Full-stack Developer with 5+ years of experience in React and Node.js
>   5년 이상의 리액트, Node.js 기반 풀스택 개발 경험 있음

[About] 섹션은 [헤드라인]보다 더 상세하게 스스로에 대해 서술합니다. 어필하고 싶은 경력, 가장 눈에 띄는 성과, 성격적 장점 등을 기술하여 다른 프로필 섹션보다도 강력하게 첫인상을 결정 지을 수 있죠. 단, 2,600자의 글자수 제한이 있으니 핵심적인 내용을 중심으로 요약해야 합니다.

경력과 보유 기술

링크드인에는 [헤드라인]과 [About] 외에도 경력^{experience} 및 학력^{education}, 보유 기술^{skills}을 구체적으로 기술할 수 있는 섹션이 따로 있습니다.

[Experience] 섹션에는 이력서와 마찬가지로 최신 경력부터 기재하며, 각 경력에서 맡은 역할과 성과를 구체적으로 설명합니다. 다른 점이라면 링크드인은 이력서보다 형식적으로 더 자유롭다는 것입니다.

각 직무에서 자신이 수행한 업무를 객관적으로 나열할 뿐만 아니라 업무에 사용된 기술 스택을 설명하거나, 자신의 성과가 팀과 회사에 어떻게 기여했는지, 팀원들과의 협업 관계나 문제 해결 과정을 더 상세하게 기술할 수 있습니다. 따라서 각 프로젝트 및 주요 업무 별로 달성한 성과를 수치와 함께 설명하는 것이 좋습니다.

 여기서 잠깐   추천서의 중요성

개인적인 경험으로 볼 때, 영미권에서는 국내에 비해 동료의 추천을 훨씬 더 중요하게 여기며, 레퍼런스 체크도 철저하게 수행합니다. 따라서 글로벌 채용 생태계에서는 링크드인의 [추천서(recommendation)]가 매우 중요한 역할을 합니다.

함께 일했던 동료, 매니저와 좋은 관계를 유지하고, 이직이나 커리어 전환을 고려할 때 추천서를 요청하여 자신의 능력과 신뢰성을 증명하는 것이 좋습니다.

📝 요점 정리

- 글로벌 기업은 **수시 채용**이 일반적이며, 전화 인터뷰와 코딩 테스트, 심층 면접까지 단계별로 역량과 문화 적합성을 평가합니다.
- 국내와는 **다른 문화적 관점**을 이해하고, **ATS 필터링**을 고려한 문서 구성과 표현 방식이 필요합니다.
- 글로벌 IT 기업의 **이력서**는 간결함과 수치 중심 성과가 핵심이며, 사진·나이 등 개인정보는 포함하지 않습니다.
- **커버레터**는 이력서와 중복 없이 지원 동기와 직무 적합성을 서술하는 1페이지 분량의 스토리텔링 문서입니다.
- **링크드인**은 이력서만큼 중요한 채용 도구로, 프로필 완성도와 **추천서** 관리가 취업 성패에 영향을 미칩니다.

3.2 해외 취업을 위한 코딩 테스트 준비

코드는 어떻게든 짜겠는데, 면접관이 왜 이렇게 했냐고 물으면 입이 턱 막히더라고요.

해외 IT 기업에 지원하는 개발자라면, 코딩 테스트는 반드시 넘어야 할 관문입니다. 단순히 정답을 맞히는 수준을 넘어서, 문제 해결 접근 방식과 코드의 가독성, 그리고 커뮤니케이션 능력까지 평가의 대상이 됩니다. 특히 영어로 자신의 사고 과정을 설명해야 하는 만큼, 기술적 역량과 언어적 표현력을 함께 준비하는 것이 중요합니다.

코딩 테스트 준비하기

코딩 테스트는 지원자의 실제 프로그래밍 수준을 평가하기 위한 채용 절차입니다. 추론 능력이 뛰어난 생성형 AI의 활용으로 코딩 테스트의 중요성이 다소 낮아진 것은 사실이나, 여전히 코딩 테스트는 개발자의 사고력과 의사소통 능력을 평가하기 위한 핵심적인 절차입니다.

코딩 테스트에서는 기술적인 역량뿐만 아니라 문제에 대한 접근 방식과 해결 능력이 중요한 채점 기준입니다. 따라서 단순히 코드를 작성하는 데서 끝나지 않고, 코드를 이렇게 작성한 이유가 무엇인지, 이 코드가 왜 최선인지 설명할 것을 요구합니다.

> **NOTE** algorithm은 '알고리즘'보다는 '앨고리듬'에 가깝게 발음해야 합니다.

문제의 난이도가 높지 않더라도 영어로 알고리즘을 설명하는 것은 어려울 수 있습니다. 코드를 설명하기 위해서는 이진 탐색 binary search, 너비 우선 탐색 Breadth-First Search, BFS, 깊이 우선 탐색 Depth-First Search, DFS, 분할 정복 divide and conquer, 탐욕 알고리즘 greedy algorithm과 같은 코딩 테스트 주요 용어의 영어 표현과 발음을 정확히 숙지하여 커뮤니케이션에 지장이 없도록 해야 합니다.

코딩 테스트에 자주 등장하는 질문과 답변

지금부터 코딩 테스트에서 자주 등장하는 다섯 가지 유형의 질문과 이에 대한 적절한 답변을 살펴보겠습니다.

1. How does your solution handle edge cases? 에지 케이스를 어떻게 처리하나요?

> My solution **handles edge cases** by checking for conditions like empty
>   → 에지 케이스를 처리하다.
> inputs, extremely large numbers, or negative values. For instance, I included validation to ensure that if an empty array is given, the function returns a default value.
>
> 제 솔루션은 빈 입력, 매우 큰 수, 또는 음수와 같은 조건을 체크하여 에지 케이스를 처리합니다. 예를 들어, 빈 배열이 주어졌을 때 기본 값을 반환하도록 유효성 검사를 포함했습니다.

[NOTE] 에지 케이스(edge case)란 일반적인 상황에서 잘 발생하지 않는 예외 사항을 말합니다.

2. What is the time and space complexity of your solution? 솔루션의 시간 복잡도와 공간 복잡도는 어떠한가요?

> The time complexity of my solution is $O(n \log_n)$ due to the sorting step, and the space complexity is $O(n)$ since I **use additional data structures** to store intermediate results.
>   → 추가적인 자료구조를 사용하다

제 솔루션의 시간 복잡도는 정렬 단계 때문에 O(n log n)이며, 중간 결과를 저장하기 위해 추가적인 자료 구조를 사용하므로 공간 복잡도는 O(n)입니다.

3. Can you explain your choice of data structures? 선택한 자료구조를 설명할 수 있나요?

I **chose a hashmap for quick look-up** operations, as it allows for O(1) average
→ 빠른 조회를 위해 해시맵을 선택하다
time complexity when checking if an element exists. Additionally, I used a priority queue to maintain the order of processing for certain elements.

빠른 조회 작업을 위해 요소가 존재하는지 확인하는 데 평균 시간 복잡도가 O(1)인 해시맵을 선택했습니다. 또한, 특정 요소의 처리 순서를 유지하기 위해 우선순위 큐를 사용했습니다.

4. How would you improve or optimize your solution? 솔루션을 어떻게 개선 또는 최적화할 수 있나요?

To optimize my solution, I could **reduce space complexity by avoiding the use of auxiliary data structures.** Additionally, if performance is critical,
→ 보조 자료구조 사용을 피함으로써 공간 복잡도를 줄이다
I might consider using a different algorithm with a lower time complexity, such as switching from a brute-force approach to a dynamic programming solution.

솔루션을 최적화하기 위해 보조 자료구조 사용을 피하여 공간 복잡도를 줄일 수 있습니다. 또한, 성능이 중요하다면 브루트포스 접근에서 동적 프로그래밍 솔루션으로 전환하는 것과 같이 더 낮은 시간 복잡도를 가진 알고리즘을 고려할 수 있습니다.

5. **How do you ensure the solution is scalable?** 솔루션이 확장 가능하다는 것을 어떻게 보장하나요?

> To **ensure scalability**, I avoided operations that would significantly increase
>   └→ 확장성을 보장하다
> time complexity for large input sizes. I also utilized data structures that maintain efficiency as the data grows, such as using a balanced binary search tree for sorted data access.
>
> 확장성을 보장하기 위해, 큰 입력 크기에서 시간 복잡도를 크게 증가시키는 작업을 피했습니다. 또한, 데이터가 커질 때도 효율성을 유지하는 균형 잡힌 이진 검색 트리와 같은 자료 구조를 사용했습니다.

6. **How would you handle performance bottlenecks in your solution?** 솔루션의 성능 병목 현상을 어떻게 해결하나요?

> If I encountered **performance bottlenecks**, I would first profile the code to identify
>   └→ 성능 병목 현상
> the slowest parts. Depending on the results, I might optimize those sections by reducing nested loops or replacing inefficient algorithms with more suitable alternatives, such as using memoization to avoid redundant calculations.
>
> 성능 병목 현상을 겪는다면, 먼저 코드를 큰 틀에서 살펴보며 가장 느린 부분을 식별하겠습니다. 결과에 따라 중첩 루프를 줄이거나 비효율적인 알고리즘을 더 적합한 대안으로 대체하고, 중복 계산을 피하기 위해 메모이제이션을 사용할 수 있습니다.

7. **What strategy would you use to test this solution?** 이 솔루션을 테스트하기 위해 어떤 전략을 사용할 것인가요?

> I would use a combination of unit tests and edge case testing. I would start with basic unit tests for typical input and then **introduce edge cases**, such as
>   └→ 에지 케이스를 도입하다
> extremely large or small values, null inputs, and invalid data. Additionally,

I'd perform performance testing with large datasets to ensure the algorithm handles scalability.

기본적인 입력에 대해 단위 테스트를 시작하고, 그 후 매우 크거나 작은 값, null 입력, 잘못된 데이터와 같은 에지 케이스를 도입하여 테스트할 것입니다. 또한, 알고리즘이 확장성을 처리할 수 있는지 확인하기 위해 대규모 데이터셋을 사용한 성능 테스트도 수행할 것입니다.

자주 쓰는 표현

- Balance the trade-off between speed and memory. 속도와 메모리 사이의 균형을 맞추다.
- Iterate over the dataset. 데이터셋을 순회하다.
- Reduce the time complexity. 시간 복잡도를 줄이다.
- Calculate the space complexity. 공간 복잡도를 계산하다.
- Check for null or invalid inputs null. 널 또는 잘못된 입력을 확인하다.
- Break down the problem into smaller subproblems. 문제를 하위 문제들로 나누다.
- Cache intermediate results to avoid redundant calculations.
  중간 결과를 캐시하여 중복 계산을 피하다.
- Verify the output with multiple test case. 여러 테스트 케이스로 출력값을 검증하다.
- Implement a depth-first search(DFS) to traverse the graph.
  그래프를 순회하기 위해 깊이 우선 탐색(DFS)을 구현하다.
- Leverage a greedy algorithm for optimal results.
  최적의 결과를 위해 탐욕 알고리즘을 활용하다.

코딩 테스트에서는 알고리즘 풀이뿐 아니라 문제 접근 방식과 영어로 설명하는 커뮤니케이션 능력이 핵심 경쟁력입니다.

요점 정리

- 글로벌 IT 기업의 코딩 테스트는 단순한 정답보다 문제 접근 방식과 커뮤니케이션 능력을 중시합니다.
- 기초 자료구조 및 알고리즘에 대한 이해와 구현 능력이 핵심 평가 항목입니다.
- 코드를 영어로 설명하는 능력이 중요하며, 자주 쓰이는 알고리즘 용어의 발음과 표현을 익혀야 합니다.
- 시간 복잡도, 공간 복잡도, 확장성 등을 설명하는 영어 표현 템플릿과 답변 예시를 준비해두면 실전에서 큰 도움이 됩니다.

3.3 글로벌 기업의 면접 절차와 준비 방법

그들은 단순히 '좋은 개발자'를 뽑기보다는, 함께 일할 동료를 찾고자 합니다.

공채 중심의 국내 채용 방식에 익숙하다면 글로벌 기업의 채용 프로세스와 면접 방식이 낯설고 어렵게 느껴질 수 있습니다. 그러나 구조를 이해하고 준비하면 오히려 더 공정하고 전략적인 구직이 가능합니다.

글로벌 IT 기업의 면접 프로세스

의외로 해외 취업을 꿈꾸는 개발자들이 마주하는 첫 번째 장벽은 영어 실력이 아닌 한국과는 조금 다른 글로벌 기업의 **채용 문화와 평가 기준**입니다. 특히 대면 면접에서는 그 문화적 차이를 확연히 느낄 수 있죠. 지금부터 글로벌 IT 기업의 면접 프로세스를 알아보겠습니다.

면접 interview 을 세분화하여 여러 단계로 진행하는 경우도 많습니다. 기본적인 인적 사항을 확인하는 인사팀 인터뷰, 합류할 팀의 리더와 팀원이 직접 질의하는 실무팀 인터뷰, 팀의 관리를 담당하는 매니저와의 인터뷰, 그리고 기업과 지원자의 비전 일치 여부 판단하는 임원 인터뷰까지 각기 다른 요구사항을 단계별로 검증합니다.

다양한 문화와 배경을 가진 사람들과 협업하며 글로벌 서비스를 만들어 보고 싶으신가요? 지금부터 글로벌 IT 기업의 채용 프로세스 중 면접 과정을 단계별로 자세히 살펴보고, 다양한 형식의 면접에서 무엇을 준비해야 하는지 살펴보겠습니다.

인사팀 인터뷰

인사팀 인터뷰 Human Resources interview, HR interview 는 글로벌 IT 기업 채용 절차의 첫 관문으로, 주로 이력서와 자기소개서의 진위 여부와 특이사항을 확인하고 지원자의 기본적인 의사소통 능력을 평가합니다.

여기서 중요한 것은 지원자가 자신을 얼마나 명확하게 표현할 수 있는지, 회사가 필요로 하는 인재상과 어느 정도 부합하는지를 파악하는 것입니다. 인사팀 인터뷰에서는 주로 기술적인 질문보다는 지원자의 성향이나 조직 적응력, 그리고 커뮤니케이션 능력에 대한 질문이 많습니다. 특히 영어로 자신을 표현하는 데 있어 명확하고 일관된 메시지를 전달할 수 있는 능력이 중요합니다.

다음은 자주 등장하는 인사팀 인터뷰 질문입니다. 답변 예시를 참고하여 자신만의 스크립트를 준비해 두는 것을 권장합니다.

1. 자기소개 Tell me about yourself. 자기소개를 해 주세요.

> I am a developer with over 5 years of experience in the IT field. I have focused on web development and automation solutions, primarily using Python and JavaScript. I have a strong **track record** of delivering high-quality
> → 실적, 전적
> results and working effectively within teams to solve complex problems.
>
> 저는 IT 분야에서 5년 이상의 경력을 쌓은 개발자입니다. 현재까지 웹 개발과 자동화 솔루션에 집중해 왔으며, 특히 파이썬과 자바스크립트를 활용한 프로젝트를 다수 진행했습니다. 문제 해결 능력과 팀워크를 통해 효율적인 업무 성과를 달성한 경험이 많습니다.

2. 지원 동기 Why do you want to work here? 왜 우리 회사에서 일하고 싶나요?

> I was impressed by your company's innovative technologies and growth potential. I see this role as a great opportunity to apply my skills and experience, and I believe that your company's vision **aligns well with** my values.
> → 일치하다, 동의하다

귀사의 혁신적인 기술과 성장 가능성에 깊은 인상을 받았습니다. 귀사가 제공하는 프로젝트와 문화는 제가 가진 기술과 경력을 활용할 수 있는 좋은 기회라고 생각하며, 특히 귀사의 비전이 저의 가치와 잘 맞다고 느꼈습니다.

3. 자기 PR Why should we hire you? 왜 당신을 고용해야 하나요?

I have technical skills and the ability to adapt quickly to changing environments. My previous projects have always **maintained high quality while meeting deadlines**, and I have extensive experience working collaboratively
→ 마감 기한을 지키면서 높은 품질을 유지하다
to solve complex issues.

저는 기술적인 역량뿐만 아니라 빠르게 변화하는 환경에 적응하는 능력을 갖추고 있습니다. 제가 진행한 프로젝트들은 항상 높은 품질을 유지하며 마감 기한을 지켰고, 팀과 협업하여 복잡한 문제를 해결한 경험이 많습니다.

4. 장단점 What are your strengths and weaknesses? 본인의 강점과 약점은 무엇인가요?

My strengths are problem-solving and attention to detail. I am also a **fast learner** when it comes to new technologies. My weakness is that I sometimes
→ 빠른 학습자
focus too much on the details, but I am working on improving my ability to
→ 세부 사항에 집착하다
see the bigger picture.

저의 강점은 문제 해결 능력과 세부 사항에 대한 꼼꼼함입니다. 새로운 기술을 빠르게 습득할 수 있는 학습 능력도 저의 장점입니다. 약점으로는 가끔 세부적인 부분에 지나치게 집중하는 경향이 있는데, 이를 보완하기 위해 큰 그림을 더 자주 확인하려 노력하고 있습니다.

5. 업무 적합성 What makes you the best candidate for this position? 귀하가 이 직책에 가장 적합한 이유는 무엇인가요?

> I am confident that my skills and experience match the requirements of this position perfectly. My project experience **aligns directly with the technical needs of this role**, and I am committed to contributing to your company's success.
> → 직책의 기술적 요건과 정확히 일치하다
>
> 저는 이 직책의 요구 사항에 완벽하게 부합하는 기술력과 경험을 갖추고 있습니다. 특히, 저의 프로젝트 경험은 이 직책에서 요구되는 기술과 정확히 일치하며, 귀사의 목표 달성에 기여할 수 있다고 확신합니다.

6. 위기 극복 What is the biggest challenge you've overcome? 극복한 가장 큰 도전 과제는 무엇인가요?

> The biggest challenge I've faced was a large-scale data migration project. We encountered unexpected data loss issues, and I successfully rebuilt the backup process and **implemented an efficient validation** system to complete the project successfully.
> → 효율적인 검증 시스템을 도입하다
>
> 제가 가장 큰 도전 과제로 여겼던 것은 대규모 데이터 마이그레이션 프로젝트였습니다. 예상치 못한 데이터 손실 문제를 극복하기 위해 백업 프로세스를 재구축하고 효율적인 검증 절차를 도입해 성공적으로 완료할 수 있었습니다.

7. 이직 사유 Why are you leaving your current job? 현재 직장을 떠나는 이유는 무엇인가요?

> I've learned a lot in my current role, but I am looking for new growth opportunities. I believe your company's projects and vision offer the perfect environment for my career and skills to grow further.
>
> 현재 회사에서 많은 것을 배웠지만, 더 큰 성장 기회를 찾고자 이직을 고민하게 되었습니다. 특히 귀사의 프로젝트와 비전이 저의 경력과 기술을 한 단계 더 성장시킬 수 있는 환경이라고 판단했습니다.

8. **추가 질문** What do you know about our company? 우리 회사에 대해 무엇을 알고 있나요?

> I know that your company is a leader in the industry, focusing on innovation and **customer-centric solutions**. Your recent AI-based services were partic ularly
> → 고객 중심 솔루션
> impressive, and I believe my experience would be a great fit for those projects.
>
> 귀사는 기술 혁신과 고객 중심의 솔루션으로 업계를 선도하는 기업으로 알고 있습니다. 특히 최근에 발표하신 AI 기반 서비스가 매우 인상적이었으며, 그 부분에서 제 경험을 잘 활용할 수 있을 것 같습니다.

9. **연봉 협상** What are your salary expectations? 급여 기대치는 어떤가요?

> Based on my experience and skills, I expect compensation **in line with** market
> → ~와 비슷한
> standards. However, I am open to discussing it further, considering the growth opportunities and benefits your company offers.
>
> 제 경력과 기술력을 고려했을 때, 시장 평균에 맞는 보수를 기대하고 있습니다. 하지만 귀사에서 제공하는 성장 기회와 복지를 함께 논의하며 합리적인 수준에서 협의할 의향이 있습니다.

실무팀 인터뷰

실무팀 인터뷰 technical team interview 는 기술적인 능력뿐 아니라 문제 해결 능력, 팀워크, 그리고 회사 문화와의 적합성을 종합적으로 평가합니다. 실제 업무 상황에서 발생할 수 있는 문제를 어떻게 해결하는지를 보는 코딩 테스트나 알고리즘 문제 풀이도 포함될 수 있습니다.

실무팀 인터뷰에서 중요한 포인트는 문제 접근 방식과 논리적인 풀이 과정입니다. 따라서 이 단계에서는 단순히 답을 맞히는 것보다도 풀이 과정을 합리적으로 설명하는 것이 좋습니다. 본인의 기술적 강점을 보여 주는 동시에 타인과의 협업 경험, 커뮤니케이션 방식, 그리고 타인과의 의견 조율 능력을 강조하는 것이 중요합니다.

이 과정에서 지원자는 팀의 일원이 되어가는 경험을 하게 됩니다. 실무팀 인터뷰에 자주 등장하는 질문 유형은 다음과 같습니다. 내 직무에 가장 적합한 예상 질문과 나만의 답변을 미리 준비해 두는 것을 권장합니다.

1. How would you optimize this algorithm? 이 알고리즘을 최적화하세요.

First, I would analyze the time and space complexity of the current algorithm. Based on the analysis, I would **look for opportunities to reduce redundant computations**, such as avoiding repeated calculations or using dynamic
→ 불필요한 계산을 줄일 방법을 찾다
programming techniques. Additionally, I might explore different data structures that could improve performance, like using a hash map for faster lookups.

우선, 현재 알고리즘의 시간 복잡도와 공간 복잡도를 분석하겠습니다. 이 분석을 기반으로 불필요한 계산을 줄일 수 있는 방법을 찾고, 반복 계산을 피하거나 동적 프로그래밍 기법을 사용할 수 있을 것입니다. 추가적으로, 성능을 향상시킬 수 있는 해시맵과 같은 자료구조를 탐색할 수도 있습니다.

2. Write a Python function to check if a string is the same when reversed.
문자열을 뒤집어도 같은지 확인하는 파이썬 함수를 작성하세요.

Let me explain the code below.

```python
def is_palindrome(s):
    return s == s[::-1]
```

This function compares the original string with its reversed version using **Python's slicing feature**. If both are the same, the function returns True,
→ 파이썬의 슬라이싱 기능
indicating the string is a palindrome.

이 함수는 원본 문자열과 그 뒤집힌 버전을 파이썬의 슬라이싱 기능을 사용하여 비교합니다. 두 문자열이 같으면 함수는 True를 반환하며, 이는 문자열이 회문임을 의미합니다.

> **NOTE** 회문(palindrome)이란 거꾸로 읽어도 똑바로 읽는 것과 같은 문자열입니다.

3. Explain the recent project you worked on and the challenges you faced.
최근 참여한 프로젝트와 직면했던 도전 과제를 설명해 주세요.

I worked on a web scraping project that involved gathering financial data from multiple sources. One of the main challenges was dealing with sites that frequently updated their structures, which broke our scripts. To solve this, I **implemented more robust error handling** and used an **abstraction layer**
→ 더 견고한 오류 처리를 구현하다

that allowed easier modifications when the site structure changed.
→ 쉽게 수정을 허용하는 추상화 계층

저는 여러 소스로부터 금융 데이터를 수집하는 웹 스크래핑 프로젝트에 참여했습니다. 주요 도전 과제 중 하나는 사이트 구조가 자주 변경되어 스크립트가 작동하지 않는 상황이었습니다. 이를 해결하기 위해 더 견고한 오류 처리를 구현하고, 사이트 구조가 변경될 때 쉽게 수정할 수 있도록 추상화 계층을 도입했습니다.

4. Tell us about a time you worked in a team and had to resolve a conflict.
팀에서 일하면서 갈등을 해결해야 했던 경험을 이야기해 주세요.

In a previous project, we had a disagreement about the best approach to handle a feature implementation. Some team members wanted to **prioritize speed**, while others, including myself, were more focused on code maintaility.
→ 속도를 최우선으로 하다

I initiated a discussion where we weighed the **pros and cons** of both approaches.
→ 장단점, 찬반양론

a solution that balanced both speed and maintainability.

이전 프로젝트에서 기능 구현 방식을 두고 의견 차이가 있었습니다. 일부 팀원들은 속도를 우선시했고, 저를 포함한 다른 팀원들은 코드 유지보수성을 더 중시했습니다. 저는

> 양쪽의 장단점을 비교하는 논의를 주도했고, 결국 속도와 유지보수성을 모두 고려한 해결책으로 타협을 이끌어냈습니다.

코딩 테스트 및 기술 인터뷰에 활용하기 좋은 영어 표현들을 미리 숙지해 두면, 다양한 상황에 응용할 수 있습니다.

자주 쓰는 표현

- I implemented a caching mechanism to reduce the load on the database and improve overall performance. 데이터베이스의 부하를 줄이고 전체 성능을 향상시키기 위해 캐싱 메커니즘을 구현했습니다.
- I prioritized readability in my code, ensuring that future developers can easily maintain and extend it. 추후 유지보수 및 확장이 용이하도록 코드의 가독성을 우선시했습니다.
- I utilized a modular approach, allowing each component to be developed and tested independently. 각 컴포넌트를 독립적으로 개발 및 테스트하기 위해 모듈식 접근 방식을 사용했습니다.
- I applied a unit testing strategy to catch potential bugs early and improve code reliability. 잠재적 버그의 조기 발견과 코드 신뢰성 향상을 위해 단위 테스트 전략을 적용했습니다.
- I optimized the query to minimize response times by indexing the most frequently searched fields. 응답 시간 최소화를 위해 최빈 검색 필드를 인덱싱하여 쿼리를 최적화했습니다.
- I integrated continuous integration and deployment pipelines to automate the testing and deployment processes. 테스트와 배포 프로세스를 자동화하기 위해 지속적 통합 및 배포 파이프라인을 통합했습니다.
- I selected this algorithm because it balances both time complexity and memory usage, which is crucial for our project requirements. 프로젝트 요구 사항의 핵심인 시간 복잡도와 메모리 사용량의 균형을 맞추기 위해 이 알고리즘을 선택했습니다.

- I refactored the codebase to improve modularity and reduce technical debt, making future updates easier. 모듈화를 개선하고 기술 부채를 줄이기 위해 코드베이스를 리팩토링하여 향후 업데이트를 더 쉽게 만들었습니다.

매니저 인터뷰

매니저^{manager}는 인터뷰 과정에서 지원자가 팀에서 어떤 역할을 맡게 될지, 그리고 팀의 목표와 얼마나 잘 맞을지 평가할 것입니다. 실무적인 능력뿐만 아니라 조직 내에서의 적합성, 그리고 매니저와의 협업 용이성을 중점적으로 피력하는 것이 좋을 수 있습니다.

매니저 인터뷰에 자주 등장하는 질문은 다음과 같습니다.

1. **Tell me about a time when you had to manage multiple priorities. How did you handle it?** 여러 우선순위를 관리해야 했던 경험을 이야기해 주세요. 어떻게 처리했나요?

> In my previous role, I had to juggle multiple deadlines across different projects. To handle this, I first prioritized tasks based on their impact and deadlines. I used tools like Notion to organize my tasks and set clear goals for each day. Additionally, I **communicated with stakeholders** to ensure
> → 이해 관계자와 소통하다
> expectations were aligned and to manage any potential conflicts. By staying organized and proactive, I was able to **meet all the deadlines without sacrificing quality.** → 품질을 희생하지 않고 마감일을 맞추다
>
> 이전 직장에서 여러 프로젝트의 마감 기한을 동시에 처리해야 했습니다. 이를 해결하기 위해, 먼저 작업을 중요도와 마감 기한에 따라 우선순위를 매겼습니다. 노션과 같은 도구를 사용하여 작업을 체계적으로 관리하고, 매일 명확한 목표를 설정했습니다. 또한, 이해 관계자들과 지속적으로 소통하며 기대치가 일치하는지 확인하고, 잠재적인 충돌을 관리했습니다. 체계적이고 능동적인 태도를 유지함으로써 품질 저하 없이 모든 마감일을 맞출 수 있었습니다.

2. How do you approach feedback from your manager or peers? 상사나 동료의 피드백을 어떻게 받아들이나요?

> I view feedback as an opportunity for growth. When I receive feedback, I listen carefully and ask clarifying questions to fully understand the perspective. I then reflect on how I can incorporate the feedback into my work to improve. I believe that maintaining an open mind and being receptive to feedback is essential for continuous personal and professional development.
>
> 저는 피드백을 성장의 기회로 여깁니다. 피드백을 받을 때는 상대방의 관점을 완전히 이해하기 위해 주의 깊게 듣고, 명확한 이해를 위해 추가 질문을 합니다. 그런 다음, 그 피드백을 제 업무에 어떻게 적용하여 개선할 수 있을지 고민합니다. 열린 마음을 유지하고 피드백을 수용하는 자세는 개인적, 직업적 발전을 위한 필수 요소라고 생각합니다.

임원 or CEO 인터뷰

임원(executive) 또는 **CEO 인터뷰**는 채용 절차의 마지막 단계로, 지원자가 회사의 비전과 장기적인 목표에 얼마나 잘 부합하는지를 평가합니다. 회사의 핵심 전략과 문화에 대한 깊이 있는 논의가 이루어지는 자리이므로, 보다 거시적인 관점에서 지원자의 역할과 기여 가능성을 검토합니다. 기술적인 이해도를 강조하는 것 보다는 회사의 비전과 목표에 대한 이해, 그리고 자신이 그 목표를 달성하는 데 어떤 기여를 할 수 있는지를 보여 주는 것이 좋습니다.

임원 또는 CEO 인터뷰에 자주 등장하는 질문은 다음과 같습니다.

1. What excites you the most about our company's vision? 우리 회사의 비전에서 가장 기대되는 것은 무엇인가요?

> I'm excited by the company's focus on innovation and using technology to create impactful solutions. The way your vision **emphasizes both growth and sustainability** aligns perfectly with my values.
> → 성장과 지속가능성을 모두 강조하다

귀사가 기술을 통해 혁신적인 솔루션을 제공하는 데 중점을 둔 점이 기대됩니다. 특히 성장과 지속 가능성을 함께 추구하는 비전이 제 가치관과 잘 맞습니다.

2. How do you see yourself contributing to the vision? 회사의 비전에 어떻게 기여할 수 있을 것 같나요?

With my background in software development, I can contribute by building scalable and efficient solutions that support your company's goals. I'm also **eager to** collaborate across teams to help drive innovation.
→ be eager to: ~를 하고 싶다

소프트웨어 개발 경험을 바탕으로, 귀사의 목표를 지원하는 확장 가능하고 효율적인 솔루션을 구축할 수 있습니다. 또한, 팀 간 협업을 통해 혁신을 이끌어 나가고 싶습니다.

🔍 여기서 잠깐 | 기술보다 중요한 것은 비전 공감

지원자의 테크 스택과 스킬은 이미 실무 면접에서 충분히 검증된 상태이므로, 임원 및 CEO 인터뷰에서는 더 심층적인 대화를 나누게 됩니다. 기술 역량보다는 관점과 태도가 더욱 중요하게 평가되니, 핵심은 공감과 진정성에 있음을 기억하세요. 특히 다음과 같은 부분을 사전에 고민해 보면 좋습니다.

- 내가 이 회사의 미션과 비전에 얼마나 공감하고 있는가?
- 이 회사가 추구하는 방향과 내 커리어 목표가 얼마나 일치하는가?
- 단순히 일 잘하는 개발자를 넘어, 장기적으로 어떤 임팩트를 줄 수 있는 인재인가?

요점 정리

- 글로벌 기업은 인사팀 → 실무팀 → 매니저 → 임원/CEO 순으로 면접을 단계적으로 진행하며, 각 단계마다 평가 기준이 다릅니다.
- 인사팀 인터뷰에서는 자기소개, 지원 동기 등 기본적인 인성과 적합성을 중심으로 평가합니다.
- 실무팀 인터뷰는 알고리즘 풀이, 프로젝트, 협업 사례 등을 통해 문제 해결력과 팀워크를 종합적으로 평가합니다.
- 매니저 인터뷰에서는 우선순위 관리, 피드백 수용력 등 실무 및 리더십 역량을 확인하며, 사람과의 협업 태도가 중요합니다.
- 임원/CEO 인터뷰는 회사의 비전과 문화에 대한 이해, 장기적인 기여 가능성을 평가합니다.

선배의 노하우

- 자기소개와 예상 질문에 대한 답변은 대본으로 준비해 두세요.
- 화상 인터뷰에서는 PPT 슬라이드를 활용해 자신을 소개하거나, 유튜브에 과제 코드 해설 영상을 업로드하는 등 창의적인 방식으로 적극성을 보여 주는 것도 효과적입니다.
- 조직의 중책으로 성장하기 위해서는 의사소통 능력, 팀워크, 리더십, 대인관계와 같은 소프트 스킬이 코딩 실력만큼이나 중요합니다.

고민 상담소 지금 당장 뭐부터 해야 할까요?

1–2년 후 해외 취업을 목표로 한다면 무엇부터 해야 할까요?

해외 IT 스타트업에서 일하며 동료 개발자 채용을 위해 인사팀과 협업했을 당시, 저는 두 가지 항목을 중점적으로 평가했습니다. 첫 번째가 깃허브 프로필이고, 두 번째는 1:1 인터뷰입니다.

깃허브 프로필은 개발자의 얼굴과도 같습니다. 이력서에 드러나지 않는 개발에 대한 열정과 코드의 품질을 여과 없이 보여주는 가장 투명한 자료죠. 깃허브 프로필을 매력적으로 꾸미고, 〈Featured Repository〉 섹션에 모든 개발 실력을 담아 면접에서 적극적으로 어필하세요.

매력적인 깃허브 프로필은 Commit이나 Repository의 개수가 많고, 프로젝트 Repository 내 코드 퀄리티 역시 훌륭합니다. 공개된 프로젝트가 단 하나밖에 없다면 품질이 아무리 좋아도 성실성을 어필하기 어렵고, 공개된 프로젝트가 많아도 코드 퀄리티가 나쁘면 그저 그런 코드를 양산하는 평범한 개발자로 보일 수 있습니다.

이미 시작한 프로젝트를 바꾸기 어렵다면 Featured 프로젝트만큼은 나의 모든 역량을 담아내야 합니다. 커밋 메시지 작성법부터 프로젝트 README.md까지, 모든 디테일에 대한 장인 정신을 갖고 프로처럼 임하세요. 내 깃허브 프로필을 검토하는 인사팀과 개발자는 바쁘기 때문에, 최대한 나의 성실성과 실력을 한 눈에 보여줄 수 있도록 준비해야 합니다.

다음으로 1:1 인터뷰를 준비할 때는 최대한 협력적인 태도를 어필할 수 있도록 소프트 스킬을 키우고, 앞서 소개한 글로벌 IT 기업의 문화와 커뮤니케이션 방법을 숙지하여 인터뷰 중 실수하지 않도록 유의해야 합니다.

이외에도 이력서와 링크드인 프로필을 꼼꼼하게 작성하고, 다른 사람의 시선에서 내 링크드인 프로필과 이력서를 검토받는 것이 좋습니다. 내 관점에서는 보이지 않던 개선점이 발견되는 경우가 많기 때문입니다.

상투적이지만 가장 중요한 것은 '연습과 경험'입니다. 몇 년 후를 목표로 해외 취업을 준비하더라도, 최대한 빠르게 다양한 기업들에 지원하며 인터뷰 경험을 쌓아 나가는 것을 권장합니다. 그저 연습이라고 생각하면 됩니다. 초반에는 서류나 인터뷰 단계에서 걸러질 확률이 높지만, 경험을 쌓고 면접자에게 피드백을 요청하며 개선해 나가다 보면 언젠가 좋은 결과를 얻게 될 것입니다.

설령 다 탈락하더라도 해외 취업을 준비하며 축적한 경험과 지식은 평생 남습니다. 도전에 잃을 것은 없고, 얻을 것은 많습니다. 여러분의 건투를 기원합니다.

Chapter 4. Onboarding
글로벌 개발자로 성장하는 IT 비즈니스 영어

이번 장에서 배울 내용

품격 있는 비즈니스 이메일 작성법, 글로벌 기업과 한국 기업의 업무 문화 차이, 그리고 동료 개발자와의 원활한 소통을 위한 커뮤니케이션 방법을 다루며, 국제적 감각을 갖춘 개발자로 성장하는 데 필요한 필수 소프트 스킬을 학습합니다.

4.1 비즈니스 이메일

비즈니스 이메일, 그냥 한글로 작성하고 AI로 번역하면 안 되나요?

아닙니다! 비즈니스 이메일은 단순한 정보 전달 수단을 넘어, 상대방에게 신뢰를 주고 업무의 방향을 결정짓는 중요한 커뮤니케이션 도구입니다. 영어로 작성할 때는 언어적 관습과 문화적 차이를 고려해야 합니다. 이번 절에서는 영문 비즈니스 이메일의 기본 구조와 관습, 상황별 표현과 주의할 점에 대해서 체계적으로 살펴보겠습니다.

품격 있게 비즈니스 이메일을 작성하는 방법

직장 동료, 또는 클라이언트에게 품격 있는 비즈니스 이메일을 작성하려면 영문 이메일의 기본적인 구조를 이해하고, 국내 비즈니스 커뮤니케이션과의 문화 차이를 이해해야 합니다. 영문 이메일에서 눈에 띄는 특징은 다음과 같습니다.

1. 간결함 중시

영문 이메일은 계절이나 날씨와 관련된 형식적인 인사는 생략하고, 용건을 최대한 간결하게 작성하는 것을 선호합니다. 짧은 인사 한 문장 이후에는 곧장 본론을 제시하세요. 또한 완곡한 표현보다는 명료한 지시를 프로페셔널하다고 여깁니다.

✗ 다음 면접 전형을 진행하기 어렵게 되었습니다.

✓ We will not proceed with this hiring process. 채용 프로세스를 진행하지 않겠습니다.

2. 인사말과 호칭

영문 이메일은 일반적으로 직함보다는 이름을 직접 언급합니다. 비격식체로 가볍게 인사하는 것이 일반적이며 격식 있는 표현은 다소 형식적으로 느껴질 수 있습니다. 친근한 관계라면 더 캐주얼한 표현을 사용할 수도 있습니다. 맺은말은 간단한 안부 뒤에 이름을 붙여 마무리합니다.

- ✔ Hi Jinho ⟶ 가벼운 인사말
- ✔ Dear Smith ⟶ 격식 있는 말
- ✔ Hey Joey ⟶ 캐주얼한 인사말

To: geekyboy@geekhaus.club
From: contact@geekhaus.club
Subject: Welcome to Geek Haus!

Dear Geekboy,
We hope this email finds you well.

We are thrilled to inform you that your application has been approved, and you are now officially a member of Geek Haus.
We will be hosting a welcome party for our new club members sometime in the next few weeks. We will send you another email later this week with details regarding the event.
Welcome to the club, and we look forward to seeing you at the party!

Best Regards,
Geek Haus Team

친애하는 Geekboy님께,
이 이메일이 잘 전달되기를 바랍니다.
귀하의 지원서가 승인되었으며, 귀하는 이제 공식적으로 긱하우스 멤버가 되었음을 알려드리게 되어 기쁩니다.
긱하우스는 앞으로 몇 주 안에 새로운 클럽 회원들을 위한 환영 파티를 개최할 것입니다. 이번 주 후반에 이벤트 세부 정보에 대한 이메일을 보내드리겠습니다.
클럽에 오신 것을 환영합니다. 파티에서 뵙기를 바랍니다!

안부를 전합니다,
긱하우스 팀 드림

영문 이메일은 규격화되어 있고, 자주 등장하는 표현이 정해져 있습니다. 단도직입적이고 간결한 화법을 선호하기 때문에 익숙해지면 금방 적응할 수 있습니다.

지금부터 영문 비즈니스 이메일 작성 방법을 함께 살펴보겠습니다.

제목

제목은 용건을 담아 간략한 문장이나 명사형으로 작성합니다. 이때 일반적으로 an, an, the와 같은 관사^{article}을 생략합니다.

문의와 요청

 regarding
의미 ~에 대하여, ~의 건

- **Regarding** Technical Support 기술 지원의 건
- Inquiry **Regarding** Schedule 스케줄 관련 문의

 request
의미 요청하다

- **Request** for Feedback 피드백 요청

촉구와 긴급

 require

수신자의 조치가 필요한 경우 제목에 'Action Required'를 붙여 행동을 촉구할 수 있습니다.

- [Action **Required**] Email Verification 조치 필요: 이메일 인증

 urgent

- **Urgent** Request for Meeting Confirmation 미팅 확인 긴급 요청

🔍 여기서 잠깐   대문자를 적절하게 사용하는 방법

영어에서 대문자(capitalization)는 문장의 첫 글자, 고유 명사(proper nouns), 제목, 인용 등에서 사용되며 특별한 문법적 규칙이 적용되는 경우가 아니라면 소문자를 사용하는 것이 원칙입니다. 그러나 실제로는 문법을 따르지 않고 감정을 표현하거나, 내용을 강조, 또는 시각적 가독성을 확보하기 위해 의도적으로 대문자를 사용하는 경우가 많습니다. 이를 stylistic capitalization 또는 emphatic capitalization 이라고 합니다. 영문 대문자 활용에 대해서는 다음과 같은 용례를 참고하세요.

1) **강한 강조**: 모든 문자 또는 문장 내에서 선택적으로 단어 일부를 대문자로 씁니다.
   - **효과**   명확하고 직관적인 행동 유도
   - **사용처**   공지사항, 마케팅 카피라이트, 주의사항, UI/UX의 버튼 텍스트
   - **주의할 점**   공격적인 어조를 조성하거나 소리를 지르는 것처럼 느껴질 수 있음. 메신저나 메일 본문에는 사용을 지양할 것

- URGENT: RESPONSE NEEDED 긴급: 회신 필요
- WE ARE HIRING! 채용 중
- LOG IN 로그인
- Your account has been Suspended due to Violation of policy. 귀하의 계정은 정책 위반을 사유로 정지되었습니다.

2) **제목형 대문자**: 제목의 주요 단어를 대문자로 표기하고, 관사·전치사·접속사 등 중요하지 않은 단어는 소문자로 표기합니다.
   - **효과**   시각·인지적으로 핵심 정보에 주목을 유도
   - **사용처**   기사/메일/블로그 포스트/책/학술 논문의 제목, 브랜드 슬로건

- How to Use Git in Team Projects 팀 프로젝트에 Git을 활용하는 방법
- Approval Needed: Budget Plan for 3rd Quarter 승인 필요: 3분기 예산 계획
- Service Interruption Resolved: April 25 Incident 서비스 장애 해결됨: 4월 25일 발생 건

본문

비즈니스 메일의 본문은 예의를 갖춰 상대방에게 존중의 태도를 보이고, 요청 사항이나 목적을 명확하게 전달하는 것이 핵심입니다. 기본적인 구성은 ① **인사말**, ② **목적**, ③ **상세 내용**, ④ **요청**, ⑤ **마무리** 순입니다.

인사말

본문의 첫 문장은 이름이나 직급을 명시하여 수신자를 밝히며, 정중한 인사를 건네는 것으로 시작합니다. 이때 친밀도나 상황에 따라 호칭이나 인사말의 어조를 달리할 수 있습니다. 첫 글자는 대문자로 작성하며, 호칭 뒤에는 쉼표(,)를 붙입니다.

격식을 갖춘 호칭

Dear Mr./Ms. ⟨last name⟩,
의미 ○○ 님께,

격식을 갖춘 이메일은 수신자의 성(last name) 앞에 Mr./Ms.를 붙여 존경의 의미를 보입니다.

- Dear Ms. Watson, 친애하는 왓슨 씨께,
- Dear Jane, 제인 님께

Dear HR Manager,
의미 채용 담당자 님께,

특정 직위나 부서를 호칭으로 사용할 수도 있습니다.

- Dear Frontend team, 프런트엔드 팀께

Dear Whom it may concern,
의미 연관되어 있을 분께,

수신인이 특정되지 않은 경우에는 연관되어 있을지도 모를 모든 사람을 언급할 수도 있습니다.

- To whom it may concern, 연관될 수 있는 사람에게,

친밀한 관계에서 호칭

Hello ⟨first name⟩
의미 안녕하세요, ○○ 님

친밀한 관계에서 메일을 보낼 때는 격식을 조금 낮추면서 예의를 유지하는 호칭을 쓰는 것이 좋습니다. 잘 아는 사이라면 성 대신 이름(first name)을 부를 수도 있습니다.

- Hello, Michelle 안녕하세요, 미셸

Hi ⟨first name⟩
의미 안녕, ○○

'Hi'는 'Hello'보다 더 친근한 표현으로 비즈니스에서는 다소 캐주얼한 어조입니다. 타 업계에 비해 상대적으로 격식에 있어 자유로운 편인 IT 비즈니스에서는 처음 대화하는 상대와도 [Hi + 이름]으로 메일을 시작하는 경우가 많습니다.

- Hi Daniel 안녕 다니엘
- Hi all 모두 안녕?

인사

적절한 호칭을 통해 수신자를 지명하고 나면 격의에 맞는 인사를 건네는 것이 순서입니다. 상황에 따라 자주 쓰는 문장을 소개합니다.

일반적인 안부 인사

- I hope you are doing well. 잘 지내고 있기를 바랍니다.
- I hope all is well, I hope you are well. 모두 잘 지내고 있길 바랍니다.
- How are you? 잘 지내고 계신가요?
- I hope this email finds you well. 이 메일이 잘 전달되기를 바랍니다.

초면인 상대에게 소개

 My name is ⟨name⟩, and I'm with ⟨company/department/team⟩.
의미 저는 [회사/소속]에 있는 [이름]입니다.

- My name is Jinho, and I am a front-end developer at Geek Haus.
  제 이름은 진호이고, 긱하우스의 프런트엔드 개발자입니다.

 I'm reaching out as ⟨role⟩ at ⟨company⟩.
의미 [회사]의 [직책]으로 연락드립니다.

- I'm reaching out as a server developer at Pixel Labs.
  Pixel Labs에서 서버 개발자로 연락드립니다.

 I was referred to you by ⟨referee⟩
의미 ⟨추천인⟩의 소개로 연락드립니다.

- I was referred to you by Dr. Choi. 최 박사님의 소개로 연락드립니다.

> NOTE 소개는 되도록 두 문장 이내로 작성하고 바로 메일의 목적을 이어서 전달하는 것이 좋습니다.

휴가에서 복귀한 상황

- I hope you enjoyed your weekend. 주말 즐겁게 보내셨기를 바랍니다.
- I hope you had a great vacation. 멋진 휴가 보내셨기를 바랍니다.

본문

영문 이메일은 서문을 생략하고 상황과 목적을 밝히며 간결하게 작성하는 것이 중요합니다. 메일을 보내는 이유를 명확히 전달하고 요청이나 질문은 구체적으로 기술합니다. 정보를 전달하는 상황에서도 핵심 메시지를 서두에 노출하는 것이 좋습니다.

목적과 용건 `purpose`

- I am writing in reference to the meeting agenda.
  회의 안건과 관련해서 이메일을 드립니다.

- I am writing to request testing for the latest build.
  최신 빌드에 대한 테스트를 요청하기 위해 이메일을 송부합니다.

- I am emailing to inform you that we have found some issues with your pull request.
  풀 리퀘스트에 문제를 발견했음을 알려드리기 위해 이메일을 보냅니다.

- I'm reaching out to explore potential collaboration opportunities.
  협업 가능성을 논의하고자 연락드립니다.

요청과 제안 `proposal/suggestion`

 Could you please …?
> 의미 …해 주실 수 있나요? (격식)

정중한 태도로 요청할 때 사용하는 표현입니다.

- Could you please help review this component and refactor it?
  이 컴포넌트를 검토하고 리팩터링 하는 것을 도와주실 수 있나요?

 I would appreciate it if you could….
> 의미 …해 주신다면 감사하겠습니다. (격식)

- I would appreciate it if you could fix the bug and let us know what the problem is.
  버그를 고치고 문제가 무엇인지 알려 주시면 감사하겠습니다.

- I'd appreciate it if you could provide more details on the document.
  문서에 대한 자세한 정보를 알려 주시면 감사하겠습니다.

 Can you…?
> 의미 …해 주시겠어요? (비격식)

비격식체로 친밀한 관계에서 캐주얼하게 사용할 수 있는 표현입니다.

- Can you provide me with an update on the issue? 이슈에 대해 업데이트해 주실 수 있나요?

I'd like to request…
  의미 …를 요청하려 합니다. (격식)

- I'd like to request the relevant documents.
  관련 문서를 요청합니다.
- As an alternative, I'd like to request a meeting next Monday at 3 PM.
  대안으로 다음 주 월요일 오후 3시 미팅을 요청드립니다.

 Please….
  의미 …를 부탁드립니다. (비격식)

- Please let me know when you're done. 완료되면 알려주세요.

후속 확인 `follow-up/reminder`

- Just checking in to see if you had a chance to review my proposal.
  제안서를 검토하셨는지 확인차 연락드립니다.
- I'm following up on my previous email sent on May 13th.
  5월 13일에 보낸 메일에 대해 다시 연락드립니다.
- I would appreciate it if you could get back to me by next Tuesday.
  다음주 화요일까지 회신 주시면 감사하겠습니다.

세부사항

본문의 서두에서 간결하게 목적과 의도를 밝힌 후, 세부사항에 대한 설명을 추가로 전달할 수 있습니다. 세부사항 문단을 2~3문장씩 나누어 가독성을 확보하고, 불릿 ᵇᵘˡˡᵉᵗ이나 번호, 또는 글머리 기호를 매겨 나열하면 깔끔합니다.

제안 사항

We are currently working on a SaaS product, which aims to: → 프로젝트/제품명
- Simplify the process of writing technical documentation → 목표/효과
- Automatically generate docs from annotated code → 기능
- Support developers in maintaining large-scale projects. → 사용 사례
We believe this can add value to your work in developer experience. → 관련 분야

저희는 SaaS 제품을 개발 중입니다. 이 제품은 다음을 목표로 합니다:
– 기술 문서 작성 과정을 단순화하고
– 주석이 포함된 코드로부터 문서를 자동 생성하며
– 대규모 프로젝트를 유지보수하는 개발자를 지원합니다.
이 도구는 개발자 경험 향상에 실질적 가치를 더할 수 있을 것입니다.

> **NOTE** 영어로 '~라고 생각한다'고 표현할 때는 동사 'believe'를 자주 사용합니다.

프로세스

Our typical collaboration process involves the following steps:
1) Initial consultation to align goals and technical requirements. → 첫번째 단계
2) Prototyping and iterative feedback, and → 두번째 단계
3) Final implementation and ongoing support. → 마무리 단계
We're happy to customize the process based on your team's workflow and timeline.

일반적인 협업 프로세스는 다음과 같은 단계를 따릅니다:
1) 목표와 기술 요구사항을 조율하기 위한 초기 상담.
2) 프로토타입 제작 및 반복적인 피드백 수렴.
3) 최종 구현 및 지속적 지원
해당 프로세스는 귀하 팀의 업무 흐름과 일정에 맞춰 조정할 수 있습니다.

요구사항

> I'm reaching out to request a quote for the following items related to our infrastructure setup:
> - Quantity: 10 units
> - Specifications: 48-port Gigabit Ethernet, rack-mountable, with redundant power supply support
> - Delivery date: Needed by June 15, 2025
>
> 당사 인프라 구축과 관련하여 다음 항목에 대해 견적 요청드립니다:
> - 수량: 10대
> - 사양: 45포트 기가비트 이더넷, 장착형 랙, 이중 전원 공급 지원
> - 납기 희망일: 2025년 6월 25일

마무리

마무리 문장과 서명 signature 는 메일의 인상을 좌우하므로 정중하면서도 목적에 맞는 표현을 사용해야 합니다. 비즈니스 상황에서 쓸 수 있는 마무리 인사와 맺음말 closing 을 정리해 보겠습니다.

마무리 인사

마무리 인사는 본론과 맺음말 사이에, 감사를 표시하거나 회신을 당부하는 내용으로 적는 것이 일반적입니다.

당부 및 회신 요청

- I look forward to your response.
  회신 부탁드립니다.
- I look forward to hearing from you.
  회신 기다리겠습니다.

- Please feel free to contact me for more information.
  추가적인 정보는 저에게 연락주시기 바랍니다.

- Don't hesitate to contact me for further assistance.
  추가적인 도움이 필요하시면 주저하지 말고 제게 연락 주세요.

- Please let me know if you're interested in discussing this further.
  이 주제에 대해 논의하고 싶으시면 말씀해 주세요.

- We'd love to hear your thoughts on this.
  귀하의 의견을 듣고 싶습니다.

- I would appreciate it if you could get back to me by 4th of July.
  7월 4일까지 회신 주시면 감사하겠습니다.

감사 표현

- Thank you for your time and consideration.
  시간 내 검토해 주셔서 감사합니다.

- I appreciate your attention to this matter.
  이 사안에 관심 가져 주셔서 감사합니다.

- Many thanks for your cooperation.
  협조에 깊이 감사드립니다.

- Thank you for getting back to me.
  회신 주셔서 감사합니다.

맺음말

이메일의 마지막에는 맺음말 closing 을 덧붙입니다. 일반적으로 축복, 감사 등의 의미를 담은 짧은 단어를 쓰며, 맺음말 끝에는 쉼표(,)를 붙이고 줄바꿈하여 다음 행에 작성자의 이름 또는 부서명을 기재합니다.

격식 있는 맺음말

- Sincerely, 진심을 담아,

- Best Regards, 안부 전합니다.
- (with) Kind regards, 안부를 전하며,

> **NOTE** Sincerly는 전문적인 어조로 조금 더 공식적인 느낌을 주고, Regards는 친절한 어조로 경의를 표합니다.

친밀한 사이에서 맺음말

- Thanks, 고마워요.
- Cheers, 안녕
- Best, 안부 전해요.

당부

- We appreciate your assistance. 저희에게 도움을 주셔서 감사합니다.
- I hope everything is going well. 모든 것이 잘 되고 있기 바랍니다.
- We will not be able to attend the seminar next week.
  저희는 다음 주 세미나에 참석할 수 없습니다.
- I am writing in reference to our schedule for this week's meeting.
  이번 주 회의 일정에 대해 이메일을 드립니다.

🔍 여기서 잠깐 | 대명사 I와 We

한국어 문장은 '나(또는 저)'와 같은 주어를 직접적으로 드러내는 것이 어색할 때가 있습니다. 그래서 많은 경우 주어를 생략하죠. 그러나 영어는 의견을 내거나 요청 사항을 작성할 때 문장에 주어를 명시합니다.

- 나는 당신이 도와주셔서 감사합니다. → 어색한 표현
- I appreciate your assistance. → 자연스러운 표현

물론 영문 이메일도 비격식적인 상황에서는 주어를 생략합니다. 하지만 공식적인, 형식을 갖춘 영문 이메일은 문장에 I, We와 같은 주어를 명확하게 표시해야 합니다.

서명

서명 signature 은 이름과 소속, 연락처 등을 포함하여 간단히 작성한 문단으로, 메일의 명함 같은 역할입니다. 특히 비즈니스 메일에서 깔끔한 서명은 신뢰감과 전문성을 높입니다. 텍스트를 몇 줄 나열하는 것보다 몇 가지 스타일을 적용해서 포멀하고 보기 좋게 만들어 보세요.

서명은 기본적으로 이름 name, 직책 title, 회사명 company, 이메일 주소 email, 전화번호 phone number 를 포함하며, 그 외에도 회사 웹사이트, 링크드인 주소 LinkedIn 등을 추가할 수도 있습니다.

서명 작성 시 주의할 점은 다음과 같습니다.

- 메일 본문과 폰트와 글자 크기를 통일하세요. 보통 10~12pt로 작성합니다.
- 색상을 많이 사용하거나 과도하게 화려한 글머리 기호는 자제하세요.
- 불필요한 문구는 피하세요. 긴 자기소개나 명언을 추가하는 것도 지양합니다.
- 웹사이트, LinkedIn 주소 등을 추가한다면 클릭 가능하게 설정하세요.

다음은 기본적인 서명 예시입니다. 여기에 회사 로고 이미지를 삽입할 수도 있으며, 내부용으로 더 간결하게 할 수도 있습니다.

> Daniel Kim ⟶ 이름
> Software Engineer | Hanbit Technologies ⟶ 직책 | 회사명
> daniel.kim@hanbit.tech ⟶ 이메일 주소
> +1-414-554-1234 ⟶ 전화번호

이모지 emoji 나 특수문자를 활용할 수도 있습니다.

> Sophia Choi ⟶ 이름
> Product Manager | GeekHaus Inc. ⟶ 직책 | 회사명
> 📷 sophia.choi@geekhaus.com ⟶ 이메일 주소

🌐 www.geekhaus.com ⟶ 회사 업데이트
📞 +82-2-3456-7890 ⟶ 전화번호

글로벌 비즈니스를 맡고 있다면 서명에 국가/도시 표기를 추가하는 것이 좋습니다.

Minho Park ⟶ 이름
Infrastructure Engineer | Example LLC ⟶ 직책 | 회사명
Seoul, Republic of Korea ⟶ 도시, 국가
Email: minho.park@example.com | Mobile: +82-10-1234-5678
⟶ 이메일 주소, 전화번호
Website: www.example.com ⟶ 회사 웹사이트

> **NOTE** 주소는 도시-국가 순서로 작성하고, 전화번호에는 국가 코드(+82)를 포함해야 합니다.

전문성을 강조하고 싶다면 기술 스택이나 전문 분야를 간단히 드러내도 괜찮습니다.

David Lee ⟶ 이름
Freelance System Engineer ⟶ 직무
Expert in Linux server administration, virtualization (VMware, Hyper-V), and system automation ⟶ 전문 분야
📧 david.lee.sys@example.com ⟶ 이메일 주소
📞 +82-10-2344-6789 ⟶ 전화번호
🔗 GitHub: github.com/example ⟶ 깃허브 주소

비즈니스 이메일 작성 상황별 표현

비즈니스 이메일을 작성하다 보면 파일을 첨부하거나[attach] 상대방에게 무언가를 상기시키는[remind] 등, 다양한 상황을 표현해야 하는 경우가 발생합니다. 비즈니스 이메일에서 자주 사용되는 표현을 상황별로 정리해 보겠습니다.

첨부 파일 관련 표현

 attach
의미 부착하다, 첨부하다 용례 attached file(첨부 파일)

- Please find the **attached** file. 첨부 파일을 확인해 주세요.
- Please refer to the file **attached** for more information.
  자세한 내용은 첨부된 파일을 참조하시기 바랍니다.
- I have **attached** the file for review. 검토용 파일을 첨부했습니다.

리마인더 관련 표현

 reminder
의미 리마인더, 정보나 제안 사항을 상기하고 잊지 않도록 알려주는 기능

- This is a gentle **reminder** that your document review is due this Friday.
  문서 검토 마감이 이번 주 금요일이라는 것을 상기시켜 드립니다.
- Just a friendly **reminder** that we will be having a meeting at 3PM.
  3시에 회의가 있다는 것을 상기시켜 드립니다.

> NOTE 리마인드는 정중한 어조가 핵심입니다. 'gentle/friendly reminder'처럼 부드럽게 안내하세요.

좋은 소식을 전달할 때 사용하는 표현

 be thrilled/excited/happy to…
의미 …하게 되어 기쁩니다.

- We **are thrilled to** announce that we will be launching our service in two days.
  이틀 후에 서비스를 출시할 예정임을 알려드리게 되어 기쁩니다.
- We **are excited to** have you join our team.
  귀하가 우리 팀에 합류하게 되어 기쁩니다.
- We **are happy to** inform you that your proposal has been accepted.
  귀하의 제안이 수락되었음을 알려드리게 되어 기쁩니다.

거절 표현

 regret to say/inform you that…
  `의미` … 라는 말씀을 전해드리게 되어 유감입니다.

- **I regret to inform you that** I will not be able to attend the event on Tuesday.
  화요일 행사에 참석하지 못함을 알려드리게 되어 유감스럽게 생각합니다.

 be sorry to say/inform you that…
  `의미` … 라는 말씀을 전해드리게 되어 유감입니다.

- We **are sorry to inform you that** we cannot accept your proposal.
  귀하의 제안을 수락할 수 없음을 알려드리게 되어 유감입니다.

 be afraid that …
  `의미` 죄송하지만 …입니다.

- **I'm afraid that** I have some bad news (for you).
  안타까운 소식을 전해드려야 할 것 같습니다.

감사 표현

 thank you for…
  `의미` …에 감사합니다. `용례` thank you for 〈동사+-ing〉, thank you for 〈명사〉

- **Thank you for** sharing. 공유해 주셔서 감사합니다.
- **Thank you for** your prompt response. 신속한 응답에 감사합니다.
- **Thank you for** referring me to John. John을 추천해 주셔서 감사합니다.

 appreciate
  `의미` 고마워하다

- Your assistance will be greatly **appreciated**.
  도와주시면 대단히 감사하겠습니다.

express my/our gratitude
의미 감사를 표하다

- I would like to **express my sincere gratitude** for your support.
  귀하의 지원에 대해 진심으로 감사의 말을 전하고 싶습니다.

> **NOTE** 'gratitude'는 'thank'나 'appreciate'보다 격식 있는 표현입니다.

양해를 구하는 표현

apologize
의미 사과하다 **용례** apologize for …

- We **apologize** for the inconvenience.
  불편을 드려 죄송합니다.

sorry
의미 미안하다

- **Sorry for** the late reply.
  회신이 늦어 죄송합니다.

> 🔍 **여기서 잠깐** 간접적으로 양해 구하기
>
> 비즈니스 영어에서는 'sorry' 대신 'thank you'로 양해를 구하는 표현이 더 긍정적이고 세련된 인상을 줍니다. 사과 대신 감사를 표현함으로써 정중함을 유지하면서도 부드럽게 요청하는 것이죠.
>
> - Thank you for your kind understanding. 너그러이 이해해 주셔서 감사합니다.
> - Thank you for your patience. 기다려 주셔서 감사합니다.
> - Thank you for accommodating the change. 변경 사항을 수용해 주셔서 감사합니다.
> - We sincerely appreciate your kind understanding and continued partnership.
>   귀사의 양해와 지속적인 파트너십에 진심으로 감사드립니다.

'thank you' 표현을 사용하면 긴급하거나 조금 까다로운 상황에서도 부드럽게 양해를 구할 수 있습니다.

- Thank you for your understanding as we work to adjust the delivery schedule.
  납기 일정 조정을 이해해 주셔서 감사합니다.
- Thank you for your patience while we finalize the requested documents. We are working to get everything ready as quickly as possible.
  요청하신 서류를 마감할 때까지 기다려 주셔서 감사합니다. 가능한 빨리 모든 준비를 끝내기 위해 노력하겠습니다.

> 비즈니스 커뮤니케이션에서는 사과보다 양해와 감사 표현이 프로페셔널해 보입니다.

📝 요점 정리

- 비즈니스 이메일은 신뢰와 기회를 좌우하는 중요한 커뮤니케이션 수단입니다.
- 영문 이메일은 I/We 중심, 직접적이고 간결한 표현을 선호합니다.
- 제목은 간결하고 명확하게, 필요 시 Action Required 등의 머리말로 긴급성을 표시합니다.
- 본문 구성은 인사 → 목적 → 상세 → 요청 → 마무리 순서로 작성합니다.
- 표현은 상황에 따라 Could you please, I would appreciate it if you could 등을 구분합니다.
- 서명은 이름, 직책, 회사, 이메일, 전화번호를 기본으로 간결하게 정리합니다.
- Sorry 대신 Thank you를 활용해 긍정적이고 정중한 인상을 남깁니다.
- 영문 이메일은 한국식 이메일보다 조금 더 단도직입적이고 간결한 화법을 선호합니다. 도입부를 'I hope this email finds you well'과 같은 한 문장으로 최대한 짧게 구성해 보세요.
- With Kind Regards, Best Wishes와 같이 영문 이메일에 자주 등장하는 주요 맺음말을 알아두세요.

선배의 노하우

- 이메일은 '내가 하고 싶은 말'을 쓰는 게 아니라 '상대가 읽기 쉽게' 쓰는 것임을 항상 염두에 두시기 바랍니다.
- 메일은 두괄식으로 작성합니다. 첫 1~2문장 안에 메일을 쓴 목적을 정확히 밝히세요. 초반에 용건을 정확히 제시하면 상대방도 긴장하지 않고 읽을 수 있습니다.
- 문장은 짧게, 표현은 명확하게. 한 문장 안에 여러 가지 생각을 담으려 하지 마세요.
- 비즈니스 메일의 마무리는 맺음말 + 이름 + 서명으로 깔끔하게 끝맺으면 됩니다.
- 검토는 필수, 발송 전에 1분 멈춤! 이메일을 작성했다면 바로 전송하지 말고 1분 정도 시간을 두고 다시 읽어 보세요.

4.2 글로벌 IT 기업의 개발자를 위한 생활 속 노하우

글로벌 IT 기업에서 일하게 된다면 한국에서 일하던 방식과 많이 다르다는 걸 느낄 거예요. 다양한 배경을 가진 사람들이 모인 글로벌 IT 기업에서 어떻게 하면 원활하게 소통하고, 동료 개발자들과 좋은 관계를 유지할 수 있을까요? 글로벌 기업과 한국 기업의 업무 문화 차이를 살펴보고, 동료들의 신뢰와 공감을 얻을 수 있는 커뮤니케이션 방법을 확인해 보세요.

단어 하나로 생사가 갈리는 소프트웨어 법률 용어

리눅스, 리액트, 텐서플로 등 **오픈소스 프로젝트**는 인류를 위한 공공재로 정보화 시대의 출현과 IT 기술의 대중화를 크게 앞당겼습니다. 개발자는 빠르고 효율적으로 제품과 서비스를 개발할 수 있고, 소비자는 더 높은 퀄리티의 제품과 서비스를 더 낮은 가격으로 이용할 수 있게 되었죠. 압도적인 편의성으로 인해 오픈소스는 매일 함께 하는 전자기기, 웹 서비스, 모바일 앱 등 거의 모든 곳에 활용되며 일상의 일부가 되었습니다.

인터넷과 역사를 함께 한 오픈소스는 커뮤니티 중심의 협업과 민주적 의사 결정을 통해 개방성과 연결성이라는 인터넷의 핵심 철학을 계승합니다. 하지만 오픈소스라고 해서 아무렇게나 사용할 수 있는 것은 아닙니다. MIT License, BSD License, GPL License, Apache License 2.0, Mozilla Public License 2.0 등 주요 오픈소스 라이선스 중에는 인용 표시 attribution를 하지 않거나 2차 창작물의 소스 코드를 공개하지 않을 경우 **법적 문제**가 발생합니다. 상업적 용도가 제한된 오픈소스를 허가 없이 사용하거나 저작권 고지를 무시할 경우, 엄청난 배상금을 지불하거나 프로젝트를 중단하게 될 수 있습니다.

실제로 오라클^{Oracle}은 구글의 안드로이드 운영체제에 사용된 JAVA API에 대한 저작권 침해 문제를 제기하며 90억 달러(한화 10조원 이상)의 손해배상금을 요구했습니다. 이처럼 프로젝트를 법적으로 보호하고 법적 문제로 서비스 운영에 차질이 생기지 않으려면, 소프트웨어 라이선스의 법적 허용 범위를 명확히 알고 있어야 합니다. 대부분의 오픈소스 라이선스가 영어로 작성되는 만큼 기본적인 법률 영어 표현을 익혀 둡시다.

영문 법률 문서의 특징

1. shall vs. may

법률 문서는 조동사 shall과 may를 빈번하게 사용하는데, 그 차이에 유의해야 합니다. **shall**은 **반드시 지켜야 하는 것**^{obligation}, **may**는 **허용되는 것**^{permission}에 사용합니다.

> The above copyright notice and this permission notice **shall** be included in all copies or substantial portions of the Software. → 의무
>
> 위 저작권 표시와 본 허가조항은 소프트웨어의 모든 복제본 혹은 중요한 부분에 포함되어야 합니다.
>
> You **may** add Your own attribution notices. (출처) Apache License, Version 2.0
> → 허용
> 귀하는 자체적으로 저작자 표시를 추가할 수 있습니다.

2. 주요 용어 정의

일반적으로 법률 문서는 시작 부분에 문서에서 다루게 될 주요 용어를 정의합니다. 영문 법률 문서는 정의할 용어의 첫 번째 문자를 **대문자**로 쓰고, **큰따옴표**로 감싸 표시합니다.

> associated documentation files (the **"Software"**)
>
> 이와 연관된 모든 문서 파일들 (이하 '소프트웨어'라 한다)

> [!NOTE] 용어를 정의한 이후에는 the Software처럼 큰따옴표 없이 첫 글자의 대문자만 유지합니다.

3. 대문자 사용

강조가 필요하거나 법적 책임 소재를 명시하는 부분은 대문자로 표시합니다.

> IN NO EVENT SHALL THE AUTHORS OR COPYRIGHT HOLDERS BE LIABLE FOR ANY CLAIM.
>
> 어떠한 경우에도 저작자 혹은 저작권자는 소유권에 대해서 책임을 지지 않는다.

4. 대명사형 부사

대명사 부사$^{pronominal\ adverb}$는 **대명사^{pronoun}와 전치사^{preposition}을 결합**하여, 대명사처럼 쓰이는 부사^{adverb}입니다. 법률 문서는 그 성격상 문장 사이의 관계를 명확히 하기 위해 hereto(여기에), hereafter(이후로), thereof(앞서 언급된 그것의)와 같은 대명사형 부사를 사용합니다.

> Each Contributor **hereby** grants You a world-wide, royalty-free, non-exclusive license. (Mozilla Public License 2.0)
>
> 이에 따라 각 기여자는 귀하에게 전 세계적으로 사용료가 없는 비독점적 라이선스를 부여합니다.

IT 법률 용어

주요 법률 용어 몇 가지를 살펴본 뒤 사례를 통해 법률 문서 특유의 표현을 분석해 봅시다. 다음은 알아 두면 좋은 IT 분야의 법률 용어입니다.

 terms and condition
   의미 이용약관

- You must agree to the **terms and conditions** before using the Software.
  소프트웨어를 사용하기 전에 이용약관에 동의해야 합니다.

 privacy policy
   의미 개인 정보 정책

- Our services are subject to the **privacy policy** available on our website.
  당사의 서비스는 웹사이트에 게시된 개인정보 처리방침을 따릅니다.

 copyright
   의미 저작권

- The Software and all related materials are protected by **copyright** laws.
  소프트웨어 및 관련 자료는 저작권법의 보호를 받습니다.

 copyleft
   의미 공개 저작권

- This project is licensed under a **copyleft** license to ensure free distribution and modification.
  이 프로젝트는 자유로운 배포 및 수정을 보장하기 위해 공개 저작권 라이선스를 적용합니다.

patent
의미 특허권

- Certain features of the Software are protected by pending **patents**.
  소프트웨어의 일부 기능은 출원 중인 특허에 의해 보호됩니다.

trademark rights
의미 상표권

- The company name and product logos are protected under **trademark rights**.
  회사명 및 제품 로고는 상표권에 의해 보호됩니다.

> 🔍 **여기서 잠깐** — patent vs. trademark rights
>
> 특허(patent)와 상표권(trademark rights)는 둘 다 법적 소유권을 다루는 개념이지만 차이가 있습니다.
>
> | | 특허 | 상표권 |
> | --- | --- | --- |
> | 보호 대상 | 기술적 아이디어나 발명 | 브랜드 이름, 로고, 심볼 |
> | 예시 | 새로운 소프트웨어 알고리즘, 하드웨어 설계 | Apple 로고, Google 폰트 |
> | 목적 | 새로운 기술/발명의 독점적 사용 권리 | 브랜드 식별성, 소비자 인식 보호 |
> | 보호 기간 | 통상 20년이 지나면 소멸 | 갱신하면 무기한 보호 |

attribution
의미 인용 표시

- Proper **attribution** must be provided when using open-source components.
  오픈소스 구성요소를 사용할 경우 적절한 인용 표시가 필요합니다.

lawsuit, litigation
의미 소송

- Any disputes arising under this Agreement shall be resolved through **litigation** in the courts of Seoul.
  본 계약과 관련하여 발생하는 모든 분쟁은 서울 법원에서 소송을 통해 해결합니다.

 claim
의미 청구, 소유권 주장

- The Company disclaims any **claim** to the content uploaded by users.
  회사는 사용자가 업로드한 콘텐츠에 대한 소유권을 주장하지 않습니다.

 damage
의미 손해

- The Company shall not be liable for any **damages** resulting from the use of the Software.
  회사는 소프트웨어 사용으로 인해 발생한 손해에 대해 책임지지 않습니다.

 legal case
의미 법률 사건

- In the event of a **legal case** involving data privacy violations, the Company will cooperate fully with the authorities.
  데이터 개인정보 침해와 관련된 법률 사건이 발생할 경우, 회사는 당국에 전면 협조합니다.

> 🔍 **여기서 잠깐** 인용 표시를 꼭 신경 써야 하는 이유
>
> 인용 표시(attribute)는 오픈소스를 사용할 때 반드시 지켜야 할 법적 의무입니다. 출처 명시는 예의가 아니라 법적 책임을 피하기 위한 필수 절차라는 뜻입니다. 출처를 제대로 표시하지 않으면 소송(lawsuit)이나 손해배상(damages)을 당할 수 있습니다. 특히 Apache, BSD 등 주요 라이선스에서는 원 저작자와 라이선스 정보를 명시해야 합니다.

reproduction
  의미 재생산

- Unauthorized **reproduction** of the Software or any part thereof is strictly prohibited.
  소프트웨어 또는 그 일부의 무단 재생산을 엄격히 금합니다.

 distribution
  의미 유통

- This Software is provided for **distribution** under the terms of the open-source license.
  이 소프트웨어는 오픈소스 라이선스 조건에 따라 유통됩니다.

 redistribution
  의미 재배포

- **Redistribution** of the Software must include all original license files.
  소프트웨어를 재배포할 경우, 모든 원본 라이선스 파일을 포함해야 합니다.

 modification
  의미 수정

- **Modification** of the source code is allowed under the terms of the GNU General Public License.
  소스 코드의 수정은 GNU 일반 공중 사용 허가서(GPL) 조건 하에 허용됩니다.

 disclaimer
  의미 면책 조항, 표명 진술, 부인

- This Software is provided "as is" without any warranty, as stated in the **disclaimer**.
  이 소프트웨어는 면책 조항에 명시된 바와 같이 어떠한 보증 없이 "있는 그대로" 제공됩니다.

derivative work
의미 2차 저작물

- Any **derivative work** based on the original Software must comply with the same licensing terms.
  원본 소프트웨어를 기반으로 한 모든 2차 저작물은 동일한 라이선스 조건을 준수해야 합니다.

liability
의미 법적 책임, 부채

- The Company limits its **liability to** the maximum extent permitted by applicable law.
  회사는 관련 법률이 허용하는 최대한의 범위 내에서 법적 책임을 제한합니다.

MIT 라이선스

지금부터 가장 자유롭고 널리 쓰이는 오픈소스 라이선스 중 하나인 MIT License를 통해 소프트웨어 라이선스 영어를 살펴보겠습니다.

MIT License

Permission is ① hereby ② granted, free of charge, to any person ③ obtaining a copy of this software and associated documentation files (the "Software"), to deal in the Software ④ without restriction, including without limitation the rights to use, copy, modify, merge, publish, distribute, ⑤ sublicense, and/or sell copies of the Software, and to permit ⑥ persons to whom the Software is furnished to do so, ⑦ subject to the following ⑧ conditions:

⑨The above copyright notice and this permission notice shall be included in all copies or substantial portions of the Software.

THE SOFTWARE IS PROVIDED ⑩ "AS IS", WITHOUT WARRANTY ⑪ OF ANY KIND, EXPRESS OR IMPLIED, ⑫ INCLUDING BUT NOT LIMITED TO THE WARRANTIES OF MERCHANTABILITY, FITNESS FOR A PARTICULAR PURPOSE AND NONINFRINGEMENT. IN NO EVENT SHALL THE AUTHORS OR COPYRIGHT HOLDERS BE ⑬ LIABLE FOR ANY CLAIM, DAMAGES OR OTHER LIABILITY, WHETHER IN AN ACTION OF CONTRACT, TORT ⑭ OR OTHERWISE, ⑮ ARISING

FROM, OUT OF OR IN CONNECTION WITH THE SOFTWARE OR THE USE OR OTHER DEALINGS IN THE SOFTWARE.

① 이에 따라 본 소프트웨어 및 관련 문서 파일("소프트웨어")의 사본을 ③ 취득하는 모든 사용자에게 사용, 복제, 수정, 통합, 게시, 배포 ⑤ 재실시 및 판매에 대해 ④ 어떠한 제약 없이 본 소프트웨어를 다룰 수 있는 ② 권한이 부여되며, 소프트웨어를 공급받은 ⑥ 사람은 ⑦ 아래의 ⑧ 조건에 따라 이 권한을 행사할 수 있다.
⑨ 상기 저작권 고지와 본 허가 고지는 소프트웨어의 모든 복제본 혹은 중요한 부분에 포함되어야 한다.
소프트웨어는 ⑩ "있는 그대로" 제공되며 ⑪ 어떠한 명시적 혹은 묵시적인 보증도 하지 않는다. 이는 판매 적격성, 특정 목적에 대한 적합성, 권리 비침해에 대해, 보증을 ⑫ 포함하나 이에 한정되지 않는다. 어떤 경우에도 본 소프트웨어의 저자 또는 저작권자는 소프트웨어나 다른 거래로 인해 또는 이와 관련하여 발생하는 계약, 불법 행위 또는 기타의 행위 ⑮ 에서 발생하는 청구, 손해 ⑭ 또는 기타 책임에 대해 ⑬ 책임을 지지 않는다.

자주 쓰는 표현

- hereby 이로써, 이에 따라, 이에 의하여
- grant (권한을) 부여하다, 인정하다, 허가하다
- obtain 취득하다, 획득하다, 입수하다
- without restriction, without limitation 제약 없이
- sublicense 특허를 양도하다, 재실시하다, 2차 라이선스를 부여하다
- persons (사람, 법인 등의) 독립체들
- subject to ~를 조건으로, 조건에 따라
- out of… …로부터, …도중에
- in connection with… …와 관련하여/연관되어
- the following 아래의, 다음에 말하는
- as follows / as stated below 아래와 같이
- terms and conditions 사용 약관
- terms (서비스 사용 전 합의해야 하는) 조건
- condition (서비스 사용 중 준수해야 하는) 조건

- the above 상기의, 위의
- as is (어떤 조건·상태에서든) 있는 그대로
- of any kind… 어떤 종류의 …도
- including but not limited to… …를 포함하되 국한되지 않고
- liable for ~에 대한 책임이 있는, ~에 대한 의무가 있는
- or otherwise (앞서 언급한 것의) 또는 그 반대, (앞서 언급한 것)이든 그 외 다른 것이든
- arising from… …에서 발생하는/생기는, …로 인하여 발생하는/생기는
- substantial (양·가치·중요성이) 상당한
- merchantability 판매 적격성, 상품성
- noninfringement 비위반, 준법성, 비침해
- tort 불법 행위

여기서 잠깐 유의어의 반복 사용

법률 문서는 법적 효력을 강화하고 해석상의 여지를 차단하여 분쟁에 대비하기 위해 특유의 표현 방식을 사용합니다. 그중 하나가 중요 사항을 유의어로 반복하는 것입니다.

- terms and conditions 약관과 조건
- null and void 무효이며 법적 구속력이 없음
- cease and desist 정지명령

MIT 라이선스에서는 '(외부 규제에 따른)제약'을 뜻하는 'restriction'과 '(범위나 정도의) 한계'를 뜻하는 'limitation' 두 유의어를 연속해서 사용해 어떤 종류의 제한도 없음을 강조했습니다.

- Permission is hereby granted without restriction, including without limitation
  → 제한 없으며, 한정되지 않는(유의어 연속 사용)
  the rights to use, copy, modify, merge, publish, and/or sell copies of the Software.

본 소프트웨어에 대해, 사용, 복제, 수정, 병합, 및 복제본 판매를 포함하되 이에 한정되지 않는 권리를 제한 없이 이로써 허가합니다.

글로벌 기업과 한국 기업의 업무 문화는 어떻게 다를까?

글로벌 기업에서는 다양한 국적과 문화적 배경을 가진 사람들이 모여 일하기 때문에 일하는 방식도 국내와는 매우 다릅니다. 물론 글로벌 IT 기업도 소재지, 팀 구성, 창업자의 배경 등에 따라 문화가 다르지만, 이번 주제에서는 필자가 직접 경험한 해외 IT 스타트업의 업무 방식과 실리콘밸리의 빅테크 기업들에서 일하는 다양한 IT 업계 종사자들의 이야기를 바탕으로, 한국과 글로벌 기업의 조직 문화 차이를 살펴보겠습니다.

조직 문화

자율 출퇴근제

일반적으로 미국 IT 기업은 출퇴근 시간이 자율적입니다. 예를 들어 11시부터 3시 사이에만 사무실에 있으면 언제 어디서든 업무를 볼 수 있는 유연 근무제를 활용하며, 정해진 출퇴근 시간이 아예 없는 경우도 있습니다. 특히, 코로나 팬데믹 이후 원격 근무와 사무실 근무를 혼합한 하이브리드 근무 형태가 보편화되었습니다.

스타트업의 경우 더 유연한 근태 관리 제도를 도입하기도 합니다. 필자가 근무했던 기업에서는 모든 직원이 100% 원격으로 근무하며, 근무 시간에 연연하지 않고 매주 할당된 업무만 처리하면 되었습니다. 덕분에 북미와 유럽에 거점을 두고 있는 기업이었음에도 불구하고 한국에서 원격으로 재직할 수 있었습니다. 다만 대부분의 팀원이 서유럽 및 북미 거주자였으므로 효율적인 커뮤니케이션을 위해 근무 시간을 저녁으로 조정하였습니다.

점심 식사 문화

미국의 점심 문화는 개인주의 성향이 강하게 반영되어, 반드시 동료와 함께 할 필요가 없고 각자의 자리에서 샌드위치 같은 간단한 음식을 먹는 경우가 대부분입니다. 점심 시간은 일반적으로 30분에서 1시간 정도로 짧은 편이고, 업무에 따라 식사 시간을 자유롭게 조정할 수 있습니다.

물론 실리콘 밸리의 빅테크 기업들에서는 사내 직원들과 함께하는 무료 점심 식사를 제공하는 경우도 있습니다. 한국에서 직장인의 점심 시간은 동료와 유대감을 형성하고 캐주얼한 분위기에서 업무와 관련한 사항을 논의하기도 하는 생산적인 시간인 것과는 차이가 있죠.

업무 방식

개인주의 vs 공동체주의

미국 기업은 개인의 독립적인 업무 처리를 매우 중시하므로, 팀 프로젝트에서도 직원들이 각자 책임감을 갖고 자신의 역할을 충실히 수행할 것을 기대합니다. 이러한 경향은 채용에도 반영되어, 정해진 시기에 대규모로 인력을 채용하는 공개 채용보다는 프로젝트의 역할role 단위로 필요에 따라 수시 채용을 진행하는 경우가 많습니다.

업무 코칭 측면에서는 미국의 개인주의 문화와 한국의 공동체주의 문화가 뚜렷한 차이를 보입니다. 국내 기업에서는 보통 사수-부사수 중심의 도제식 업무 코칭이 이루어집니다. 경력자가 신입사원을 직접 지도하며 단계적으로 업무를 가르쳐 실무 경험을 쌓게 하는 방식입니다.

반면, 미국 기업에서는 직원이 업무에 필요한 역량을 스스로 찾아 키워나갈 것을 기대합니다. 이는 국내의 주입식 교육과 서구권의 자율형 교육 문화 차이와도 깊이 연관이 있습니다. 한국에서는 사수가 체계적으로 실무를 지도하는 반면, 미국에서는 각자가 필요한 기술과 지식을 스스로 찾고 학습하는 것이 일반적입니다.

Top-Down vs. Bottom-Up

일반적으로 미국 스타트업은 업무 방식에 자율성과 Bottom-Up 의사 결정 구조를 중요하게 생각합니다. 상사는 방향성만 제시할 뿐, 구체적인 구현 방법이나 세부적인 업무 사항은 직원들이 스스로 결정합니다. 팀원들이 모여 스프린트sprint를 구성할 때도 상사는 주로 큰 틀에서의 목표와 마감 기한만 제시하며, 팀원들이 이를 바탕으로 세부적인 업무 계획을 자율적으로 구성하는 경우가 많습니다.

이렇게 실무진이 업무를 구성해 위로 보고하는 Bottom-Up 방식은 실무진에게 더 많은 권한을 부여하여 창의적인 문제 해결 방식을 도출할 가능성이 높지만, 의사 결정이 느리고 개인에게 과도한 책임을 부여할 수 있다는 단점도 있습니다.

반면, 대부분의 한국 기업은 Top-Down 방식이 주를 이룹니다. 상사가 팀의 목표를 설정한 뒤 구체적인 업무 지시를 내리고, 팀원들은 그 지시에 따라 일하죠. 상사의 지시와 피드백은 중요한 업무 기준이며, 팀원들은 이를 바탕으로 각자의 역할을 수행합니다. 이러한 방식은 빠른 의사 결정과 명확한 지시 체계를 가능하게 하지만, 때로는 창의성을 제한할 수 있다는 단점이 있습니다.

한국은 전통적으로 위계질서를 중시하고 팀 내의 상하 관계와 역할 분담이 명확한 반면, 미국은 수평적인 관계를 지향하며 개인의 독립성과 자율성을 중시합니다. 이러한 차이로 인해 업무 처리 속도, 커뮤니케이션 방식, 그리고 성과에 대한 평가 기준에도 큰 차이가 나타납니다.

글로벌 기업에서 성공적으로 적응하기 위해서는 이러한 차이점을 이해하고, 각 문화에 맞는 업무 방식을 익히는 것이 중요합니다. 한국 기업의 문화와 미국 기업의 문화를 모두 이해하고, 그 장점을 적절히 활용할 수 있다면, 커리어의 중요한 경쟁력이 될 것입니다.

평가와 보상

성과중심주의

국내 기업에서 승진, 보상의 기반이 되는 업무 평가는 상사의 주관에 큰 영향을 받고, 개별 성과만큼이나 조직 내 협력과 조화, 근무 태도가 평가의 기준이 됩니다. 그러나 글로벌 기업은 태도보다는 성과가 훨씬 중요합니다.

특히 북미의 기업들은 철저한 성과중심주의로, 성실도가 아닌 생산성과 목표 달성률이 평가 및 보상에 큰 영향을 미칩니다. 근속 연수, 근무 시간은 별 도움이 되지 않죠. 분기별로 목표를 설정하고 직무에 따른 성과 지표를 통해 기여도를 평가하는 것이 일반적입니다.

해고

미국은 고용주가 직원을 즉시 해고할 수 있는 임의고용 at-will employment 계약이 주를 이룹니다. 일명 '자유의사에 따른 고용'은 노동법과 근로계약서에 명시되어 있는 권리로, 사용자와 근로자 모두 언제든 계약을 종료할 수 있습니다. 미국은 노동시장이 유연하여 나이, 성별에 관계 없이 재취업이 쉽습니다. 그러나 높은 성과를 내면서도 회사 사정으로 인해 출근 당일 해고를 통보 받을 수도 있죠. 출근한 당일 출입증이 갑자기 작동하지 않아 해고 사실을 알게 되는 경우도 비일비재합니다.

필자 역시 글로벌 IT 스타트업에서 일하며 하루아침에 동료가 사라지는 경험을 여러 번 했고, 팀의 성과가 좋지 않을 때는 수십 명이 즉시 해고되는 상황도 있었습니다.

한국의 근로기준법은 근로자에게 정당한 이유 없이 해고, 휴직, 정직, 감봉 및 징벌을 하지 못하도록 법으로 보호하고 있습니다. 그러나 미국에서는 실제로 실적이 기대에 미치지 못하거나 행동 강령을 위반하면 업무 중에도 즉시 해고 fire 할 수 있고, 심지어 실적이 좋아도 경영상 필요에 따라 예고 없이 레이오프 layoff 통보를 받는 일이 허다합니다.

정리하면 미국은 노동 시장의 유연성을 극대화하는 고용 문화가 자리 잡았고, 출근 당일 해고 통보를 받을 수 있습니다. 하지만 60세가 넘어서도 기존 일자리를 유지하거나, 커리어를 바탕으로 다른 일자리를 쉽게 구할 수 있다는 장점도 있습니다.

반면, 한국은 해고가 굉장히 어렵도록 근로기준법이 마련되어 높은 근로 안정성을 보장 받지만, 취업 시장이 다소 경직된 모습을 보이게 되었습니다.

> 🔍 **여기서 잠깐** | **fire vs. layoff**
>
> 해고(fire)와 레이오프(layoff)는 모두 직장을 잃는 상황을 뜻하지만 의미는 꽤 다릅니다. 간단히 구분하면 다음과 같습니다.
>
> | 구분 | fire | layoff |
> |---|---|---|
> | 의미 | 해고 | 정리해고 |
> | 설명 | 개인의 잘못이나 성과 부족으로 인해 고용주가 근로자를 해고하는 상황 | 구조조정, 비용 절감 등 회사의 사정으로 고용주가 근로자를 해고하는 상황 |

주식 보상

한국 기업이 일반적으로 명절 성과급 및 연말 보너스 등 현금성 보상을 제공하는 것과 달리, 미국 실리콘밸리 기업들은 주식 보상을 직원 동기 부여의 핵심 전략으로 삼습니다. 회사가 성장하면 보상의 가치도 함께 증가하기 때문이죠. 이러한 보상 방식은 직원들이 회사의 성공에 직접적인 이해관계를 가지게 만들어, 더 큰 책임감과 주인의식을 가지고 일하도록 유도합니다. 특히 빠르게 성장하는 스타트업이나 기술 중심 기업에서는, 주식 보상이 직원들이 회사의 비전에 동참하고 장기적인 성과에 기여하도록 만드는 핵심 인센티브로 작용합니다.

주식 보상은 스톡옵션^{stock-option} 과 RSU^{Restricted Stock Units} 형태로 받을 수 있습니다.

- **스톡옵션**: 특정 가격에 회사 주식을 매수할 수 있는 권리. 주가가 행사가격보다 높을 때 매수 후 매도하여 수익을 실현할 수 있습니다.
- **RSU**: 재직 기간 및 조건에 따라 회사 주식을 무상으로 지급받는 권리. 주가가 낮더라도 지급받은 주식의 일부 가치는 보존됩니다.

동료 개발자의 마음을 얻는 업무 커뮤니케이션 방법

국내와 글로벌 IT 기업의 환경은 업무 방식뿐 아니라 커뮤니케이션 스타일에서도 많은 차이를 보입니다. 동료들의 신뢰를 얻기 위해서는 이러한 문화적 차이를 이해하고, 적절한 소통 방법을 익히는 것이 중요합니다. 지금부터 글로벌 IT 기업에서 동료 개발자들과 원활하게 소통하기 위한 몇 가지 유의사항을 소개하겠습니다.

개인정보, 사생활 존중

서구권에서는 개인 정보 및 사생활 존중 이슈가 국내보다 더 민감합니다. 따라서 업무 관계에서 나이, 결혼 여부와 같은 개인적인 질문은 피하는 것이 좋습니다. 한국에서는 이름보다 나이를 먼저 물을 정도로 나이에 대한 질문이 흔하지만, 서구권에서는 이를 프라이버시 침해로 받아들일 수 있습니다. 마찬가지로 결혼 여부, 자녀 여부와 같은 개인적인 질문도 가급적 피하는게 좋습니다.

✗ 부적절한 질문
- "몇 살이세요?"
- "결혼하셨나요?"
- "자녀 계획이 있나요?"

☑ 적절한 질문
- "최근 어떤 프로젝트에 참여하셨나요?"
- "요즘 흥미롭게 배우고 있는 기술이 있나요?"

💡 Tip
- 개인적인 질문은 신뢰가 충분히 쌓인 이후, 친밀한 관계가 형성되었을 때 자연스럽게 나누세요.
- 업무나 프로젝트에 관련한 주제로 대화를 이끌어 나가는 것이 좋습니다.

외모에 대한 칭찬 및 평가 자제

한국에서는 "오늘 머리가 잘 어울려요"와 같은 외모에 대한 칭찬을 긍정적인 인사로 받아들입니다. 오랜만에 만난 사람에게 "살 빠졌네"나 "조금 쪘네"라고 인사하는 경우도 비교적 흔합니다.

그러나 서구권에서는 외모와 관련된 언급 자체가 사생활 침해로 여겨지거나, 불편함을 줄 수 있습니다. 특히 체중 변화, 키, 피부색, 의상 스타일에 대한 언급은 예의에 어긋날 수 있습니다.

따라서 외모에 대한 칭찬이나 평가를 피하고, 업무와 커리어와 관련된 대화에 집중하는 것이 좋습니다.

✗ 주의해야 할 발언
- "살이 빠지셨네요."
- "오늘 머리가 잘 어울려요."

💡 Tip
- 외모 대신 업무 성과나 프로젝트 성취를 칭찬하세요.
  예: "지난 미팅에서 발표하신 기획 아이디어 정말 인상 깊었습니다."

차별적 용어 사용 금지

한국에서는 정치적 올바름^{Political Correctness, PC}에 대한 인식이 상대적으로 낮고, 때로는 거부감이 있기도 합니다. 하지만 서구권, 특히 글로벌 IT 기업에서는 정치적 올바름이 중요한 사회적 가치로 자리 잡고 있습니다. 원활한 커뮤니케이션을 위해서는 이 문화를 이해하고 존중하는 태도가 필수적입니다.

일부 정치적 올바름에 대한 기준이 높은 조직에서는 성별 중립적인 표현을 권장합니다. 비록 국내 정서상 다소 어색하게 느껴질 수 있지만, 유럽과 북미에서는 정치적 올바름이 중요함을 인지하고 부적절한 표현과 이를 대체할 표현을 숙지하는 것이 좋습니다.

✗ 부적절한 발언

- **성별을 특정하는 표현**: "여성스럽다", "남자다워야 한다"
- **인종이나 출신 국가에 대한 언급**: "그 팀은 아시아인이 많아서 열심히 일하는 것 같아요."

☑ 대체 표현 사용하기

- businessman 대신 businessperson
- policeman 대신 police officer
- stewardess 대신 flight attendant

💡 Tip

- 가벼운 농담이라도 특정 성별, 인종, 출신 국가 등을 언급하는 것은 피하세요.

결국, 기본은 같습니다. 국가와 문화가 다르더라도 유능하고, 친절하며, 센스 있는 사람은 어디서든 환영받습니다.

내가 아닌 상대방의 입장에서 생각하고, 직장에서 우수한 성과를 내며 위에서 소개한 사항들에 유의한다면, 많은 사람들에게 사랑받는 훌륭한 직장 동료가 될 수 있을 것입니다.

📝 요점 정리

- 미국식 기업 문화를 지향하는 조직은 서구식 **개인주의를** 바탕으로 업무에 대한 자율성과 그에 대한 책임을 중요하게 생각합니다.
- 승진과 보상은 철저한 **성과주의를** 바탕으로 운영되며, 성과에 대한 보상이 확실한 대신 해고도 쉽습니다.
- 서구권에서는 **개인 정보 및 사생활 존중** 이슈가 국내보다 더 민감합니다. 따라서 업무적 관계에서 나이, 결혼 여부와 같은 개인적 질문은 충분히 친해지기 전까지 피하는 것이 좋습니다.
- **정치적 올바름**이 사회에서 매우 중요한 요소로 자리 잡고 있기 때문에 성별, 인종, 외모에 대한 차별적 용어 사용을 삼가해야 합니다.

 선배의 노하우

- 완벽한 결과보다 진행 상황과 문제를 명확히, 자주 공유하는 것이 더 중요합니다. 작은 문제라도 숨기지 말고, 미리 공유하고 함께 해결하려는 태도가 신뢰를 쌓습니다.
- 질문을 두려워하지 마세요. 토론식 문화가 보편화된 서구권에서는 질문하지 않거나 의견을 표출하지 않는 것을 일에 대한 적극성이 부족한 것으로 인식합니다. 글로벌 팀에서는 "네, 알겠습니다."보다, 자신의 생각이나 제안을 덧붙이는 태도가 더 존중받습니다. 예의를 지키되, 주저하지 말고 의견을 제시하세요.
- 피드백은 감정이 아니라 '일'로 받아들이세요. 직설적인 피드백과 첨예한 토론을 자신에 대한 공격으로 받아들이기보다는 업무 개선을 위한 조언으로 수용하는 마음가짐이 필요합니다.
- 영어권 조직은 소통 방식이 한국에 비해 훨씬 수평적입니다. 예를 들어 말단 직원부터 CEO까지 모두 이름을 부르며 소통합니다. 하지만 어느 조직이든 위계 질서가 존재할 수밖에 없고, 임원 및 상사(boss)에 대한 존중은 반드시 필요합니다. 수평적인 문화 속에서도 상사에 대한 적당한 선을 지키는 것은 필요합니다.
- 구두로 이야기한 것도 가능하면 이메일 및 사내 메신저를 활용해 기록으로 남기는 습관을 들여보세요.
- 조직의 대체 불가능한(indispensable) 사람이 되도록 노력해 보세요. 미국처럼 해고가 쉬운 노동 환경에서도 대체 불가능한 사람은 쉽게 레이오프되지 않고, 레이오프 되더라도 다른 일자리를 쉽게 찾을 수 있도록 기업 차원에서 추천서를 작성해 줍니다.
- 그 어느 회사도 고용을 보장하지 않습니다. 특히 영미권 기업은 고용 안정성이 낮으며, 미국의 경우는 국가 기관의 공무원이 하루 아침에 해고되는 경우도 비일비재 합니다. 하지만 역설적으로 쉬운 해고는 쉬운 재취업을 가능하게 하며, 노동 시장에 유연성을 불어넣습니다. 글로벌 IT 기업 취업을 희망한다면 해고에 대한 인식을 바꾸고, 근로 계약 종료에 대비해 내 커리어의 시장 경쟁력을 꾸준히 키워나가야 합니다.

고민 상담소 글로벌 기업에서 살아남기 위한 가장 중요한 한 가지를 꼽는다면?

열심히만 하면 되는 줄 알았는데, 노력과 성실함만으로는 글로벌 기업에서 인정받기 어렵네요.

유교 문화로 인해 성실함을 높게 평가하는 한국과 달리, 미국식 글로벌 기업에서는 근태에 대한 가중치가 상대적으로 낮습니다. 남보다 일찍 출근해 초과 근무를 해도 성과가 부진하면 해고되고, 가끔 지각도 하고 남들보다 일찍 퇴근해도 성과가 탁월하면 승진하는 조직 문화가 당연하게 퍼져 있습니다. 회사는 노력이 아닌 성과에 보상합니다. 급여에 비해 성과가 만족스럽지 않으면 기업은 인정사정 없이 근로 계약을 종료할 수 있습니다.

이런 관점에서 글로벌 기업에서 가장 중요한 능력은 '성과를 숫자로 증명'하는 능력입니다. 특히 미국식 기업에서는 성과가 곧 존재 이유입니다. 얼마나 노력했는지보다는 무엇을 달성했는지, 그리고 그것을 수치로 명확히 표현할 수 있는지가 가장 중요합니다.

이는 겸손을 미덕으로 여기는 아시아 문화권 근로자들이 공통적으로 겪는 어려움이기도 한데, 특히 집단주의적 성향과 유교 문화에 익숙한 한국인이라면 더욱 취약합니다. 저 역시 업무의 생산성 및 성과에 비해 보여주기 visibility가 부족하다는 피드백을 자주 받았습니다.

경험에 따르면 한국인의 업무 처리 역량은 전 세계 최고 수준입니다. 한국인은 규격화된 업무에 대한 일처리가 굉장히 빠르고, 심지어 정확합니다. 비록 창의성은 서구권에 비해 다소 부족할 수 있지만, 창의적인 누군가가 만든 것을 개선하고 효율화하는 것에 굉장히 탁월합니다. 스마트폰, 자동차, 반도체가 대표적인 사례입니다.

국내 조직에서 업무 역량을 인정받고 있다면, 글로벌 스탠다드로 평가해도 탁월한 인재일 것입니다. 다만 글로벌 기업에서 일한다면 겸손의 미덕과 성실성 중심의 유교적 가치관을 잠시 내려두고, 정량적인 업무 성과와 생산성을 지속적으로 어필하시기 바랍니다. 성과를 입증할 수 있는 구체적인 지표를 항상 준비하고 있어야 하며, 측정 및 비교 가능한 성과를 주기적으로 언급하세요.

에필로그

저는 타고난 재능은 없었지만, 끊임없는 노력과 도전 끝에 해외 IT 스타트업에서 유일한 한국인 개발자로 커리어를 시작했습니다.

언어 감각이 뛰어난 편은 아니었기에, 생각과 혼잣말까지 영어로 바꾸며 매일같이 공부에 몰입했습니다. 코딩 실력 또한 남들보다 앞서지 않았기에, 지하철과 버스에서 자리에 앉을 때마다 노트북을 열고 과제를 풀며 한 줄 한 줄 치열하게 실력을 쌓아 갔습니다. 재능 있는 동료들 사이에서 느껴지는 격차에 좌절도 많았지만, **개발자가 되겠다는 목표와 해외 취업이라는 꿈**만큼은 끝까지 놓지 않았습니다.

저처럼 평범한 사람도 가능했으니, 작은 노하우와 조언만 있다면 더 많은 분들이 두려움 없이 글로벌 무대에 도전할 수 있을 것이라 생각했습니다. 이 책을 집필한 이유도 바로 여기에 있습니다. 시행착오를 거듭하며 몸으로 배운 IT 업계의 영어 표현과 그들의 문화를 독자 여러분께 전해 드릴 수 있어 그 자체만으로 뜻깊게 생각합니다.

한국의 많은 개발자들이 충분한 기술력을 갖추고도, 영어라는 장벽 앞에서 기회를 놓치고 있습니다. 커리어의 돌파구가 필요한 지금, 여러분에게 가장 필요한 언어는 자바스크립트도, 파이썬도 아닌 영어입니다.

영어는 더 이상 극복해야 할 장애물이 아닙니다. 오히려 **여러분의 가능성을 전 세계 무대와 연결하는 다리이자, 커리어 한계의 문을 여는 열쇠**입니다. 이 책이 단순히 영어 공부를 위한 어학 서적이기보다는 개발 실무와 영어의 접점을 이해하고, 국경을 넘어 글로벌 IT 업계로 나아갈 전환점이 되기를 바랍니다.

" The limits of my language mean the limits of my world."
내 언어의 한계는 곧 내 세계의 한계이다.

- 비트겐슈타인

세상은 넓고, 할 수 있는 일은 많습니다.
익숙한 울타리 너머 새로운 기회가 여러분을 기다리고 있습니다.
이 책이 자아를 발견하고, 세계를 이해하며, 글로벌 인재로 성장하는 여정에 든든한 동반자가 되기를 바랍니다.

함께 성장해서 더 멋진 모습으로 다시 만납시다.

장진호 드림

개발자를 위한 IT 영어 온보딩 가이드

요점 정리 노트

커리어의 가치를 높이는
글로벌 경쟁력의 KICK

한빛미디어
Hanbit Media, Inc.

개발자를 위한 IT 영어 온보딩 가이드

요점 정리 노트

1.1.1. 확실하게 알아 두는 문장 부호

 ( ) parentheses

소괄호는 함수나 메서드의 인자(argument)를 둘러싸거나 연산의 우선순위를 표시하기 위해 사용합니다.

 ! exclamation mark

대부분의 프로그래밍 언어에서 느낌표는 부정(NOT)을 의미합니다. 일부 프로그래밍 언어에서는 실행할 수 없는 코드(non executable statement)를 식별하는 데 사용됩니다.

 * asterisk, star

프로그래밍에서 곱셈 연산은 별표(*)를 사용합니다. 정규식의 와일드카드와 데이터베이스와 소통하는 SQL의 모든 컬럼(column) 선택 등으로도 사용됩니다.

 ~ tilde

유닉스 기반 운영체제에서는 홈 디렉터리를 의미하며, 이진수를 활용한 비트 계산에서는 부정(NOT)을 의미합니다.

 - hyphen, dash

> 용례 --h, t-shirt, know-how

주로 뺄셈 연산자로 사용합니다. CLI(명령줄 인터페이스)에서는 부가 옵션을 표현하고, 변수 및 파일을 명명할 때는 공백을 대체합니다. 일반적인 영어에서는 여러 단어를 합쳐 새로운 의미를 만드는 복합어(compound word)에 사용합니다.

1.1.3. 실무를 위해 반드시 알아야 하는 전문 용어 모음

hotfix
`발음` 핫픽스

운영 중인 소프트웨어에서 발생한 긴급한 문제를 즉각 수정하기 위한 빠른 패치. 보통 사용자에게 영향을 미치는 심각한 오류나 보안 문제를 해결할 때 사용하며, 일반적인 업데이트 주기를 기다리지 않고 즉시 프로덕션 환경에 적용합니다.

rollback
`용례` rollback deployment, database rollback `발음` 롤백

소프트웨어 업데이트 후 문제가 발생하는 경우, 안정된 이전 버전으로 되돌리는 과정

nightly build
`발음` 나이틀리 빌드

개발 중인 소프트웨어의 상태를 하루에 한 번씩 자동으로 빌드하여 생성되는 버전. 주로 개발팀 내부에서 테스트 목적으로 사용되며, 최신 상태를 반영합니다.

load balancing
`발음` 로드 밸런싱

여러 서버에 트래픽을 분산시켜 각 서버에 부하를 고르게 분배하는 기술. 시스템의 성능과 가용성을 높이고, 특정 서버에 과부하가 걸리는 것을 방지합니다.

sandbox

외부 변수와 독립 및 통제된 조건을 기반으로 하는 테스트 환경이나 상황

1.1.4. 간편한 의사소통을 위한 개발 실무 약어

MVP(Minimun VAiable Product)
발음 엠브이피

테스터 고객에게 피드백을 받기 위해 최소한의 기능을 구현한 제품

> **NOTE** MVP의 첫 글자 M은 소리내어 읽었을 때 [엠]으로 발음되기 때문에 관사 an을 사용하지만, Minimum Viable Product는 [미]로 발음되기 때문에 관사 a를 사용해야 합니다.

JPEG(Joint Photographic Experts Group)
발음 제이펙(/ˈdʒeɪpɛɡ/)

이미지를 압축하여 저장하는 파일 형식

JSON(JavaScript Object Notation)
발음 제이슨

텍스트 기반의 키-값 쌍으로 구조화된 데이터를 주고받기 위한 표준 형식

CI/CD(Continuous Integration/Continuous Deployment)
발음 씨아이씨디

지속적 통합/지속적 배포. CI(지속적 통합)는 개발을 진행하면서 자동적으로 코드 변경 사항을 빌드 및 테스트하는 것을, CD(지속적 배포)는 업데이트된 내용이 고객이 사용하는 프로덕션 환경까지 자동적으로 배포되는 것을 의미합니다.

RegEx(Regular Expression)
발음 레젝스(/ˈrɛɡˌɛks/), 레젝스(/ˈrɛɡz.ɛks/)

문자열(string)에서 특정 문자 조합을 찾거나 텍스트 검색 패턴을 지정하는 정규 표현식

1.2.1. 개발 문서에 반드시 등장하는 소프트웨어 표현

by default
의미 〖부〗 기본적으로, 디폴트로

- The service requests the GPS permission **by default**.
  서비스는 기본적으로 GPS 권한을 요청합니다.

execute
의미 〖동〗 (프로그램을) 실행하다, (기술적인 동작을) 해내다

- This compiled version finally **executes** our program.
  마침내 이 컴파일 버전이 우리 프로그램을 실행합니다.

deploy
의미 〖동〗 배포하다

- Ansible is a radically simple IT automation platform that makes your applications and systems easier to **deploy** and maintain.
  Ansible은 애플리케이션이나 시스템을 쉽게 배포하고 유지 보수하는 매우 간편한 IT 자동화 플랫폼입니다.

backward-compatible
의미 〖형〗 하위 호환되는

- The new version is **backward-compatible**, which means you can still use the old version.
  새 버전은 하위 호환 가능합니다. 즉, 이전 버전도 여전히 사용할 수 있습니다.

revert
 동 되돌리다, 되돌아가다

- It will **revert** unless a view or pure function is called.
  view 또는 pure 함수가 호출되지 않는 한 되돌아 갈 것입니다.

allocate
 동 (자원을) 할당하다, 배분하다

- Can we **allocate** more RAM to a specific process?
  특정 프로세스에 RAM을 더 할당할 수 있을까요?

invoke
 동 ① (파일이나 프로그램을) 실행(호출)하다, ② (느낌이나 상상을) 불러일으키다
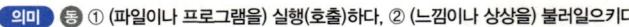

- StrictMode already tests this by **invoking** updater functions twice.
  StrictMode는 업데이터 함수를 2번 실행함으로써 이미 이 상황을 테스트합니다.

> **NOTE** 함수를 직접 호출할 때는 call을, 간접 호출할 때는 invoke를 사용합니다.

deprecate
 동 (사용 가능하지만) 구식이다, 권장하지 않다

- Warning: this method is **deprecated**.
  경고: 이 메서드는 더 이상 사용을 권장하지 않습니다.

release
 동 배포하다  명 배포, 버전

- The update will be **released** soon. 업데이트가 곧 배포될 것입니다.
- A new **release** is live now. 새로운 버전이 출시되었습니다.

1.2.2. 개발자 커뮤니티 인싸로 도약하는 인터넷 속어

 TL; DR(Too Long; Didn't Read)
`의미` 너무 길어서 읽지 않습니다.

- **TL;DR:** the new build system will be implemented next week.
  요약: 다음 주에 새로운 빌드 시스템이 도입될 것입니다.

 TBD(To Be Determined)
`의미` 아직 결정하지 못했습니다.

- Set up environment variables **(TBD)**
  환경 변수 설정 (추후 다시 논의)

 IMHO(In My Honest/Humble Opinion)
`의미` 제 솔직한 의견은, 제 소견으로는

- **IMHO**, the lousy UI is the problem.
  솔직히, 형편없는 UI가 문제입니다.

 FYI(For Your Information)
`의미` 참고로

- **FYI**, this API is deprecated.
  참고로, 이 API는 더 이상 권장되지 않습니다.

 ACK(acknowledgement)
`의미` 인정, 승인, 동의

- **ACK**. Let's move it forward.
  승인되었습니다. 진행합시다.

1.3.1. 개발자라면 반드시 알아야 하는 프로그래밍 필수 표현

declare a (variable/function/class)
의미 (변수/함수/클래스)를 선언하다.

- **Declare** a boolean variable.
  불리언 타입 변수를 선언하다.

allocate memory to a variable
의미 변수에 메모리를 할당하다

- **Allocates** resources to the newly created process.
  새로 생성된 프로세스에 자원을 할당하다.

print logs to the console
의미 콘솔에 로그를 출력하다

- **Print** debug **logs to the console**.
  디버그 로그를 콘솔에 출력하다.

display an error message to the user

- **Display** the results **on** the screen. 결과를 화면에 표시하다.

prompt the user for input
의미 사용자에게 입력을 요청하다

- The script **prompts** the user **for** their credentials.
  스크립트는 사용자에게 자격 증명을 입력하도록 요청한다.

1.3.2. 연산, 수식 관련 주요 표현

increment
 의미 동 증가하다, 명 ① 증가, ② 증가량

- We adjusted the **increment** to optimize performance.
  성능을 최적화하기 위해 증가량을 조절했습니다.

decrement
 의미 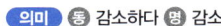 동 감소하다 명 감소

- The variable x is recursively called and **decremented** by 1.
  변수 x는 재귀적으로 호출되며 1씩 감소합니다.

1.3.3. 함수 관련 표현

accept/receive/take an argument
 의미 인자를 받다

- The plusNum function **accepts** two arguments.
  plusNum 함수는 2개의 인자를 받습니다.

pass an argument to a function
 의미 함수에 인자를 전달하다

- **Pass** a value **to** a parameter.
  매개변수에 값을 전달하다.

1.3.4. 조건문 관련 표현

The condition is met
의미 조건을 충족하다

- The loop will stop if **the condition is met**.
  조건이 충족되면 반복문이 멈춥니다.

1.3.5. 반복문 관련 표현

iterate over/through an array
의미 배열을 순회하며 반복하다

- **Iterate through** key-value pairs in an object.
  객체의 키-값 쌍을 순회하다.

1.3.6. 객체지향 프로그래밍 관련 표현

inherit from a parent class
의미 부모 클래스로부터 상속받다

- This class **inherits** properties and methods **from** the parent class Animal.
  이 클래스는 부모 클래스인 Animal로부터 속성과 메서드를 상속받습니다.

access an object's property
의미 객체의 속성에 접근하다

- The code **accesses** the name property of the Person object to display it on the screen.
  코드는 Person 객체의 name 속성에 접근하여 이를 화면에 표시합니다.

1.4.1. 네트워크 통신 관련 표현

send an HTTP POST request to the server
의미 서버로 HTTP POST 요청을 보내다

- The client **sends** an HTTP POST request **to** the server with a JSON body containing user data.
  클라이언트는 사용자 데이터를 포함한 JSON 본문과 함께 서버로 HTTP POST 요청을 보냅니다.

invalidate the cache
의미 캐시를 무효화하다

- In some cases, you may need to manually **invalidate the browser cache**.
  경우에 따라 브라우저 캐시를 수동으로 무효화해야 할 수도 있습니다.

1.4.2. 에러 관련 표현

handle an exception
의미 예외를 처리하다

- The program **handles the exception** to prevent it from crashing.
  프로그램은 예외를 처리하여 중단되지 않도록 합니다.

1.4.3. 보안 관련 표현

prevent a data breach
의미 데이터 유출을 방지하다

- The company implemented security measures to **prevent a data breach**.
  회사는 데이터 유출을 방지하기 위해 보안 조치를 시행했습니다.

2.1.1. 커밋 메시지

subject

- fix: fix typo in header 헤더의 오타 수정
- refactor: improve loading speed 로딩 속도 개선
- fix: handle null pointer exception null 포인터 예외 처리
- perf: optimize image loading 이미지 로딩 최적화
- feat: implement google analytics 구글 애널리틱스 구현
- refactor: simplify login logic 로그인 로직 단순화
- revert: undo feature X due to bug 버그로 인해 기능 X 되돌림

Git 관련 실무에 자주 등장하는 표현

- merge a feature branch into the base branch 기능 브랜치를 기본 브랜치에 병합하다
- revert a pull request 풀 리퀘스트를 이전 상태로 되돌리다
- rebase onto another branch 다른 브랜치로 리베이스하다
- clone a repository 리포지터리를 복제하다
- fork a repository 리포지터리를 복사하여 자신의 계정에 저장소를 생성하다
- checkout a branch 브랜치를 다른 브랜치로 이동하다
- stage changes for commit 커밋을 위한 변경 사항을 임시로 저장하다
- pull the latest changes 최신 변경 사항을 당겨오다
- cherry-pick a commit 특정 커밋을 선택적으로 적용하다
- amend a commit message 커밋 메시지를 수정하다
- discard uncommitted changes 커밋되지 않은 변경 사항을 폐기하다

2.1.4. 깃허브 이슈

🔍 unexpected behavior
태그 버그 리포트 **의미** 예상치 못한 동작

behavior는 사람이 수행하는 물리적 행동뿐만 아니라 프로그램의 동작 및 수행 결과를 의미합니다.

🔍 code snippet
의미 코드 조각

문제를 설명하는 데 도움이 될 만한 짧은 코드 블록. 예시에서는 날짜 필터링 함수 applyDateFilter 자체에는 문제가 없다는 것을 표현하기 위해 사용했습니다.

🔍 less-straining
태그 기능 제안 **의미** 시각적 부담이 적은

strain은 잡아당기거나 압력을 가해 물체에 자극을 주는 행위를 의미합니다. less-straining은 '자극을 덜어주는'으로 직역할 수 있으며, 주로 사용자가 눈의 피로를 덜 느끼는 환경을 설명합니다.

2.1.5. 깃허브 풀 리퀘스트

🔍 LTS(Long Term Support)
의미 장기 지원

소프트웨어의 장기 지원 버전

🔍 exponential backoff
의미 지수적 백오프

서버에 과부하를 최소화하기 위해 시간 간격을 점차 늘려가며 데이터를 재요청하는 방식

3.2.2. 코딩 테스트에 자주 등장하는 질문과 답변

- Iterate over the dataset. 데이터셋을 순회하다.
- Reduce the time complexity. 시간 복잡도를 줄이다.
- Calculate the space complexity. 공간 복잡도를 계산하다.
- Implement a depth-first search(DFS) to traverse the graph. 그래프를 순회하기 위해 깊이 우선 탐색(DFS)을 구현하다.
- Leverage a greedy algorithm for optimal results. 최적의 결과를 위해 탐욕 알고리즘을 활용하다.

3.3.2. 실무팀 인터뷰

- I implemented a caching mechanism to reduce the load on the database and improve overall performance. 데이터베이스의 부하를 줄이고 전체 성능을 향상시키기 위해 캐싱 메커니즘을 구현했습니다.
- I prioritized readability in my code, ensuring that future developers can easily maintain and extend it. 추후 유지보수 및 확장이 용이하도록 코드의 가독성을 우선시했습니다.
- I utilized a modular approach, allowing each component to be developed and tested independently. 각 컴포넌트를 독립적으로 개발 및 테스트하기 위해 모듈식 접근 방식을 사용했습니다.
- I optimized the query to minimize response times by indexing the most frequently searched fields. 응답 시간 최소화를 위해 최빈 검색 필드를 인덱싱하여 쿼리를 최적화했습니다.
- I refactored the codebase to improve modularity and reduce technical debt, making future updates easier. 모듈화를 개선하고 기술 부채를 줄이기 위해 코드베이스를 리팩토링하여 향후 업데이트를 더 쉽게 만들었습니다.

4.1.5. 비즈니스 이메일 작성 상황별 표현

attach
의미 부착하다, 첨부하다 **용례** attached file(첨부 파일)

- Please find the **attached** file. 첨부 파일을 확인해 주세요.

reminder
의미 리마인더, 정보나 제안 사항을 상기하고 잊지 않도록 알려주는 기능

- This is a gentle **reminder** that your document review is due this Friday.
  문서 검토 마감이 이번 주 금요일이라는 것을 상기시켜 드립니다.

be sorry to say/inform you that…
의미 … 라는 말씀을 전해드리게 되어 유감입니다.

- We **are sorry to inform you that** we cannot accept your proposal.
  귀하의 제안을 수락할 수 없음을 알려드리게 되어 유감입니다.

4.2.1. 단어 하나로 생사가 갈리는 소프트웨어 법률 용어

- hereby 이로써, 이에 따라, 이에 의하여
- grant (권한을) 부여하다, 인정하다, 허가하다
- obtain 취득하다, 획득하다, 입수하다
- without restriction, without limitation 제약 없이
- sublicense 특허를 양도하다, 재실시하다, 2차 라이선스를 부여하다
- persons (사람, 법인 등의) 독립체들
- subject to ~를 조건으로, 조건에 따라

개발자를 위한 IT 영어
요점 정리 노트

No.	date	/	/	title